beck **sche**
reihe

b sr

Was wissen wir über den Bau der Pyramiden? – Wie wurde die berühmte Florentiner Domkuppel errichtet? – Warum ist der Eiffelturm entstanden? – Über diese und viele weitere Ereignisse der Architekturgeschichte berichtet Ursula Muscheler in ihren Erzählungen von Bauten, Bauherren und Baumeistern. Sie zieht dazu als Quellen die Bücher der großen Geschichtsschreiber sowie die Tagebücher, Briefe und Eigenaussagen der Beteiligten und Zeitgenossen zu Rate. Die Begebenheiten, die von der Antike bis ins 20. Jahrhundert reichen, sind in anekdotischer Form erzählt und vom Ton der Originaltexte gefärbt, der die Menschen hinter den Ereignissen sichtbar und die Geschichte lebendig werden läßt.

Ursula Muscheler ist promovierte Architektin. Nach mehrjähriger Tätigkeit in verschiedenen Architekturbüros in Stuttgart und Düsseldorf hat sie seit 1992 ein eigenes Büro für Architektur und Städtebau in Düsseldorf.

Ursula Muscheler

Die Nutzlosigkeit
des Eiffelturms

Eine
etwas
andere
Architekturgeschichte

Verlag C. H. Beck

Mit 24 Abbildungen

Originalausgabe

© Verlag C. H. Beck oHG, München 2005
Gesamtherstellung: Druckerei C. H. Beck, Nördlingen
Umschlagentwurf: + malsy, Bremen
Umschlagabbildung: Eiffel Tower, Souvenir
© zefa images
Printed in Germany
ISBN 3 406 52799 x

www.beck.de

«Vortrefflich billigt daher Thukydides die Klugheit der Alten, die ihre Stadt mit jeder Art von Gebäuden derart ausschmückten, daß sie weit mächtiger schienen, als sie waren. Und welchen gab es unter den mächtigsten und weisesten Fürsten, der nicht unter die vornehmsten Mittel, seinen Namen und Nachruhm zu verbreiten, die Baukunst gezählt hätte?»

Leon Battista Alberti: Zehn Bücher über die Baukunst, (Max Theuer), Darmstadt 1975, 13.

Inhalt

Einleitung

Bauten sind sichtbare Demonstration von Macht, Verkörperung eines Lebensstils, Darstellung künstlerischen Könnens und damit eine meist spektakuläre Angelegenheit. Türme, die bis in den Himmel reichen, Pyramiden, die sich wie aus dem Nichts über den Wüstensand erheben, Tempel, die in wohlproportionierter Perfektion vom verfeinerten Kunstsinn ihrer Erbauer zeugen, Paläste, die dem luxuriös zelebrierten Leben einen weihevollen Rahmen schaffen, Kirchen, die das irdische Abbild des himmlischen Jerusalems verkörpern – immer sind es die Größe oder auffallende Schönheit von Bauten, die die Menschen faszinieren und sie zu Symbolen werden lassen wie der Turm zu Babel oder zu Attraktionen wie die Schlösser des Märchenkönigs in Bayern und der Eiffelturm in Paris.

Hinter diesen Bauten stehen fast immer ungewöhnliche Bauherren und Auftraggeber, die als mächtige Herrscher zur Befriedigung ihrer Ruhmsucht und Prachtliebe unzählige Bauten errichteten und ungeheure Geldsummen verschwendeten, die als kunstsinnige Mäzene, von der Bauleidenschaft befallen, der Menschheit unsterbliche Monumente hinterließen, die sich als kultivierte Dilettanten selbst künstlerisch betätigten, die sich als romantische Individualisten, von der realen Welt enttäuscht, in poetische Zufluchtsorte zurückzogen und die sich als größenwahnsinnige Diktatoren an kilometerlangen Prachtstraßen und riesigen Palästen berauschten.

Den Bauherren zur Seite finden wir als eigenwillige Persönlichkeiten oder ehrgeizige Künstlerfürsten die Architekten und Baumeister. Im alten Ägypten zu Lebzeiten hochgeachtet und nach dem Tod nicht selten als Gott verehrt, wurden sie im Zweistromland schon früh Opfer der unerbittlichen Strenge der Gesetze.

Hammurapi von Babylon, genannt «der Gesetzgeber», hatte um 1700 v. Chr. angeordnet, daß ein Baumeister sterben müsse, sollte das Haus, das er gebaut hat, einstürzen und ein Bewohner darin umkommen. Auch wenn die Sache selten tödlich endete, wurden den Architekten doch von ihren Bauherren oft enge Grenzen gesetzt, und schon Andrea Palladio schrieb 1570 in seinem Werk *Die Vier Bücher zur Architektur*: «Oft geschieht es, daß der Architekt sich dem Willen derer, die bezahlen, mehr unterordnen muß als dem, was die Regeln vorschreiben.»

Häufig mußten sie sich einem unerbittlichen Konkurrenzkampf stellen – kein anderer Berufsstand kennt ein vergleichbares Wettbewerbsverfahren – und sich von zahlreichen Gutachtern und Kommissionen beurteilen lassen. Bisweilen griffen sie, um die Aufmerksamkeit potentieller Bauherren zu erregen, zu besonderen Mitteln, und einer der Einfallsreichsten war dabei der Makedonier Dinokrates mit seinem Auftritt als Herakles vor Alexander dem Großen. Bisweilen waren sie auch machtbewußte Akteure, die, um in die Architekturgeschichte einzugehen, ihre Seele der Mephistogestalt eines Fürsten oder Diktators verkauften und zuletzt Prunkpaläste im Stil orientalischer Despoten bauten, oder Megalomane, die sich ausschließlich von den Großbauten der Baugeschichte inspirieren ließen und sich weder um Verhältnismäßigkeit noch Kosten kümmerten.

Die etwas andere Architekturgeschichte wirft einen Blick hinter die Kulissen des Baugeschehens, in eine Welt bestimmt von Ruhm, Macht und Leidenschaft, von Klatsch und Intrige. Architekturgeschichte ist immer auch eine Ansammlung von Geschichten, wahr oder erfunden, von auffallenden Bauten, aufregenden Ereignissen und bemerkenswerten Persönlichkeiten, ein pointenreiches Panoptikum menschlicher Besonderheiten und baulicher Sehenswürdigkeiten.

Die folgenden Geschichten erzählen von Personen, von Kräften und Motiven, von ungewöhnlichen Ereignissen und überraschenden Leistungen. Der Überblick über einen weitgespannten Zeitraum von 4500 Jahren, in dem die Geschichten spielen, und ihre anekdotische Pointierung enthüllen verblüffende Zusammenhänge und Strukturen. Sie zeigen, daß das Zustandekommen von Bauten wie auch das Verhältnis zwischen den Baubeteiligten wenigen Grundmotiven entspringen und sich in immer wiederkehrenden Mustern vollzieht.

Quellen sind die Bücher der großen Geschichtsschreiber, die Tagebücher, Briefe und Selbstauskünfte der Baubeteiligten sowie die Berichte von Zeitgenossen und Augenzeugen. Die Geschichten bleiben nah an den Quellen und enthalten viel Zeitkolorit und Originalton, um die Menschen hinter den Ereignissen sichtbar und Geschichte lebendig werden zu lassen.

Es ist nur eine kleine Auswahl, den Vorlieben der Verfasserin verpflichtet, und es bleibt dem Leser überlassen, selbst den, wie Goethe es in den *Wahlverwandtschaften* nennt, «Faden der Neigung und Anhänglichkeit, der alles verbindet und das Ganze bezeichnet», weiter zu spinnen.

Für Rat und Tat, für Verständnis und Anregung danken möchte ich Werner Böcker, Karin Krause, Karlheinz Muscheler und Waltraut Schulz. Danken möchte ich auch Alexandra Schumacher im Verlag C. H. Beck, die sich des Manuskripts angenommen hat, für vielerlei Anregungen und wohlwollende Kritik.

Das
alte
Ägypten

Die großen Pyramiden

Der erste uns namentlich bekannte Architekt ist Imhotep. Er war Großwesir und oberster Bauleiter des Pharaos Djoser (2624–2605 v. Chr.), hoher Priester, Arzt, Schriftgelehrter und oberster Aufseher über alle Arbeiten im Lande. Er gilt als Baumeister des ersten großen Steinbaus, der Stufenpyramide von Saqqara, einer neuen Form des königlichen Grabes. Die Stufenpyramide hatte keine unmittelbaren Vorbilder und übertraf an Masse und Höhe alles, was bis dahin gebaut worden war. Sie steht über einem 28 Meter tiefen Schacht, der zur Sargkammer führt, und erhebt sich in sechs Stufen auf 60 Meter Höhe. Sie lag in Saqqara auf einem Wüstenplateau inmitten eines 544 Meter langen und 277 Meter breiten Areals, das von einer zehn Meter hohen Mauer aus weißem Kalkstein umgeben war und «Stadt der weißen Mauern» genannt wurde. Imhotep war ein naher Verwandter des Pharaos, und Manetho, ein ägyptischer Geschichtsschreiber des 3. Jahrhunderts v. Chr., verehrte ihn als großen Baumeister, Arzt und Weisen und schrieb ihm die Abfassung der ältesten Weisheitslehre zu. Schon zu Lebzeiten hochgeachtet, wurde er nach seinem Tod von den Ägyptern als Sohn Ptahs – Ptah war der Gott des Eigentums, der schönen Künste und Handwerker – und von den Griechen als Gott der Heilkunst verehrt.

Unter Pharao Snofru (2575–2551 v. Chr.), der in seiner 46jährigen Regierungszeit drei große und drei kleine Pyramiden errichten ließ und damit zu einem der größten Bauherren aller Zeiten wurde, fand die Pyramide erstmals die Form, die leicht variierend bis ans Ende des Alten Reiches gültig blieb. Als Snofru seine erste Residenz in Medum verließ, gab er auch seinen ersten Grabbau, eine in Medum errichtete Stufenpyramide, auf. Er siedelte sich mit seinem Hof 40 Kilometer nördlich in Dahschur an und begann sofort mit dem Bau einer neuen Pyramide. Die neue Pyramide wäre bei einer Seitenlänge von 157 Metern und einem Böschungswinkel von 60 Grad 140 Meter hoch geworden. Doch der Untergrund war nicht tragfähig, und als die Pyramide eine Höhe von 47 Metern erreicht hatte, deutete sich die Katastrophe an. Es kam zu Setzungen, bedenkliche Risse zeigten sich, und die durchgeführten Stützmaßnahmen verstärkten nur die Schäden. Man beschloß, den Böschungswinkel abzuflachen – die Pyramide wurde so zur «Knickpyramide» – und damit die Höhe zu verringern.

Als der erhoffte Stabilisierungseffekt ausblieb, beschloß Snofru, die Pyramide aufzugeben und unverzüglich mit dem Bau einer dritten, der sogenannten Roten Pyramide, wenige Kilometer weiter nördlich zu beginnen. Der Untergrund wurde diesmal sorgfältig gewählt, die Grundfläche mit einer Seitenlänge von 220 Metern erneut erweitert, der Böschungswinkel aber auf 45 Grad gesenkt. Damit erreichte die Pyramide eine stolze Höhe von 105 Metern. Doch die Spitze, das Pyramidion, zeigt, daß es den Baumeistern noch nicht gelang, die vier Seitenflächen der Pyramide gleichmäßig bis zur Spitze hochzuziehen. Keine hatte exakt den gleichen Böschungswinkel, und die Baumeister mußten die Ungenauigkeiten in den letzten zehn Metern ausgleichen.

Auf den guten König Snofru folgte sein Sohn Cheops. Cheops (2551–2528 v. Chr.) habe, so berichtet uns Herodot, der große griechische Geschichtsschreiber des 5. Jahrhunderts v. Chr., in seinen *Historien*, das reiche Land Ägypten in heillose Unordnung und tiefes Unglück gestürzt. Böse Zeiten seien für die Ägypter angebrochen, alle Tempel geschlossen und alle Opfer verboten worden. Für den Bau seiner Pyramide habe Cheops die Ägypter gezwungen, in den Steinbrüchen des arabischen Gebirges und auf den Fluten des Nils für ihn zu arbeiten. So sei das Volk versklavt worden, und hunderttausend Menschen, alle drei Monate abgelöst, hätten allein zehn Jahre an der gewaltigen Straße gebaut, auf der die Steine transportiert worden seien, und weitere zwanzig, bis die Pyramide vollendet war. Nicht unerwähnt läßt Herodot die unglaublich große Menge an Rettichen, Zwiebeln und Knoblauch, die die Arbeiter verzehrt hätte – dies sei in ägyptischen Buchstaben an der Pyramide verzeichnet. Er rechnet alles hoch, was für das Projekt ausgegeben wurde, und kommt auf eine astronomische Bausumme. Um sich Geld zu verschaffen, habe Cheops vor nichts zurückgeschreckt, so habe er beispielsweise seine Tochter in ein Freudenhaus gesteckt und ihr befohlen, eine bestimmte Geldsumme anzuschaffen. «Sie brachte die verlangte Summe zusammen und faßte auch den Entschluss, ebenfalls ein Denkmal für sich zu errichten. Jeden Mann, der sie besuchte, bat sie, ihr einen Stein für den großen Bau zu schenken. Aus diesen Steinen soll sie die mittlere der drei Pyramiden haben bauen lassen, die vor der großen Pyramide steht und deren jede Seite anderthalb Plethren mißt.»[1]

Hier teilt uns Herodot merkwürdigerweise nicht wie andernorts mit, daß er das nicht glaube, sondern überläßt die Entscheidung dem Leser. Seine Aufgabe als Historiker sei es allein niederzuschreiben, was man ihm mitgeteilt habe. Herodot hat wohl die Pyramiden von Giza nicht selbst besucht, sondern sich von Griechen, die in Ägypten lebten, und Priestern aus Memphis darüber berichten lassen. So zeigt er sich verschiedentlich schlecht informiert.

Was er als Abrechnung von Naturalien für die am Bau beschäftigten Arbeiter verbuchte, war in Wirklichkeit eine Restaurierungsinschrift, die zur Zeit Ramses II. angebracht worden war. Die Zahl der Arbeiter, die nach ihm in die Hunderttausende ging, kann so groß nicht gewesen sein. So viele hätten auf einer quadratischen Fläche mit einer Seitenlänge von 200 Metern nicht Platz gehabt, einer Fläche, die sich nach oben zunehmend verringerte. Heutige

Schätzungen gehen von 5000 Arbeitern aus, so viele könnten in den Wohnbaracken westlich der Pyramide gewohnt haben. Rechnet man 5000 Steinmetze in den Steinbrüchen, 5000 Arbeiter, die die Steinblöcke transportierten, und 5–10 000 Zulieferer, Diener und Köche, so kommt man auf 20–25 000 Personen, was etwa einem Prozent der damaligen Gesamtbevölkerung Ägyptens entspricht.[2]

Die Arbeiter waren auch keine Sklaven oder Fronarbeiter – Sklavenarbeit hat es im Alten Reich nicht gegeben –, sondern Architekten, Astronomen, Mathematiker und gut ausgebildete Facharbeiter, die immer größere Bauten mit immer steileren Böschungswinkeln zu errichten wußten. Zeitweise wurden während der Nilschwemme, wenn die Feldarbeit ruhte, auch Bauern zu Hilfsarbeiten herangezogen. Baumeister und Bauleute besaßen langjährige Erfahrung und waren geschulte Organisatoren. Nur so konnte die gewaltige Masse der Cheopspyramide und ihrer Nebenanlagen in 25–30 Jahren bewältigt werden.

Die Pyramide des Cheops, mit weißem Kalkstein verkleidet, einer Seitenlänge von 230 Metern und einem Böschungswinkel von 51 Grad, war das größte Bauwerk der Antike. 2,5 Millionen Steinblöcke, jeder mehrere Tonnen schwer, türmten sich zu einer Höhe von 146 Metern. Als Napoleon 1798 auf seinem ägyptischen Feldzug die Pyramide besichtigte, errechnete er, daß sich aus den verbauten Steinen eine drei Meter hohe Mauer um ganz Frankreich bauen ließe.

Über den Bau der Pyramiden weiß Herodot, von dem die Forschung sich lange hat beeinflussen lassen, Folgendes zu berichten: «Zunächst ist sie stufenförmig, treppenförmig oder wie man es nennen will, gebaut worden; die zur Ausfüllung des Treppendreiecks bestimmten Steine wurden mittelst eines kurzen Holzgerüstes hinaufgewunden. So hoben sie sie von der Erde auf den ersten Treppenabsatz; dort legten sie sie auf ein anderes Gerüst, durch das sie auf den zweiten Treppenabsatz hinaufgewunden wurden. So viele Stufen, so viele solcher Hebevorrichtungen waren vorhanden, falls diese Hebevorrichtungen nicht so leicht tragbar waren, daß man ein und dieselbe von Stufe zu Stufe hob, nachdem man den betreffenden Stein herabgenommen hatte. Mir ist nämlich beides erzählt worden, weshalb ich beides anführe. So wurde zuerst die Spitze fertiggestellt, dann abwärts bis schließlich zu den untersten Stufen.»[3]

Auch hier war Herodot schlecht informiert. Mit Sicherheit wurden die Pyramiden nicht treppenförmig, sondern in horizontalen Schichten gebaut, und mit ebenso großer Sicherheit wurden die Verkleidungsblöcke nicht nachträglich von oben nach unten verlegt. Statt dessen müssen die Verkleidungssteine von Anfang an zusammen mit den Blöcken des Kernbaus gesetzt und mit diesen eng verzahnt worden sein. Auch was die Holzgerüste betrifft, von denen Herodot berichtet, ist nicht vorstellbar, daß mit so einfachen Geräten allein eine ganze Pyramide hätte errichtet werden können. Doch zur Ehrenrettung Herodots bleibt festzustellen, daß auch heute noch viele Fragen offen und viele der gängigen Theorien, wie die Pyramiden gebaut wurden, nicht wissenschaftlich bewiesen sind. Unklar ist bis heute, warum die Seitenflächen der Pyramide sichtbar konkav sind. War es eine Vorsichtsmaßnahme, um dem Druck der Massen nach außen vorzubeugen, oder war es ästhetisch erwünscht, so daß man die Verkleidungsblöcke konkav abarbeitete, um dem Wölbungseffekt entgegenzuwirken und die Pyramidenspitze optisch hervorzuheben?

Dem Cheops folgte sein Sohn Djedefre auf den Thron (2528–2520 v. Chr.), der die Grabanlage seines Vaters noch zu übertreffen suchte. Acht Kilometer nördlich von Giza in Abu Roasch begann er unverzüglich mit dem Bau, gemäß dem ägyptischen Weisheitsspruch: «Säume nicht, dir ein Grab in der Metropole anzulegen, denn du kennst ja nicht die Spanne deines Lebens.» Seine Spanne jedenfalls war eng bemessen, denn nach acht Jahren starb er bereits. Die Pyramide blieb unvollendet und wurde von seinem Bruder und Nachfolger Chephren nur notdürftig fertiggestellt, damit der Kultbetrieb stattfinden konnte. Chephren (2520–2494 v. Chr.)

verlegte seinen Sitz wieder nach Giza zurück und baute sich dort eine eigene Pyramide mit einer Seitenlänge von 215 Metern, einem Böschungswinkel von 53 Grad und einer Höhe von 143 Metern. Seine Pyramide war drei Meter niedriger als die seines Vaters, doch da sein Baugrund höher lag, wirkte sie höher. Auf Chephren folgte Mykerinos, und auch er baute eine Pyramide, die mit 104 Metern Seitenlänge und einer Höhe von 65 Metern allerdings deutlich kleiner ist als die Bauten seiner Vorgänger. Die große Zeit des Pyramidenbaus war vorbei. Jede weitere Pyramide wäre nach den perfekten Vorgängerbauten kein neues geistiges Wagnis mehr, nur noch Wiederholung oder bloße Übertrumpfung der Masse gewesen. So hielt die folgende Dynastie zwar an der Pyramide als Königsgrab fest, doch waren diese kleiner und schlechter gebaut. Wichtiger wurden die Tempelanlagen vor den Pyramiden, die immer größer und aus kostbaren Materialien errichtet sowie reich mit Reliefdarstellungen geschmückt wurden. Auch das Mittlere Reich baute weiter Pyramiden, aber wiederum kleiner und nur noch aus gebrannten Ziegeln.

Die Pyramiden waren Ausdruck der tiefreligiösen Kultur der Ägypter. Sie waren Bauten, die man einem noch lebenden König errichtete und die nach seinem Tod der Unterbringung seines mumifizierten Körpers, der kultischen Verehrung, der Sicherung seiner jenseitigen Existenz und seiner Vereinigung mit dem Sonnengott dienen sollten. Sie versinnbildlichten die Präsenz des nach dem Tod zum Gott transzendierten Königs, dessen Aufgabe es war, auch im Jenseits das Gemeinwohl und die Fortdauer seines Volkes zu sichern.

Der Bau der Pyramiden galt bei den Griechen und Römern als eines der Sieben Weltwunder, und viele von denen, die sie sahen – und es gab schon reichlich Touristen –, meinten, ein solches Werk könne gar nicht Stück für Stück von Menschen geschaffen, sondern müsse von einem Gott auf einmal und als Ganzes in den Nilsand hineingestellt worden sein. Auf solchen Werken, die die Sterne berührten, stiegen entweder die Menschen zu den Göttern empor

Die Pyramiden als Kornkammern des Pharao, Mosaik in der Vorhalle
des Markusdoms in Venedig

oder die Götter zu den Menschen herab. Doch nicht alle Betrachter
konnten den Pyramiden, deren religiöse Bedeutung sie nicht mehr
kannten, viel abgewinnen. War schon die Wertschätzung, die die
Pyramiden bei den Griechen besaßen, wie man bei Herodot sieht,
zwiespältig – einerseits war man von ihnen fasziniert, andererseits
sah man in ihnen Zeichen der Tyrannei und Ausbeutung –, so
waren die Römer bisweilen noch kritischer. Plinius der Ältere erwähnt sie in seiner *Naturalis Historia* nur beiläufig: «Es sollen auch
die Pyramiden in Ägypten erwähnt werden, eine unnütze und
dumme Zurschaustellung des Reichtums der Könige, da ja als
Grund für ihre Errichtung von den meisten angegeben wird, daß
jene ihren Nachfolgern oder den ihnen auflauernden Rivalen kein
Geld hinterlassen oder dem Volk etwas zu tun geben wollten.
Darin war die Prahlerei jener Männer groß.»[4]

Die frühen Christen wiederum vereinnahmten die Pyramiden für sich und sahen in ihnen die in der *Genesis* erwähnten Scheunen, die Joseph für den Pharao anlegte, als er ihm zuerst sieben fette und dann sieben magere Jahre geweissagt hatte, um das Getreide zu lagern. Als solche sind sie in der Vorhalle des Markusdoms in Venedig abgebildet. Die Renaissance-Künstler, am antiken Idealbild von Maß und Ordnung orientiert, kritisierten die Pyramiden ebenfalls. Für Leon Battista Alberti, den großen Architekten und Kunsttheoretiker waren sie, nachzulesen in seinem Werk *Zehn Bücher über die Baukunst* von 1512, nichts weiter als ein verrückter Einfall. Als die großen Könige der Vorzeit gemerkt hätten, daß großangelegte Bauten Bewunderung fänden, hätten sie bald einen eifrigen Wettstreit begonnen und sich schließlich bis zur Errichtung der Pyramiden verirrt.[5]

Die Ramessiden

Die Baumeister der Pyramidenzeit haben uns nur wenige Nachrichten hinterlassen. Zwar waren sie echte Pioniere der Technik des Steinbaus, aber in den textlichen und bildlichen Darstellungen ihres Lebens zeigten sie sich noch sehr bescheiden. So wissen wir von den meisten nicht mehr als ihre Namen und ihre Titel. Weder Hemiun noch Anchchaef erwähnen selbst, daß sie es waren, die die Pyramiden des Cheops und des Chephren erbaut haben. Die späteren Zeiten waren da schon etwas mitteilsamer; man glaubte zunehmend an die Macht des geschriebenen Wortes und kündete von eigenem Ruhm und eigenen Taten.

Inene war der oberste Baumeister von Thutmosis I. (1494–1482 v. Chr.). Er leitete auf dem thebanischen Ostufer umfangreiche Baumaßnahmen am Amuntempel von Karnak und überwachte auf dem Westufer die versteckte Anlage des königlichen Felsengrabes im Tal der Könige. Über die Arbeiten am Felsengrab berichtet Inene in einer Inschrift, er habe das Aushauen des Felsengrabes seiner Majestät ganz allein beaufsichtigt, das Grab sollte geheim bleiben, und verweist damit auf seine Vertrauensstellung als leitender Baumeister. «Ich beaufsichtigte die großen Monumente, die er baute. . . . Ich beaufsichtigte die Errichtung von zwei Obelisken. . . . und baute das majestätische Boot, 120 Ellen und 40 Ellen breit, zum Transport dieser Obelisken. . . . ich beaufsichtigte die Aushöhlung des Felsengrabes seiner Majestät. . . . Ich war mit einer Arbeit beauftragt, welche die Vorfahren nicht getan hatten. . . . Ich war Aufseher der Aufseher und hatte keinen Mißerfolg.»[6] In einer weiteren Inschrift erklärt er: Dies alles «war das Ergebnis der Erfindungskraft meines Herzens, das Zeugnis meines Wissens, keine Regel war mir von den Alten gegeben, und ich werde noch nach vielen Jahren von denen gelobt werden, die nachahmen, was ich geschaffen habe.»[7] Senenmut, ursprünglich Vermögensverwalter des reichsten aller ägyptischen Tempel, wurde zum wichtigsten Baumeister der Königin Hatschepsut (1479–1457 v. Chr.). Er leitete den Bau ihres Totentempels im Talkessel von Deir El-Bahari. Sein großer Einfluß beruhte weniger auf seiner Rangstufe innerhalb der Beamtenhierarchie – er kam aus einfachen Verhältnissen und gehörte zu den neuen Leuten, die mit Hatschepsut kamen und gingen – als vielmehr auf seiner persönlichen Beziehung zur Königin. Er war Erzieher ihrer einzigen Tochter Nofrure, und es war wohl dieses Amt, das ihm Einfluß und Macht verschaffte. Wie sehr, zeigen die vielen Votivstatuen, die er in den großen Heiligtümern von Theben aufstellen durfte und die ihn selbst sowie seine beiden Gräber in der Totenstadt darstellen. Siebzigmal hat er es – ein Meister der Privatpropaganda – geschafft, sein Bild im Totentempel der Königin Hatschepsut zu plazieren, meistens in Nischen und Türlaibungen, an Orten also, die der Sicht entzogen waren, wenn die Türen offenstanden. Auch seine Inschriften zeigen keine falsche Bescheidenheit und folgen dem altägyptischen Motto: «Laß die ganze Welt deine großen Taten wissen, damit dir jedermann gratuliere.»

«Ich war der Größte der Großen im ganzen Land; einer, der allein im Geheimen Rat Audienz hatte ... Ich war Aufseher der Aufseher; den Großen übergeordnet ... Ich war einer, dem die Angelegenheiten Ägyptens berichtet wurden ... die Arbeit in allen Ländern stand unter meinem Befehl.»[8] «Ich war ein wirklicher Vertrauter des Königs, einer, der tätig ist, so daß er von seinem Herrn alle Tage gelobt wird ... Ich war einer, der in Liebe eintrat und in Gunst herauskam, einer, der das Herz des Königs alle Tage erfreute.»[9]

Doch nach dem frühen Tod der Nofrure verschwand Senenmut ziemlich schnell von der politischen Bühne, und als nach dem Tod Hatschepsuts der bisherige Mitregent Thutmosis III. die Alleinherrschaft übernahm, gab es einen Bildersturm, wie ihn die ägyptische Geschichte bis dahin nicht erlebt hatte. Viele Bilder und Statuen Senenmuts wurden zusammen mit denen seiner Königin zerstört, und sein Name wurde ausgelöscht.

Amenophis, Sohn des Hapu, war Sproß einer berühmten Priesterfamilie und Baumeister von Amenophis III. (1391–1353 v. Chr.). Wie Imhotep lebte er in der Erinnerung der Ägypter und der Griechen als Weiser und als Gott der Heilkunst fort. Er leitete den Bau des Totentempels für Amenhotep III. in Luxor, von dem nur noch die einst den Eingang flankierenden Sitzstatuen des Herrschers erhalten sind. Diese Statuen nannten die Griechen und Römer, die sie für Abbilder des äthiopischen Sagenkönigs Memnon hielten, später «Memnon-Kolosse». Sie galten schon in der Antike als technische Wunderwerke, da sie aus einem einzigen Sandsteinblock gefertigt, 21 Meter hoch und 700 Tonnen schwer waren. Als besondere Auszeichnung durfte Amenophis seinen eigenen Totentempel neben dem des Pharao anlegen. Auch seine Selbstdarstellung in den Inschriften ist zwar formelhaft, doch äußerst selbstbewußt.

«Mein Meister hat mich zum Aufseher über alle Arbeiten ernannt; ich habe den Namen des Königs für die Ewigkeit bewahrt, ich habe nicht nachgeahmt, was andere schon gemacht haben.»[10] «Ich bin der Größte unter den Großen im ganzen Land. Ich war der Hüter der Geheimnisse des Pharao in all seinen Palästen, der persönliche Berater des Herrschers; ständig in Gunst und allein Audienz habend.»[11]

Als größter Bauherr Ägyptens neben Snofru, dem Pyramiden-bauer, gilt Ramses II. (1279–1213 v. Chr.), so viele Bauten und Skulpturen kolossaler Größe hat er während seiner langen Regie-rungszeit von 66 Jahren über ganz Ägypten verstreut ausführen las-sen, gemäß seiner Devise: «Es ist schön, Denkmal auf Denkmal zu errichten, zwei herrliche Dinge zur gleichen Zeit.»[12] Seine berühm-testen Bauten sind die beiden Tempel von Abu Simbel, Felstempel, die vollständig aus dem gewachsenen Stein herausgearbeitet sind. Im Eingangsbereich vor dem großen Tempel flankieren vier hohe, aus dem Fels geschnittene Sitzstatuen des Ramses den Eingang zum Heiligtum. Neben den Beinen befinden sich kleine Rundbilder von den Mitgliedern der königlichen Familie. Den oberen Abschluß der Tempelfront bildet ein Fries mit Pavianfiguren, die betend und mit erhobenen Händen die aufgehende Sonne im Osten begrüßen. Be-tritt man den Tempel, kommt man in eine rechteckige Halle, die durch acht Pfeiler in drei Schiffe geteilt ist. An jedem Pfeiler befin-det sich eine zehn Meter hohe Kolossalstatue des Königs. Auch die Bilder an den Wänden in prächtigen Farben haben im wesentlichen nur ein Thema – ihn selbst. In Abu Simbel erreichte die kultische Verehrung des lebenden Pharao einen hohen Grad, und er scheint nun bereits zu Lebzeiten ein Gott unter den Göttern zu sein.

Viele Jahre brauchte man für den Bau dieser gigantischen An-lage, die kurz nach der Fertigstellung 1255 v. Chr. durch ein Erd-beben schwer beschädigt und unverzüglich wiederhergestellt wurde. Mit dieser Schöpfung – der Name des Architekten ist nicht bekannt – hat der Ruhm des Ramses als Wohltäter der Götter und Bauherr hervorragender Bauwerke die Zeiten überdauert. Eine Felsinschrift von Abu Simbel berichtet uns: «Siehe, was seine Ma-jestät betrifft, so ist er wachsam beim Aufspüren von jeder günsti-gen Gelegenheit, um hervorragende Dinge für seinen Vater Horus zu tun, den Herrn von Meha, um für ihn sein Haus von Millionen Jahren zu erstellen, indem man den Berg von Meha aushöhlt.»[13] Nachdem die Tempel Anfang der sechziger Jahre vor der Gefahr, im Nilwasser des Assuanstaudamms unterzugehen, durch eine

Amenophis, Sohn des
Hapu, Grauer Granit,
Ägyptisches Museum
Kairo

spektakuläre Aktion der UNESCO gerettet werden konnten – sie
wurden 64 Meter höher und 180 Meter landeinwärts versetzt –,
haben sie heute eine gute Chance, noch lange vom Ruhm ihres
großen Bauherrn zu zeugen.

Obwohl Ramses wie viele seiner Vorgänger und die meisten seiner Nachfolger in erster Linie auf den eigenen Nachruhm bedacht
war, würdigte er doch erstmals in einer Ansprache die Leistung der
Bauarbeiter: «O ihr Arbeiter, / ausgewählt, stark, mit den Händen
tüchtig, / die ihr für mich Denkmäler errichtet in jeder Zahl, / erfahren mit der Arbeit an kostbaren Steinen, / Granit-Sorten erkennend

und mit Sandstein vertraut./O ihr Tüchtigen und Fleißigen beim Bauen von Monumenten!/Ihr, die ihr mir alle Gotteshäuser vollzählig macht,/solange wie sie werde ich leben!»[14]

Die Handwerker der großen Staatsbauten genossen im Neuen Reich eine hohe Wertschätzung. Damit betraut, die großen Königsgräber zu errichten, waren sie ebensowenig wie ihre Vorgänger, die Pyramidenbauer, Sklaven, sondern eine Elite qualifizierter Spezialisten. Sie wohnten in eigenen Siedlungen, und die uns bekannteste ist die in Deir-El-Medine unter Thutmosis I. zu Beginn des 15. Jahrhunderts v. Chr. für das «Tal der Könige» gebaute. Sie ist eine der wenigen erhaltenen Siedlungen aus pharaonischer Zeit und zeigt, wie man damals lebte. In 70 Häusern wohnten auf engem Raum die Künstler und Handwerker, die die zahllosen Gräber von Theben erbauten. Die «Mannschaft des Pharao», wie sie sich selbst stolz nannten, war militärisch straff organisiert und in Abteilungen unterteilt, die von zwei Vorarbeitern geleitet wurden. Ihr Lohn wurde monatlich in Naturalien ausgezahlt. Gearbeitet wurde vor- und nachmittags, mit einer Pause dazwischen. Die Woche hatte zehn Tage, von denen der letzte frei war. Die Facharbeiter waren sich ihrer Sonderstellung durchaus bewußt, und als im Jahr 1156 v. Chr. einmal die Bezahlung lange ausblieb, kam es zum ersten uns bekannten Streik der Baugeschichte. Die Arbeiter legten die Arbeit nieder, bis sie aus den Vorratsspeichern der Tempel mit Getreide für einen Monat versorgt wurden. Als die Getreidelieferungen in späteren Zeiten immer unregelmäßiger wurden, nutzten sie ihre genaue Kenntnis der Grabanlagen und begannen, die Königsgräber zu plündern.

Der Raub des Rhampsinitos-Schatzes

Von räuberischen ägyptischen Bauleuten berichtet uns Herodot in seinen *Historien* eine legendär gewordene Geschichte. Einer der Ramessiden, den Herodot Rhampsinitos nennt, sei sehr reich gewesen und habe sich für seine Schätze eine Schatzkammer bauen lassen. Der Baumeister aber habe ihn hintergangen und die Steine so zusammengefügt, daß einer von einem oder zwei Männern leicht aus der Wand herausgenommen werden konnte. So waren nach dem Tod des Baumeisters seine Söhne in der Lage, sich einzuschleichen und vom Schatz zu stehlen. Als der König den Diebstahl bemerkte, ließ er Siegel anbringen, und als er den Schatz weiter dezimiert fand, obwohl die Siegel unversehrt waren, Fallen aufstellen. Als die Brüder erneut in die Kammer eindrangen, verfing sich einer der Brüder in der Schlinge. Er rief den anderen und meinte, er solle ihm den Kopf abschlagen, damit man ihn nicht erkenne und so auch den anderen entdecke. Der Bruder tat, wie ihm geheißen, setzte den Stein an seinen Platz und ging heim mit dem Kopf seines Bruders.

Als es Tag wurde, ging der König in die Kammer und wunderte sich über den kopflosen Leichnam in der Schlinge; denn die Kammer war unverletzt, und keine Öffnung zu sehen. Er ließ nun den Leichnam an die Stadtmauer hängen, stellte Wächter auf und befahl ihnen, jeden, den sie um den Toten weinen oder klagen sähen, zu ergreifen. Als die Mutter des Diebes den Leichnam ihres Sohnes an der Mauer hängen sah, wurde sie sehr traurig und verlangte von ihrem überlebenden Sohn, auf irgendeine Weise den Leib des Bruders loszumachen und heimzubringen. Als die Mutter drohte, zum König zu gehen und ihn anzuzeigen, wenn er es nicht tue, ersann der Sohn eine List.

Er belud seine Esel mit Schläuchen voll Wein und löste, als er bei den Wächtern des hängenden Leichnams vorüberkam, die Knoten seiner Schläuche. Der Wein floß heraus, und als die Wächter dies sahen, kamen sie mit Krügen gelaufen, fingen den Wein auf und tranken ihn. Zuerst stellte er sich zornig und beschimpfte sie, nach einer Weile aber ließ er sich von den Wächtern scheinbar besänftigen. Sie sprachen weiter miteinander, und als ihn einer durch Späße zum Lachen brachte, gab er ihnen noch einen Schlauch. Die Wächter lagerten sich zum Trinken und hießen ihn mit trinken. Er ließ sich überreden, blieb und gab ihnen noch einen weiteren Schlauch.

Sie sprachen dem Wein wacker zu, waren bald alle betrunken und schliefen an Ort und Stelle ein. Als es Nacht war, nahm er den Leib seines Bruders herab und schor allen Wächtern die rechte Wange kahl. Dann lud er den Leichnam auf seine Esel und trieb sie nach Hause. So hatte er den Wunsch seiner Mutter erfüllt.

Als der König vom Diebstahl des Leichnams erfuhr, wurde er so wütend, daß ihm jedes Mittel recht war, den Täter ausfindig zu machen. Er hieß seine Tochter in ein Freudenhaus gehen und sich jedem, der käme, preisgeben. Zuvor solle sie sich von jedem die verschlagenste und verruchteste Tat erzählen lassen, die er in seinem Leben begangen habe. Wenn ihr dann einer den Streich mit dem Leichnam erzähle, solle sie ihn festhalten und nicht wieder fortlassen. Die Tochter tat, wie ihr Vater befahl, und als der Dieb davon hörte, wollte er noch listiger sein als der König. Er schnitt der frischen Leiche den Arm ab und versteckte ihn unter dem Mantel. Als er zu der Königstochter kam und sie ihn nach der schändlichsten Tat seines Lebens fragte, erzählte er ihr, daß er seinem in des Königs Schatzkammer in der Schlinge gefangenen Bruder den Kopf abgeschlagen habe, daß er die Wächter trunken gemacht und die an der Mauer hängende Leiche mitgenommen habe. Als sie das hörte, griff sie nach ihm, aber der Dieb hielt ihr in der Dunkelheit den Arm des Toten hin. Sie faßte ihn und meinte, den Arm des Lebenden zu halten. Der Dieb ließ den Arm in ihrer Hand und verschwand.

Als auch das dem König gemeldet wurde, staunte er wieder über die Klugheit und die Keckheit dieses Menschen. Er schickte Boten in alle Städte und ließ verkünden, er sichere dem Dieb Straflosigkeit zu und eine hohe Belohnung, wenn er vor ihn träte – und der Dieb kam. Rhampsinitos bewunderte ihn, gab ihm seine Tochter zur Frau und meinte, die Ägypter seien zwar klüger als die anderen Völker, er aber sei noch klüger als die Ägypter.[15]

Der
Turm
von Babylon

Wohl der erste Skandal der Baugeschichte war der Turmbau zu Babel. Die Menschen maßten sich an, so steht in der *Genesis*, einen Turm zu bauen, der bis an den Himmel reichte, und sprachen zueinander: «Wohlan, laßt uns Ziegel streichen und sie hart brennen. Und es diente ihnen der Ziegel als Stein, und das Erdpech diente ihnen als Mörtel. Dann riefen sie: Auf! Laßt uns eine Stadt und einen Turm bauen, dessen Spitze bis in den Himmel reicht! Wir wollen uns einen Namen machen, damit wir nicht in alle Welt zerstreut werden! Gott fuhr vom Himmel herab, besah sich das Ganze und sprach: Siehe, sie sind ein Volk, und nur eine Sprache haben sie alle; das ist aber erst der Anfang ihres Tuns. Nichts von dem, was sie vorhaben, wird ihnen unmöglich sein. Wohlan, wir wollen hinabsteigen und dort ihre Sprache verwirren, so daß keiner mehr die Sprache des anderen versteht! Da zerstreute Gott sie von dort über die ganze Erde, und sie mußten aufhören, die Stadt zu bauen.»

Als Erbauer des Turms zu Babel gilt nach der biblischen Überlieferung des *Ersten Buch Moses* Nimrod, von dem ansonsten nur berichtet wird, er sei ein großer Jäger gewesen und habe unter anderem Babel regiert. Der jüdische Geschichtsschreiber Flavius Josephus vermutet, Nimrod habe den Turm bauen lassen, um die Menschen glauben zu machen, nicht von Gott komme ihr Glück, sondern ihre eigene Tüchtigkeit sei die Ursache ihres Wohlstands. Nimrod habe geglaubt, der Rache Gottes entgehen zu können, indem er einen Turm baute, so hoch, daß eine von Gott geschickte

Flut ihn nicht übersteigen könnte.[1] Auch für die christlichen Theologen war Nimrod negativ besetzt, und Augustinus beispielsweise nennt ihn einen «Betrüger, Unterdrücker, Vertilger erdgeborener Geschöpfe», da er die göttliche Allmacht in Frage stellte und glaubte, sich vor Gottes Strafe schützen zu können.

An der Möglichkeit, einen Turm «bis in den Himmel» überhaupt bauen zu können, wird in der Bibel und im Talmud allerdings nicht gezweifelt: «Nichts von dem, was sie vorhaben, wird ihnen unmöglich sein.» Das Wissen, das die Menschen dafür brauchten, sei, so Josephus, überliefert worden. Zwei Säulen, die eine aus Ziegel, die andere aus Stein, auf denen die vorsintflutlichen Menschen ihr gesamtes Wissen in verkürzten Zeichen eingeritzt hätten, seien in die Arche gerettet worden.[2]

Daß Gott die Menschen durch die Zerstörung eines Bauwerks strafte, auch daran zweifelte man nicht, da es eigener historischer Erfahrung entsprach. In diesen frühen Zeiten haben die mächtigen und erfolgreichen Eroberer fast immer die Städte und Bauwerke ihrer unterlegenen Gegner zerstört, um ihre Macht zu demonstrieren und sich die Gegner untertan zu machen. Auch große Bauherren wie der assyrische König Sanherib, der eine enorme Bautätigkeit entfaltet und Ninive zur ersten Stadt seines Reiches gemacht hat, verfuhren so. Als Sanherib im Jahr 689 v. Chr. die Stadt Babylon einnahm und dem Erdboden gleichmachte, rühmte er sich:

«Die Stadt und ihre Häuser von ihren Fundamenten bis zu ihren Wänden zerstörte ich, verwüstete ich, verbrannte ich mit Feuer. Die Stadtmauer und die äußere Mauer, Tempel und Götter, den Tempelturm aus Ziegeln und Erde, soviel als da waren, tilgte ich aus und warf sie in den Arachtu-Kanal. Mitten durch diese Stadt grub ich Kanäle und flutete ihren Grund mit Wasser, und das Gefüge ihrer Fundamente zerstörte ich. Ich machte die Zerstörung vollkommener als durch eine Flut.»[3]

Der biblische Turm zu Babel hat ein gesichertes historisches Vorbild, den berühmten Stufenturm Etemenanki, Tempelbau des Marduk, des Stadtgottes von Babylon. Der babylonische Name «e-temen-an-ki» bedeutet «Grundstein von Himmel und Erde». Diesen Grundstein legte man dem Gott und hoffte zum Dank auf ein sicheres Fundament auch der eigenen Herrschaft, und die babylonischen Könige schlossen ihre Bautexte gern mit folgendem Gebet: «Oh mein Herr Marduk, sieh freudig an meine Taten, auf daß nach Deinem erhabenen, unabänderlichen Befehl das Werk meiner Hände alle Zeiten sichtbar überdaure! So, wie Etemenankis Ziegel für die Dauer geschaffen sind, so fertige das Fundament meines Thrones für ewige Zeiten!»[4] Doch weder Turm noch Thron waren von Dauer, der Turm wurde mehrfach zerstört und wiederaufgebaut, und Herrschergeschlecht folgte auf Herrschergeschlecht.

Von Sanherib bei der Zerstörung Babylons ebenfalls zerstört, wurde der Etemenanki von dessen Nachfolger Asarhaddon am alten Ort neu aufgebaut und die nach Assur entführte Statue des Marduk nach Babylon zurückgebracht. Nach dem Untergang des assyrischen Reiches – auch hier wurden die Hauptstädte Assur und Ninive gründlich zerstört – kam Babylon unter die Herrschaft des Nabopolassar (625–605 v. Chr.), der den Grund für das mächtige neubabylonische Reich legte. Mit ihm begann eine Zeit intensiver Bautätigkeit, und wenn man von der großen Stadt Babylon spricht, meint man die Periode, die durch ihn und seine Nachfolger geprägt worden ist. Nabopolassar, eifrig darauf bedacht, an die alten Überlieferungen anzuknüpfen und sie zu bewahren, restaurierte in vielen Städten Babyloniens ältere Bauten verehrter Heiligtümer und widmete sich auf göttlichen Befehl auch dem Etemenanki.

Es befahl ihm «Marduk, der Herr des Etemenanki, des Stufenturmes von Babylon, der vor meiner Zeit baufällig geworden und eingestürzt war, das Fundament auf der Sohle der Grundgrube zu gründen, sein Haupt mit dem Himmel wetteifern zu lassen. Hacken, Spaten und Ziegelformen aus Elfenbein, Ebenholz und besonderem Holz stellte ich her, und die zahlreichen Leute, das Aufgebot meines Landes, ließ ich sie tragen, formte, ließ formen Ziegel, ließ herstellen Backsteine, wie Regen des Himmels ohne

Zahl. Wie eine massige Hochflut ließ ich Asphalt und Erdpech auf dem Arachtu-Kanal heranfahren. Mit der Kunst Eas, dem Wissen Marduks, der Weisheit Nabus und Nisabas, mit dem weiten Herzen, das mein göttlicher Erzeuger mir zu eigen gegeben hat, mit meiner großen Aufmerksamkeit überlegte ich, kluge Meister beauftragte ich, und anderthalb Aschlu mit der Messrute maß ich die Maße. Die Oberbaumeister spannten die Seile, setzten fest die Grenzen. Die Orakel des Schamasch, Adads und Marduks holte ich ein, und im Herzen überlegte ich, bewahrte die Maße, die die großen Götter bei der Einholung des Orakels bestimmt hatten. Mit der Kunst der Beschwörung, der Weisheit Eas und Marduks reinigte ich jenen Platz, und in der ersten Grundgrube legte ich sein Fundament. Perlen von Gold und Silber, Steine des Gebirges und der Meereswüste breitete ich hin in seinem Grunde, eine weiße kostbare Substanz, Feinöl, duftende Kräuter und rote Paste schüttete ich unter die Ziegel. Ein Bild meiner Majestät, einen Ziegelkorb tragend, fertigte ich an, und im Fundament legte ich es nieder. Vor Marduk, meinem Herrn, beugte ich den Nacken, das Kleid, das Prachtgewand meiner Majestät, schürzte ich auf, und Ziegel und Lehm trug ich auf meinem Haupte. Ziegelkörbe aus Gold und Silber ließ ich flechten, und Nebukadnezar, den Ältesten, Liebling meines Herzens, ließ ich Lehm, Mischwein, Wein, Öl und Würzkraut mit meinen Leuten tragen. Nabuschumlischir, seinen kleinen Bruder, den jüngsten Sprößling meines Herzens, mein Herzblatt, ließ ich Hacke und Spaten nehmen, einen Ziegelkorb aus Gold und Silber legte ich ihm auf, und Marduk, meinem Herrn, schenkte ich ihn als Geschenk.»[5]

Die Demut des Herrschers Nabopolassar vor Marduk wird durch das Werk seiner eigenen Hände veranschaulicht. Viele mesopotamische Herrscher haben sich wie er traditionsgemäß auf irgendeine Weise beim Bau von Tempeln beschäftigt darstellen lassen. Sie trugen den ersten Stein auf ihrem Nacken, formten Lehmziegel, fällten Zedern im Libanon und trugen, wie wir hörten, Ziegel und Lehm – eine wie der erste Spatenstich wohl eher symbolische Geste, bedenkt man, daß die Körbe aus Gold und Silber waren.

Das von Nabopolassar Begonnene wurde von seinem Sohn Nebukadnezar II. (605–562 v. Chr.) fortgeführt. Unter ihm erlebte das Land eine Periode der Ruhe und der wirtschaftlichen Blüte. Die nach Babylon strömenden Tribute und Steuern ermöglichten Nebukadnezar, die Bauvorhaben seines Vaters in großem Maßstab fortzuführen, auch den Turm von Etemenanki. Hiervon berichtet uns die Schrift: «Etemenanki, den Stufenturm, dessen Stelle Nabopolassar, der König von Babylon, mein Vater und Erzeuger, mit der Kunst der Beschwörung, der Weisheit der Götter Ea und Marduk gereinigt und auf der Sohle der Grundgrube seinen Grundstein errichtet, jene vier Wände außen herum aus Asphalt und Backstein 30 Ellen hoch aufgerichtet, sein Haupt aber nicht erhöht hatte; Etemenanki zu erhöhen, sein Haupt mit dem Himmel wetteifern zu lassen, legte ich Hand an.»[6] Die Ziegel des Etemenanki tragen, wie die Ausgrabungen ergaben, fast alle auf der Unterseite einen Stempelaufdruck folgenden Wortlauts: «Nebukadnezar, König von Babylon, Erneuerer der Pyramide und des Turms, älterer Sohn von Nabopolassar, König von Babylon, bin ich.»[7]

Tempeltürme gab es in Mesopotamien schon seit Anfang des 3. Jahrhunderts v. Chr. Zuerst auf einfachen Terrassenanlagen, dann mit mehreren Stufen versehen, waren sie die Wahrzeichen der Städte und dienten als Wohnplatz Gottes inmitten der Menschen. Für die Babylonier war somit der Etemenanki Ausdruck ihrer Gottesverehrung, und erst die 587 v. Chr. von ihnen nach Babylon zwangsumgesiedelten Einwohner Jerusalems haben ihn in ihrer babylonischen Gefangenschaft zum Skandalfall gemacht. Sie verbanden ihn mit einer älteren Sage und fügten die daraus entstandene Geschichte, wie anfangs berichtet, in die biblische Überlieferung der *Genesis* ein. Die an die Ufer des Euphrat Verbannten, die ihr Los im 137. Psalm wortreich beklagten – «An den Strömen Babels,/da saßen wir und weinten,/wenn wir Zions gedachten» –, haben sich so nachhaltig für ihre Gefangenschaft an den Babyloniern gerächt. Der Tempelturm wurde für die Juden und später auch die Christen zum Turm von Babel, zum Symbol des frevelhaften Hochmuts der Menschen gegenüber Gott und Gesetz.

Unsere Kenntnis des Turms beruht neben der biblischen Überlieferung, den keilschriftlichen Dokumenten und den ausgegrabenen Resten vor allem auf der griechischen Geschichtsschreibung. Und wieder ist es Herodot, «Vater der Geschichte» und früher Tourist, der uns von dem 70 Meter hohen Treppenturm berichtet, der in der Antike neben den Mauern und den Hängenden Gärten von Babylon zu den Sieben Weltwundern zählte: «Mitten in diesem heiligen Bezirk ist ein fester Turm errichtet, ein Stadion lang und breit, und auf diesem Turm steht wiederum ein Turm und dann noch einer, im ganzen acht Türme übereinander. Alle diese Türme kann man ersteigen auf einer außen herumführenden Treppe. Auf mittlerer Höhe sind Ruhebänke angebracht, auf die sich der Hinaufsteigende setzen kann, um sich zu erholen. In dem höchsten Turm steht erst das eigentliche große Tempelhaus, und in dem Tempelhaus steht ein großes Ruhebett, mit schönen Decken belegt, und daneben ein goldener Tisch.»[8]

Als Herodot wahrscheinlich 458 v. Chr. nach Babylon kam, war der Turm nur noch eine Ruine, da der Perserkönig Xerxes dreißig Jahre zuvor die wichtigen Gebäude der Stadt hatte zerstören lassen. Dies erklärt, daß Herodots Beschreibung in zwei Punkten von den neuesten Forschungsergebnissen abweicht: Es waren sieben Turmstufen, nicht acht, und der Turm wurde nicht durch eine Art Wendeltreppe, sondern durch eine gerade Mitteltreppe und zwei Seitentreppen erschlossen.

Als Alexander der Große 331 v. Chr., nachdem er die Perser bei Gaugamela besiegt hatte, als neuer Herrscher in Babylon einzog, wurde er von den Babyloniern begeistert empfangen, und er beschloß, den Tempelturm neu aufzubauen. Aber, so berichtet Strabo, griechischer Geograph und Geschichtsschreiber, «das Werk war groß und viel Zeit erforderlich (denn schon die Abreinigung des Schuttes war ein Werk zweier Monate für zehntausend Menschen),

Abb. 3: Pieter Bruegel d. Ä., Turmbau zu Babel, 1563, Wien,
Kunsthistorisches Museum

so daß er die Unternehmung nicht zu vollenden vermochte; denn
alsbald überfielen den König Krankheit und Tod. Nach ihm kümmerte sich niemand darum; aber auch alles Übrige wurde vernach-
lässigt.»[9]

So lebte der Turm in erster Linie in der jüdischen und christlichen
Tradition als Turm zu Babel in der Erinnerung fort, und vielfach
hat sich an ihm die Phantasie der Menschen, ganz besonders der
Künstler, entzündet. Als Symbol menschlicher Hybris, aber auch
als Vorbild ehrgeiziger Bauprojekte, war er ihnen – Abschreckung
und Faszinosum zugleich – Anreiz zu bildlicher Umsetzung. Meist
wurde das Bauwerk selbst dargestellt, seine ungeheuren Ausmaße,
der Aufwand an Arbeitskraft und die fortgeschrittene Bautechnik,
weniger die Zerstörung und Sprachverwirrung.

Die vielleicht bekannteste Darstellung ist die von Pieter Bruegel
dem Älteren von 1563. Bruegel zeigt uns ein konstruktiv logisch

aufgebautes Gebäude, einen Rundbau, dessen Vorbild – Bruegel hatte 1553 Rom besucht – offensichtlich das Kolosseum gewesen ist. Die vorgelagerten Säulen, die horizontale Gliederung, die doppelte Arkadenstellung der Umgänge, die doppelgeschossige Wandgliederung und die schiere Größe legen diese Vermutung nahe.

Bruegels Turm steht in einer weiten Landschaft. Mächtig hebt er sich über die flache Ebene empor und ragt in die Wolken hinein. Von einer Anhöhe aus geht der Blick zuerst auf ihn, dann auf Stadt und Landschaft. In der Ferne erscheinen Meer und Gebirge. Die Stadt ist von einer Mauer umgeben und trägt mit ihren Giebeln, Türmen und Toren flämische Züge. Der Hafen vor der Stadt ist voller Schiffe. Winzig sind die Menschen, ausgenommen die Gruppe im Vordergrund: der Bauherr, sein Gefolge und die sich ihm in mittelalterlicher Manier entgegenwerfenden Steinmetze. Übergroß ist der im Bau befindliche Turm, der schon so weit vollendet ist, daß man erkennen kann, wie er aussehen wird. Eine mit leichter Neigung aufsteigende Rampe zieht sich um den Baukörper und teilt ihn in sieben Stockwerke, das achte ist bereits im Bau. Auf den Rampen befinden sich Bauhütten, Kräne, Hebewerke mit Tritträdern, Leitern und Gerüste, Handwerker und Steinmetze.

Alles ist in Bewegung – eine geschäftige Idylle. Nicht der zerstörte Turm wird gezeigt und nicht die Auswirkungen der Sprachverwirrung, sondern der Aufbau des Turms als eine den Menschen der Renaissance durchaus möglich erscheinende Bauaufgabe. Und doch ist die Stimmung bedrohlich. Obwohl die Fassade klassisch geordnet ist, zeigt sich das Innere labyrinthisch. Obwohl auf Felsen gebaut, neigt sich der Turm leicht zur Stadt hin. Er scheint nicht von Dauer und droht beim Weiterbau umzustürzen. Das Scheitern kündigt sich an. Das Bild des Turmes verweist auf die Vergänglichkeit alles Irdischen und die Vergeblichkeit menschlichen Strebens, es Gott als Schöpfer gleichzutun.

Die
kunstfertigen
Griechen

Das Weltwunder von Ephesos

Am Anfang der griechischen Baugeschichte steht der «kunstfertige» Daidalos, Handwerker, Erfinder und Baumeister der griechischen Mythologie. Er soll seinen Neffen und Lehrling Talos, der durch Erfindung des Zirkels, der Säge und der Töpferscheibe seinen Neid erregt hatte, ermordet haben, indem er ihn die Akropolis hinunterstürzte. Danach habe er für König Minos auf Kreta ein Labyrinth errichtet und auf Sizilien, bei den Selinuntern, die Sauna erfunden in Form einer Höhle, «aus der ein solch warmer, linder Dampf ausströmte und sich sammelte, daß er äußerst heftige Schweißausbrüche erregte und dadurch die Körper unter äußerstem Wohlbehagen gesund machte».[1] Auch habe er auf einem steilen Felsen die Stadt Agrigent gegründet, deren strategisch günstiger Zugang von nicht mehr als drei Männern vollkommen habe bewacht werden können.

Doch nicht nur die Griechen der Mythologie, auch die lebenden waren erfindungsreiche und kunstfertige Baumeister. Sie bauten beispielsweise den Tempel der Artemis in Ephesos, der aufgrund seiner gewaltigen Dimensionen und seiner kunstvollen Ausschmückung zu den Sieben Weltwundern der Antike zählte. Die zahlreichen Geschenke des Lyderkönigs Kroisos, die die Schatzkammer der Artemis überquellen ließen, machten es um die Mitte des 6. Jahrhunderts v. Chr. erforderlich, den bestehenden Kultbau durch ein größeres Gebäude zu ersetzen. Kroisos, der 560 v. Chr.

Ephesos erobert hatte, soll, so erzählt uns Herodot, auch das Bauvorhaben selbst unterstützt haben – die meisten Säulen seien von ihm gewesen.[2] Auf einer dieser Säulen, die sich im British Museum befindet, ist noch die Inschrift «Ein Geschenk von Kroisos» zu lesen.

Keine Kosten und Mühen wurden gescheut, den Tempel auf das Prächtigste auszuschmücken. Denn je reicher und großartiger er wirkte, desto mehr Geschenke und Stiftungen für die Göttin Artemis lockte er an und desto reicher wurden die Bewohner der Stadt Ephesos, die ihren Wohlstand dem Handel und dem Kult der Artemis verdankten. Weit über 100 Personen waren als Priester, Priesterinnen und Tempelwächter beschäftigt. Der Tempel war nicht nur Heiligtum, sondern auch «Bank», und zu den Aufgaben des Oberpriesters gehörten nicht nur die Annahme von Opfergeschenken und die Aufbewahrung von Wertgegenständen, sondern auch die Vergabe von Krediten aus dem Tempelschatz.

Der Tempel hatte eine lange Bauzeit. 120 Jahre, so Plinius, etwa von 580 bis 460 v. Chr., habe der Bau gedauert. Man habe ihn auf sumpfigem Grund errichtet, damit er vor Erdbeben sicher sei, und habe die Fundamente zur Stabilisierung mit festgestampfter Kohle und Wollvliesen unterlegt. Der Tempel sei 425 Fuß lang und 225 breit gewesen und habe 127 Säulen von 60 Fuß Höhe besessen. Artemis habe sich persönlich am Bau ihres Tempels beteiligt, indem sie dem Architekten hilfreich unter die Arme griff.

«Der Arbeit stand der Architekt Chersiphron vor. Das größte Wunder bei ihr ist, daß man Querbalken von solcher Masse überhaupt auf die Säulen zu heben vermochte. Jener erreichte dies mit sandgefüllten Binsenkörben, die er in einer sanften Steigung über die Enden der Säulen hinaus aufschichtete (dann über diese Rampen den jeweiligen Querbalken hinaufzog), nach und nach die unten liegenden Körbe entleerte, so daß das Werkstück allmählich an seinen Platz gelangte. Am schwierigsten war dies bei der obersten Schwelle selbst, die er über dem Tor anbringen wollte; diese hatte nämlich das größte Gewicht und ließ sich nicht in ihr Lager absenken. Der Künstler sah schon im Selbstmord den einzigen Ausweg. Man berichtet, er sei beim Nachdenken darüber ermüdet und habe nachts im Schlaf die Göttin geschaut, für die der Tempel errichtet wurde; sie habe ihm befohlen zu leben, sie selbst habe den Stein eingefügt. Und als es später hell wurde, war dies tatsächlich zu sehen.»[3]

Bleibt noch zu berichten, daß der Tempel 356 v. Chr. einem Großbrand zum Opfer fiel. Er soll der Legende nach genau in der Nacht abgebrannt sein, als Alexander der Große geboren wurde. Da Artemis der Mutter Alexanders bei dessen Geburt beigestanden habe, sei der Tempel schutzlos gewesen. Der griechische Schriftsteller und Historiker Plutarch (46–125 n. Chr.), besonders bekannt für seine Biografien berühmter Griechen und Römer, berichtet: «Die Magier aber, die sich gerade in Ephesos aufhielten, nahmen das Unglück mit dem Tempel für das Vorzeichen eines noch anderen Unglücks, rannten herum, schlugen sich ihre Gesichter und schrien, Verderben und großes Unheil für Asien habe dieser Tag hervorgebracht.»[4]

Der Tempel sei, so der römische Historiker und Rhetor Valerius Maximus, letztlich der Ruhmsucht zum Opfer gefallen. «Man fand einen Mann, der tatsächlich den Tempel der ephesischen Diana in Brand hatte stecken wollen, damit sich, wenn dieses wunderschöne Bauwerk zerstört wäre, sein Name über den ganzen Erdkreis verbreite; unter Folter gab er jedenfalls diesen Wahnsinn zu. Die Bewohner von Ephesos faßten daraufhin weise einen Beschluß, daß die Erinnerung an diesen abscheulichen Mann getilgt werden solle.»[5] Doch der Name wurde bekannt, es war Herostratos, und sein Name wurde zum Inbegriff des Pyromanen.

Ungeklärt allerdings bleibt, wie ein einzelner ein marmornes und wegen der Tempelschätze gut bewachtes Gebäude durch Brand zerstören konnte, wie er an die trockenen Hölzer des Dachstuhls kam und warum er erst unter der Folter gestand, wenn er doch durch seine Tat berühmt werden wollte. Die Vermutung liegt nahe, daß der Tempel durch natürliche Einwirkung – zum Beispiel durch Blitzschlag – zerstört wurde und Herostratos und seine Ruhmsucht nur dazu dienten, von der wenig rühmlichen Tatsache abzulenken, daß Artemis die Vernichtung ihres Hauses und ihres Schatzes nicht hat verhindern können.

Als Alexander 334 v. Chr. Ephesos von den Persern befreite, befahl er, daß die Abgaben, die bisher an den Perserkönig entrichtet werden mußten, jetzt in die Kasse des Artemistempels fließen sollten, und bot der Stadt seine tatkräftige Unterstützung beim Wiederaufbau des Tempels an – vorausgesetzt, seine Verdienste würden ausreichend gewürdigt. Die Epheser aber lehnten dies ab mit der diplomatischen Begründung, es schicke sich nicht, daß ein Gott Göttern Bauten errichte.

Im gleichen Jahr noch begann man den Tempel wieder aufzubauen, mit Hilfe der zurückgelassenen persischen Gelder, der öffentlichen Kasse und einer Zwangskollekte, bei der der Schmuck der Epheserinnen eingezogen wurde. Die Epheser bauten mit dem Architekten Cheirokrates – bei Vitruv hieß er Dinokrates – den alten Tempel in seinem Grundriß, seinen Dimensionen und Teilen originalgetreu wieder auf. Der einzige Unterschied war, daß der Neubau auf ein fast drei Meter hohes Plateau mit 13 Stufen gesetzt wurde, um den Tempel schon aus der Ferne und vom Meer her sichtbar werden zu lassen. Man wollte wohl nicht nur den Tempel wiedererrichten, sondern auch den Weltwunderstatus wiedererlangen. Dies gelang offensichtlich, und noch im 2. Jahrhundert n. Chr. preist ein griechischer Dichter den Artemistempel vor allen anderen Bauwerken: «Doch als ich dann endlich/Artemis' Tempel erblickt, der in die Wolken sich hebt,/blaßte das andre dahin. Ich sagte: ‹Hat Helios Auge/außer dem hohen Olymp je etwas Gleiches gesehen?›»[6]

Perikles und der Parthenon

Nicht nur in den kleinasiatischen Städten, auch in Athen verstand man zu bauen. Im Jahr 454 v. Chr. verlegte Perikles den Bundesschatz des attischen Seebundes von Delos nach Athen und verwandte ihn zur Finanzierung der Athener Großmachtpolitik und zum Ausbau der Stadt. Der Bundesschatz war beachtlich, denn die Bundesgenossen zahlten jährlich 460 Talente, das sind etwa elf Tonnen Silber, ein, und so wurde die Stadt auf das glänzendste ausgebaut, was noch Plutarch zum Schwärmen brachte: «Was aber Athen am meisten zum Schmuck und zur Zierde gereichte, was den anderen Völkern die größte Bewunderung abnötigte und heute allein noch dafür Zeugnis ablegt, daß Griechenlands einstiges Glück, daß der Ruhm seiner früheren Größe nicht leeres Gerede sei, das waren seine prachtvollen Tempel und öffentlichen Bauten.»[7]

Ab 447 v. Chr. arbeiteten die Athener am Parthenon, dessen Vorgängerbau abgerissen worden war und durch ein ungleich größeres und prächtigeres Gebäude ersetzt werden sollte. Der Parthenon, der Göttin Athena geweiht und von den Architekten Kallikrates und Iktinos entworfen, war Tempel und Schatzhaus Athens, dazu bestimmt, die Bundeskasse und den athenischen Staatsschatz aufzunehmen. 437 v. Chr. begannen die Athener unter der Aufsicht des Architekten Mnesikles mit dem dreiflügeligen Bau der Propyläen, der ebenfalls ungeheure Summen verschlang.

Doch beide Gebäude waren nur ein kleiner Teil eines viel umfassenderen Bauprogramms. Auf der Agora und an vielen anderen Orten wurden für die verschiedensten Götter Tempel gebaut, am Südhang der Akropolis das Dionysos-Theater und daneben das Odeion in Form eines persischen Königszeltes. Diese Neugestaltung Athens war Ausdruck von Reichtum und Macht. Sie dokumentierte die Größe der attischen Demokratie und die Vorrangstellung Athens im Attischen Seebund und suggerierte bei Freund wie Feind die Vorstellung, daß Athen nicht nur zur Herrschaft über Griechenland, sondern letztlich über die ganze Welt befähigt sei.

Keine der sonstigen Staatshandlungen des Perikles allerdings ist, nach Plutarch, bei seinen Zeitgenossen auf so viel Kritik gestoßen wie diese exzessive Bautätigkeit, und man kann sagen, daß sich hier vielleicht der erste massive Bürgerprotest gegen öffentliche Bauvorhaben und Verschwendung von Steuergeldern formierte. Man warf Perikles Verschwendung und vor allem Veruntreuung vor, da er das Geld, das die Bundesgenossen Athen für den Krieg anvertraut hätten, dafür ausgebe, Athen zu vergolden und herauszuputzen. Doch Perikles wies diesen Vorwurf zurück. Athen sei den Bundesgenossen keine Rechenschaft für seine Gelder schuldig, da es den Krieg für sie führe und sie vor den Persern beschütze. Das Geld gehöre nicht denen, die es zahlten, sondern denen, die es bekämen, sofern sie dafür die vereinbarte Gegenleistung erbrächten. Da Athen mit Kriegsmaterial hinreichend versehen sei, müsse der Überfluß auf Werke gelenkt werden, die nach ihrer Vollendung ewigen Ruhm und während ihres Entstehens allgemeinen Wohlstand versprächen. So sorge der Ausbau Athens für eine Belebung des Handwerks, schaffe Arbeit und Wohlstand für die ganze Stadt.

Plutarch berichtet: «Vielerlei Materialien wurden benötigt, Steine, Erz, Elfenbein, Gold, Eben- und Zypressenholz, und zu ihrer Bearbeitung brauchte es mancherlei Handwerker, so Zimmerleute, Bildhauer, Kupferschmiede, Steinmetzen, Färber, Goldarbeiter, Elfenbeinschnitzer, Maler, Sticker, Graveure. Die Transporte zur See brachten den Reedern, den Matrosen und Steuerleuten Beschäftigung, diejenigen zu Lande den Wagenbauern, Pferdehaltern und Fuhrleuten, den Seilern, Leinewebern, Sattlern, Straßenbauern und Bergknappen. Jedes Handwerk verfügte, wie der Feldherr über sein Heer, über eine Masse von ungelernten Hilfsarbeitern, welche als Handlanger dienten, kurz, die Vielfalt der Arbeiten machte es möglich, daß sozusagen jedem Alter und jedem Stand reicher Gewinn zuströmte.»[8]

Das Akropolis-Projekt war eine der großen Arbeitsbeschaffungsmaßnahmen der Antike, und allein der Parthenon wurde in der unglaublich kurzen Zeit von 15 Jahren errichtet (447–432 v. Chr.). Plutarch schwärmt: «So stiegen die Bauten empor in stolzer Größe, in unnachahmlicher Schönheit der Formen, und die Meister wetteiferten miteinander, durch die Feinheit der Ausführung über ihr Handwerk hinauszuwachsen. Das Wunderbarste aber war doch die Schnelligkeit. Denn obschon man glaubte, daß zur Vollendung jedes einzelnen dieser Bauwerke die Arbeit vieler Generationen kaum ausreichen werde, wurden sie alle in der glanzvollen Zeit dieser einen Regierung zu Ende geführt.»[9]

Alles, das Positive wie das Negative, schrieben Plutarch und spätere Historiker dem Perikles zu. Er galt ihnen als großer Bauherr und Kunstmäzen. Doch in Athen beschloß über die öffentlichen Bauten nicht ein einzelner, sondern die Volksversammlung, die sich aus allen erwachsenen, männlichen, in Athen geborenen und freien Bürgern, den sogenannten Vollbürgern, zusammensetzte. Die Volksversammlung wählte den leitenden Architekten und die Baukommission, die die Baukasse verwaltete, Aufträge vergab und Rechnungen prüfte. Jeder Vollbürger hatte die Pflicht, aktiv an den Staatsgeschäften teilzunehmen, und «so muß man sich den Athener der damaligen Zeit als einen vielbeschäftigten Mann vorstellen, von Sitzung zu Sitzung eilend».[10] Dafür gab es eine Art Verdienstausfallgeld, sogenannte Diäten, von denen man gut leben konnte. Zeitweise sollen über 20 000 Bürger tägliche Diäten erhalten haben, und die vielen Gremien und Kommissionen verschafften den Vollbürgern finanzielle Vollversorgung. Perikles saß wohl in den wichtigsten Kommissionen, und seine Stimme hatte sicher großes Gewicht, doch letztlich waren die Bauten nicht die Leistung eines einzelnen, sondern eine Koproduktion von Volksversammlung und Baukommission.

Ist der «große Bauherr Perikles» auch mehr oder weniger Fiktion und Ausdruck des Bestrebens, große Taten großen Persönlichkeiten zuzuschreiben, so bleibt doch die gewaltige Bauleistung eines Zeitalters blühender Kunstproduktion, glänzender Ausdruck der finanziellen und technischen Möglichkeiten Athens in der Zeit vor dem Peloponesischen Krieg. Auch heute noch gilt die Akropolis als Symbol griechischer Identität und Sinnbild klassischer Hochkultur. Nur die Römer, die sich selbst für große Baumeister hielten, urteilten bisweilen nicht ganz so positiv über die Leistungen der Athener. So schrieb Sallust, die Geschichte der Griechen sei «recht bedeutend und großartig, allerdings doch ein wenig bescheidener, als es in der Überlieferung dargestellt wird; aber weil dort große Schriftstellertalente sich zeigten, werden in der ganzen Welt die Taten der Athener als die größten verherrlicht».[11]

Die Oberaufsicht über den Ausbau der Akropolis führte der Bildhauer Phidias, der zum engeren Kreis um Perikles gehörte und wie dieser viele Neider und Feinde hatte. 432 v. Chr. wurde er beschuldigt, bei der Anfertigung der Statue der Athena größere Mengen Goldes unterschlagen zu haben. Angezeigt wurde er von einem seiner Gehilfen, dem Straflosigkeit zugesichert worden war, obwohl falsche Angaben üblicherweise mit dem Tode bestraft wurden. Es kam zum Prozess, Phidias wurde verurteilt, und die Athener schickten ihren größten Künstler in die Verbannung, den Künstler, von dessen Werk der griechische Philosoph Epiktet im 1. Jahrhundert n. Chr. schreiben sollte: «Ihr reist nach Olympia, um das Werk des Phidias zu sehen, und jeder von euch hält es für ein Unglück zu sterben, ohne es besichtigt zu haben.»[12]

Die Historiker vermuten, daß die Athener mit dem Phidias-Prozeß eigentlich Perikles treffen wollten, indem sie ihm unterstellten, in die Unterschlagungsaffäre selbst verwickelt zu sein, und ihm durch den Angriff auf einen nahen Freund angst machen wollten. Der griechische Komödiendichter Aristophanes ging sogar so weit, Perikles zu unterstellen, er habe den Peloponnesischen Krieg nur begonnen, um von sich selbst abzulenken: «Am Anfang war der Kunstskandal um Phidias,/als euer größter Künstler euer Land verließ./Und schon bekam es euer Führer Perikles/genauso mit

der Angst zu tun/vor eurem Naturell und eurer bissgen Art./Um
von sich selber abzulenken, rief er zum totalen Krieg.»[13]

Dinokrates und der Städtegründer

Nun kommen wir zu einer der schönsten Erzählungen, die sich um
Bauten, Bauherren und Baumeister ranken, zur Dinokrates-Geschichte. Sie kann jungen auftragslosen Architekten als Anleitung
dienen, zu bedeutenden Aufträgen zu kommen, und ist wohl zur
Zeit des Alexanderzuges 336–323 v. Chr. entstanden. Erzählt wird
sie uns vom römischen Architekturtheoretiker Vitruv, und wir
wollen sie in ihrer vollen Länge zitieren:

«Als Alexander die Welt eroberte, machte sich der Architekt Dinokrates im Vertrauen auf seine Ideen und seine Kunstfertigkeit von
Makedonien zum Heer auf, eifrig darauf bedacht, beim König empfohlen zu werden. Aus seiner Heimat brachte er von seinen Ver-
wandten und Freunden Briefe für die hohen Offiziere und Höflinge
mit, um leichter Zutritt zu bekommen. Freundlich von ihnen empfangen, bat er, man solle ihn so schnell wie möglich vor den König
führen. Trotz ihrer Zusage zögerten sie, weil sie einen geeigneten
Zeitpunkt abwarten wollten. Daher suchte Dinokrates im Glauben,
man halte ihn zum besten, Hilfe bei sich selbst. Er war nämlich sehr
groß, hatte ein angenehmes Äußeres, eine sehr schöne Gestalt und
ein sehr würdevolles Aussehen. Im Vertrauen also auf diese Gaben
der Natur legte er in seiner Herberge seine Kleidung ab, salbte seinen Körper mit Öl und bekränzte sein Haupt mit Pappellaub. Seine
linke Schulter bedeckte er mit einem Löwenfell. In seiner Rechten
hielt er eine Keule. So ging er auf den Hochsitz des Königs zu, der
gerade Recht sprach. Da der ungewöhnliche Auftritt das Volk abge-
lenkt und dieses sich Dinokrates zugewandt hatte, erblickte ihn
auch Alexander. Voller Verwunderung befahl er, ihm Platz zu machen, damit er herankäme, und fragte ihn, wer er sei. Jener aber
sagte: ‹Ich bin Dinokrates, ein Architekt aus Makedonien. Ich
bringe dir Pläne und Entwürfe, die deiner, erlauchter Herrscher,

Der makedonische Berg Athos in Gestalt eines Riesen, Kupferstich nach
Johann Bernhard Fischer von Erlach, 1721

würdig sind. Ich habe nämlich dem Berg Athos die Form einer
männlichen Statue gegeben, in deren linker Hand ich die Mauern
einer sehr umfangreichen Stadt dargestellt habe, in deren Rechten
ich eine Schale angebracht habe, die das Wasser aller Flüsse, die an
diesem Berge fließen, auffangen soll, damit es sich von dort ins Meer
ergieße.› Beeindruckt von der Eigenart des Entwurfs, fragte Alexander sofort, ob denn da auch ringsherum Ländereien seien, die die
Bürgerschaft mit Feldfrüchten ernähren könnten. Als er dann her-
ausgefunden hatte, daß das nur durch überseeische Zufuhr möglich
sei, sagte er: ‹Dinokrates! Der hervorragenden Gestaltung Deines
Entwurfs widme ich meine volle Aufmerksamkeit, und ich bin von
ihr beeindruckt. Aber ich bemerke, daß, wenn jemand dorthin eine
Pflanzstadt führen würde, seine Urteilskraft eine schlechte Note erhalten würde. Wie nämlich ein neugeborenes Kind ohne die Milch
seiner Amme nicht ernährt und die Stufenleiter des Wachstums

emporgeführt werden kann, so kann eine Bürgerschaft nicht ohne Ländereien und deren Früchte, die in ihren Mauern zusammenströmen, wachsen, und sie kann ohne Überfluß an Nahrungsmitteln nicht eine große Einwohnerschaft haben und die Bevölkerung nicht ohne Vorräte ernähren. Wie ich daher glaube, daß man Deinen Entwurf anerkennen muß, so muß man meines Erachtens die Wahl des Ortes mißbilligen. Jedoch ist es mein Wille, daß Du um mich bist, weil ich mich Deiner Hilfe bedienen will.>»[14]

Was Alexander am Vorschlag des Dinokrates fasziniert haben mag, war der Bezug auf wirkungsvolle Vorbilder und Symbole. Vorbilder für den Berg Athos in Form einer menschlichen Statue waren die ägyptischen Felsskulpturen und Sphingen als Ausdruck altorientalischen Weltherrschertums. Der Berg Athos galt als das Wahrzeichen hellenischer Freiheit, an seinen Klippen hatte die Flotte des Perserkönigs Xerxes ihr Ende gefunden. Die Statue war männlich, da sie Alexander selbst als Weltenherrscher darstellen sollte. Der Aufzug des Dinokrates erfolgte mit Keule und Löwenfell, da sie die Attribute des Herakles waren, des großen Heroen der griechischen Mythologie, der zwölf Hindernisse der unterschiedlichsten Art beseitigt hatte.

Dinokrates hat mit diesem Vorschlag aber auch einen Trend vorweggenommen: die massenhafte Errichtung von Kolossen. Kolosse waren beliebt, da sich mit ihnen als Denk- oder Grabmäler der Ewigkeitsanspruch von Macht und Herrschaft verkörpern ließ, und wurden zu einem wichtigen Thema der antiken Skulptur. Kolosse hat es in vielen frühen Kulturen in Amerika und Asien gegeben, und auch aus dem Ägypten der Ramessiden sind sie uns bekannt: die Memnon-Kolosse des Amenophis III. und die Sitzbilder des Ramses II. am Felsentempel in Abu Simbel. Der berühmteste Koloss aber war der Koloss von Rhodos (290 v. Chr.), der in der antiken Welt als eines der Sieben Weltwunder galt. Er stellte den Sonnengott Helios dar und erreichte nach Plinius eine Höhe von 32 Metern. Er stand nur 56 Jahre lang, doch genoß er auch als Ruine noch große Bewunderung.

Dinokrates, der nach Vitruv bereits den abgebrannten Artemistempel in Ephesos wiederaufgebaut hatte, zog mit Alexander nach Ägypten und baute nach der Eroberung des Landes 331 v. Chr. für ihn die Stadt Alexandria. Als das Gelände für die zu gründende Stadt schon abgemessen und eingegrenzt war, hatte Alexander einen Traum. Plutarch berichtet: «Er träumte, ein grauhaariger Mann von sehr würdigem Aussehen trete zu ihm und spreche die folgenden Verse: ‹Dann liegt eine Insel im wogenstürmenden Meere/vor des Aigyptos Strome, die Menschen nennen sie Pharos.› So wie er nun aufgestanden war, begab er sich nach Pharos, das damals eine der kanobischen Nilmündung nahe vorgelagerte Insel war, jetzt aber durch einen Damm mit dem Festland in Verbindung gesetzt ist. Als er da ein außerordentlich günstiges Gelände sah – es ist ein bandförmiger Landstrich, der als ein Isthmus von entsprechender Breite einen weiten See und das in einem großen Hafen endigende Meer voneinander trennt –, sagte er, Homer sei außer seinen anderen bewundernswerten Vorzügen auch der beste Baumeister.»[15]

Der grauhaarige Mann mit dem ehrwürdigen Aussehen war also Homer, jedenfalls zitierte er aus der Odyssee, und Alexander, der Homer sehr verehrte, ließ sich durch den Traum bei der Wahl des Ortes leiten. Plutarch berichtet uns, wie man weiter verfuhr: «Weiße Kreide war nicht zur Hand; sie nahmen daher Mehl und zogen auf der schwarzerdigen Ebene einen Kreisbogen, dessen innere Fläche gerade Linien, wie bei einem Kriegsmantel gleichsam von Säumen ausgehend, in gleich große Quartiere abteilten. Der König freute sich über die Anlage. Da stießen plötzlich vom Fluß und von dem See her Vögel, unermeßlich an Zahl und ganz verschieden nach Art und Größe, Wolken gleichend auf das Land nieder und ließen von dem Mehl auch nicht das mindeste übrig, so daß Alexander angesichts dieses Vorzeichens höchst bestürzt war. Aber da die Seher ihm sagten, er sollte vielmehr guten Mutes sein, denn da werde eine Stadt von ihm gegründet, die sehr vielen Raum geben und Ernährerin von vielerlei Menschen sein werde, so befahl er den Aufsehern, die Arbeit weiter zu betreiben.»[15]

Alexanders Vormarsch nach Osten wird von Nachrichten über die Neuanlage und den Wiederaufbau von zahlreichen Städten begleitet – insgesamt 70 soll er gegründet haben. Stadtgründungen waren ein wichtiger Bestandteil seines politischen Programms. Sie dienten ihm nicht nur als Stützpunkte für die Nachschubversorgung des Heeres und als militärische Kontrollpunkte, sondern sollten vor allem Wirtschaft und Handel der eroberten Gebiete fördern. Neben Alexandria in Ägypten entstanden Alexandrette in Syrien, Bukephala am Hydaspes – benannt nach Alexanders verstorbenem Reitpferd –, Alexandreia im Kaukasus, Pattala am Indus und so weiter. Allen Städten gab Alexander eine griechische Verfassung und griechische Kulturstätten – wie Gymnasium, Agora, Akropolis – und sorgte dafür, daß sie von Griechen und Makedonen besiedelt wurden. Mit diesem umfassenden Städtebauprogramm leitete Alexander die allmähliche Hellenisierung des gesamten Mittelmeerraums und der östlichen Gebiete ein.

Glanz
und
Elend Roms

Der *luxus asiaticus* der späten Republik

Plutarch erzählt vom Leben des römischen Politikers und Feldherrn Lucius Licinius Lucullus (117–57 v. Chr.), es habe am Anfang von politischen und kriegerischen Begebenheiten gehandelt und am Ende von Trinkgelagen, Schmausereien und Lustbarkeiten: «Zu den Belustigungen rechne ich auch die großartigen Bauten und Anlagen von Wandelhallen und Bädern und noch mehr Gemälde und Statuen ... Und gar erst seine Anlagen an der Meeresküste und bei Neapel! Da ließ er unter gewaltigen Erdbewegungen Hügel errichten, Meeresarme und Kanäle, um Fische darin zu halten, um die Wohngebäude herumführen und Häuser ins Meer hinaus bauen ... Doch besaß er auch im Binnenlande eine Villa bei Tusculum mit offenen, eine weite Aussicht bietenden Speisesälen und Wandelhallen. Als ihn einmal Pompejus dort besuchte, bemängelte er, daß er den Landsitz zwar vortrefflich für den Sommer, aber unbewohnbar im Winter eingerichtet habe; worauf Lucullus lachend erwiderte: ‹Ja, glaubst du denn, daß ich weniger Verstand habe als die Kraniche und die Störche, so daß ich nicht meinen Aufenthalt mit den Jahreszeiten wechsle?›»[1]

Sein in Kleinasien in den mithridatischen Kriegen angesammelter Reichtum erlaubte Lucullus, nach seinem Rückzug aus der Politik das Leben zu genießen. Er baute zahlreiche Villen, Tierparks und Gärten, deren luxuriöse Ausstattung in Verbindung mit seinen üppigen Gelagen sprichwörtlich geworden ist. Lucullus, als

Schlemmer und Gourmet bekannt und berüchtigt – er soll aus Kerasos am Schwarzen Meer die Kirsche nach Italien gebracht haben –, ist ein gutes Beispiel für den *luxus asiaticus*, der im 2. Jahrhundert v. Chr. mit der griechischen Zivilisation nach Rom und Italien vordrang und im Lauf der Zeit, so der Tenor vieler römischer Historiker, zum Verfall der römisch-republikanischen Sitten geführt habe.

Griechische Kunst, Dichtung, Wissenschaft und Sprache – das Griechische wurde zu einer Art Weltsprache der Gebildeten – beherrschten das römische Geistesleben. Alle Arten von Waren und bisher unbekannten Genüssen, von griechischen Händlern, Handwerkern, Köchen, Ärzten und Sklaven eingeführt, wurden zum angestrebten Lebensstandard. Zu diesem Standard gehörte auch das opulente Leben in prächtigen Häusern in der Stadt und auf dem Lande. Cicero, der nicht einmal zu den wirklich reichen Senatoren Roms zählte, besaß ein Stadthaus, ein *domus* auf dem Palatin, und zahlreiche Villen auf dem Lande, am Meer und in den Albaner Bergen, in denen er sich in den Sommermonaten aufhielt. Diese Villen waren im Inneren mit edlen Materialien ausgestattet und enthielten Gemäldesammlungen und Bibliotheken. Zum äußeren Beiprogramm dieses luxuriösen Lebensstils gehörten künstliche Grotten, Wasserfälle, Badebecken, Terrassen, Aussichtstürme, Gärten, Wildgehege und Fischteiche.

Allgemein seien die Maßstäbe verlorengegangen, schreibt der römische Geschichtsschreiber Sallust (86–35 v. Chr.), dessen Thema die Schuldfrage am Verfall der römischen Republik war. Nicht nur die Herrschenden, auch Privatleute hätten, aus Spaß daran, ihren Reichtum vorzuführen, Berge abtragen und Meere überbauen lassen. Dieser Reichtum floß in Form von Abgaben und Steuern aus den eroberten Provinzen in die Taschen des Staates, seiner Verwalter und Amtsinhaber. Da sich um Ämter nur bewerben konnte, wer selbst vermögend war oder vermögende Gönner hatte, profitierten vom neuen Reichtum nur die Reichen.

Die einfache Bevölkerung dagegen, die durch die ständigen Kriegsdienste und Abgaben vielfach ihre Existenzgrundlage verloren hatte, verarmte. Auf der Suche nach Arbeit und Auskommen zogen immer mehr besitzlos gewordene Kleinbauern nach Rom, und man nannte sie, da ihr einziger Besitz ihre zahlreiche Nachkommenschaft, die *proles,* war, Proletarier. Mit der Zeit lebte und wohnte so der Großteil der Bevölkerung Roms im Kontrast zu dem hochkultivierten Lebensstil der senatorischen Oberschicht erbärmlich. Die Wohnungen waren klein, die Mieten hoch und für die meisten kaum erschwinglich – ein sozialer Zündstoff, der in den fünfziger Jahren, während des Bürgerkriegs, immer wieder Straßen- und Barrikadenkämpfe auslöste.

Die Mittellosen und Entwurzelten, die in Rom in Massen herumlungerten, konnte ein Aufrührer wie Catilina leicht zur Verschwörung aufrufen: «Denn welcher Mensch, der eine männliche Gesinnung hat, kann ertragen, daß jene in Reichtum schwimmen und ihn vergeuden, um aufs Meer hinaus zu bauen und Berge einzuebnen, daß uns aber das Vermögen auch zum Notwendigen fehlt? Daß jene zwei oder mehr Häuser aneinanderreihen, wir aber nirgends ein Heim haben? Wenn sie Gemälde, Statuen, getriebene Gefäße kaufen, Neues niederreißen, anderes dafür bauen, kurz, auf jede Art ihr Geld verschleudern und mißbrauchen, so können sie doch bei aller Gier ihren Reichtum nicht in die Knie zwingen. Aber wir haben zu Hause Mangel, auswärts Schulden, eine trübe Gegenwart, eine noch viel schlimmere Zukunft.»[2]

Crassus (115–53 v. Chr.), ein Zeitgenosse des Lucullus und der reichste Römer seiner Zeit, besaß eine Unzahl von Mietshäusern. Das meiste, so Plutarch, habe er durch Feuer und Krieg zusammengebracht, und das allgemeine Unheil sei zu seiner ergiebigsten Einnahmequelle geworden: «Denn als Sulla die Stadt genommen hatte und die Güter der von ihm Getöteten versteigern ließ..., da lehnte Crassus es weder ab zu empfangen noch zu kaufen. Da er ferner die der Stadt Rom eigenen, ihr stets gesellten Plagegeister gewahrte, Brände und Einstürze von Häusern infolge ihrer Größe und Schwere, so kaufte er Sklaven, die sich auf alle Zweige des Bauhandwerks verstanden, und als er deren über 500 zusammen hatte, kaufte er die brennenden und die den brennenden benachbarten Gebäude auf, welche die Eigentümer aus Furcht und wegen der Unsicherheit des Kommenden um einen geringen Preis hergaben, so daß der größte Teil Roms in seine Hand kam.»[3]

Der Wohnungsbau der späten Republik, der der zuströmenden Bevölkerung vom Land und aus den Provinzen Unterkunft schaffen sollte, schuf den Typus der römischen Zinskaserne, die *insula*. Die *insula*, ein rings von Straßen eingeschlossener Häuserblock, bestand aus bis zu zehn Stockwerke hohen Mietshäusern. Diese enthielten im Erdgeschoß meist Läden und Werkstätten, die zur Straße hin offen waren, und in den durch Außentreppen miteinander verbundenen Obergeschossen viele kleine Wohnungen. Ein Fresko im Haus der Livia auf dem Palatin zeigt eine Straße in Rom mit mehrgeschossigen Häusern und versetzt übereinanderliegenden Terrassen. Die Fassaden bestehen aus einer Vielzahl von Türen und Fenstern, verziert mit kapitellgeschmückten Säulen und Gesimsen.

Die Wohnungen der *insula* waren klein, ungesund und aufgrund des schlechten Baumaterials hochgradig einsturzgefährdet, ihr Komfort gering. Der vielzitierte hochzivilisierte Wohn- und Lebensstandard der Römer blieb wenigen vorbehalten und fand sich nicht in den Wohnungen der *insula*. Wasser mußte man an den Brunnen auf der Straße holen, direkte Zuleitungen gab es, wenn überhaupt, nur im Erdgeschoß. Aborte fanden sich zwar unter Treppenaufgängen und auf Treppenabsätzen, aber die meisten waren nicht an das Kanalnetz, die *cloaca maxima*, angeschlossen. Heizen und Kochen waren schwierig. Es gab dafür nur transportable Holzkohlebecken und kleine Wärmeöfen, obwohl es in Rom recht kalt werden konnte und die Fensteröffnungen nur selten mit Glas verschlossen waren. Je höher das Stockwerk lag, desto billiger wurde die Miete, doch das Wohnen selbst immer unkomfortabler, denn die Räume waren vielfach so niedrig, daß man nicht aufrecht darin stehen konnte.

Sogenanntes Tablinum im «Haus der Livia»

Der Wohnungsbau jener Zeit war ein lukratives Spekulationsgeschäft. Baulöwen und Miethaie wie Crassus errichteten baufällige Bruchbuden und erzielten exorbitante Gewinne, indem sie immer höhere Mieten für immer kleinere Wohnungen nahmen. So sagte man in Rom zu Recht, daß zwar die wilden Tiere auf dem Felde und in der Luft ihre Höhlen und Verstecke hätten, nicht aber die Menschen, die für Italien kämpfen und fallen würden.

Juvenal (67–127 n. Chr.), ein römischer Satiriker, der mit scharfem Witz und leidenschaftlicher Entrüstung den Sittenverfall Roms zur Zeit Domitians schildert, beschreibt in seinen Satiren auch das römische Wohnungswesen, und seine Schilderungen treffen bereits auf die Zustände der späten Republik zu. Juvenal riet dringend zum Umzug in die Kleinstadt, da man dort schon ein prächtiges Haus kaufen könne für den Betrag, den man in Rom als Jahresmiete für ein dunkles Loch bezahle.[4] Außerdem könne man sicherer wohnen, und er erklärte, aus Furcht vor dem Feuer am liebsten aus Rom fliehen zu wollen: «Dort sollte man wohnen, wo es keine Brände gibt, wo man sich nachts nicht fürchten muß.»[5] Immer wieder wurde die Stadt vom Feuer heimgesucht. Die Holzkohlebecken, die Kerzen und Fackeln bildeten eine ständige Gefahr, und die Brände konnten sich, da Löschwasser knapp war, schnell ausbreiten.

Gab es einmal keine Brände, drohte der Einsturz der Häuser aufgrund mangelnder Statik und schlechter Bauausführung. Vitruv schrieb, das Gesetz habe für die Wände eine Höchstdicke von anderthalb Fuß vorgeschrieben, damit möglichst wenig Wohnfläche verloren gehe, doch solche Wände könnten in der Ausführung als Bruchsteinmauern nicht mehr als ein Stockwerk tragen. «Bei der großen Bedeutung der Stadt aber und der unendlich großen Zahl von Bürgern muß man unzählige Wohnungen schaffen. Da also Häuser, die nur ein Erdgeschoß haben, eine so große Menge zum Wohnen in der Stadt nicht aufnehmen können, zwangen die Umstände selbst dazu, daß man sich damit half, die Häuser in die Höhe zu bauen.»[6] Die zunehmende Höhe war zwar eine Lösung des Wohnungsproblems, ging aber auf Kosten der Sicherheit.

Selbst als man im 2. Jahrhundert n. Chr. die Wände verstärkte und mit Ziegeln verkleidete, stürzten die Häuser weiter ein, und Juvenal klagte: «Wir aber wohnen in einer Stadt, die zum großen Teil auf schwachen Stützbalken ruht, denn so hemmt der Hausverwalter den Zusammenbruch, und wenn er alte klaffende Risse ausgebessert hat, heißt er uns ruhig schlafen, während beständig Einsturz droht.»[7] Ob die Mieter Schlaf fanden, ist fraglich, doch

Bauherren und Eigentümer hatten meist ruhige Nächte. Das wissen wir von Cicero, dem Menschen der Antike, den wir am besten kennen – 780 Briefe sind von ihm erhalten geblieben. Er schrieb am 18. April 44 v. Chr. aus seiner Villa in Puteoli am Lukriner See an seinen Freund Atticus: «Mir sind zwei Baracken eingestürzt, und die übrigen ziehen Risse. Daraufhin haben nicht nur die Mietsleute, sondern sogar schon die Ratten das Weite gesucht. Alle Welt nennt das ein Malheur, ich kaum eine Unbequemlichkeit ... Mein Gott, wie gleichgültig sind mir diese Nebensächlichkeiten! Immerhin mache ich es mir auf Vestorius' Rat und Anweisung beim Neubau zum Grundsatz, daß bei dem Schaden schließlich noch etwas herausspringt.»[8]

Neben den Einstürzen und Bränden drohten noch die «Gefahren der Nacht»: herunterfallende Dachziegel, aus dem Fenster geworfene Gegenstände, Pöbeleien und Raub. Jeder, so Juvenal, sei leichtsinnig zu nennen, der in Rom zum Abendessen ausgehe, ohne sein Testament gemacht zu haben. Aber auch wer nicht ausgehe, habe Probleme. Er könne nicht schlafen, und viele würden sterben, weil Schlaflosigkeit sie krank gemacht habe. Ununterbrochener Wagenverkehr und durch die Stadt getriebene Viehherden machten einen tosenden Lärm, und sehr reich müsse man sein, um in Rom schlafen zu können. Dieser nächtliche Lärm resultierte aus einer Verordnung Caesars. Als klar wurde, daß das Straßennetz Roms dem gestiegenen Verkehrsaufkommen nicht mehr standhalten konnte, verordnete er eine Aufteilung des Verkehrs. Von Sonnenaufgang bis -untergang waren die Straßen den Fußgängern, Reitern und Benutzern von Sänften und Tragstühlen vorbehalten, nachts den Fuhrleuten mit ihren Karren und Lasttieren.

Das goldene Zeitalter des Augustus

Schon Caesar hatte zur Behebung der Mißstände in der Wohnungsversorgung und im öffentlichen Bauwesen ein großangelegtes Sanierungs- und Neubauprogramm geplant. Doch erst seinem

Nachfolger Augustus (63–14 n. Chr.) gelang es, mit Unterstützung seines Freundes und Schwiegersohnes Agrippa ein solches Programm durchzuführen. Als Agrippa im Jahr 33 v. Chr. das Amt des für das öffentliche Bauwesen zuständigen Ädilen übernommen hatte, begann er unverzüglich mit der Sanierung der Infrastruktur und dem Neubau öffentlicher Gebäude, und zwar mit eigenen Mitteln, die er sich auf seinen Kriegszügen, er war ein großer Feldherr und Organisator, reichlich hatte erwerben können.

Agrippa ließ Straßen reparieren und Abwasserkanäle reinigen, wobei er, so berichtet uns der römische Schriftsteller Cassius Dio, selbst in einem Boot durch die *cloaca maxima*, den großen Abwasserkanal von Rom, der bis heute Teil des städtischen Entwässerungssystems ist, bis in den Tiber fuhr.[9] Er reparierte und erweiterte das Trinkwasserleitungssystem, das die Versorgung der Brunnen für die hauptstädtischen Privathaushalte mit reinem Wasser aus weit entfernten Bergen gewährleistete. Er ließ eine Wasserleitung aus der Gegend von Tivoli bis nach Rom legen, die *aqua Vergine*, die noch heute die berühmten Brunnen Roms speist, darunter die Fontana di Trevi. An diesen Bauarbeiten soll auch Vitruv, der uns die Dinokrates-Geschichte erzählte, mitgewirkt haben.

Agrippa errichtete außerdem zum allgemeinen Nutzen neue Gärten, Brücken, Kultur- und Freizeitbauten. Die größte dieser Anlagen lag auf dem Marsfeld und enthielt Thermen, Wandelgänge, Ballspielplätze, Gymnastik- und Massageräume, Bauten für Konzerte, Vorträge und Spiele, Bibliotheken und Ausstellungshallen, dazu Geschäfte und einen großen Park mit einem künstlichen See. Mit diesen Bauten erwarb sich Agrippa, ein Mann von bescheidener Herkunft, großes Ansehen. Als er nach langer Krankheit früh starb, hielt Augustus selbst die Grabrede, ließ ihn im Mausoleum Augusti beisetzen und richtete ihm zu Ehren jährliche Spiele ein.

Während Agrippa für die Infrastrukturanlagen und Freizeitbauten zuständig war, kümmerte sich Augustus selbst um die Repräsentationsbauten wie das Forum Augustum und vor allem um die Errichtung und Sanierung von Tempeln als Ausdruck der *religio* des Princeps. *Religio*, die Beachtung und Ausübung des Kults, galt als eine der wichtigsten altrömischen Tugenden und als Grundbedingung für das Wohl des Staates. Nach dem Tod des Agrippa übernahm Augustus auch seinen Part. Er ließ, um Überschwemmungen vorzubeugen, das Tiberufer befestigen und das Tiberbett erweitern und reinigen. Er baute die Straßen aus und ließ sie pflastern. Er teilte die Stadt in Bezirke und Stadtviertel ein, deren Vorsteher für die Aufrechterhaltung der öffentlichen Ordnung und Sicherheit verantwortlich waren. Er beschränkte die erlaubte Gesamthöhe der Mietshäuser auf 20 Meter und verbot den Einsatz minderwertigen Baumaterials. Er stellte mit den *vigiles* erstmals eine Feuerwehr- und Polizeitruppe auf, für die er Wachtstationen und Unterkünfte bauen ließ.

Was Augustus in seiner langen Regierungszeit alles bauen und errichten ließ, kann man den *Res Gestae* entnehmen, dem Tatenbericht, den er mit vierundsiebzig Jahren schrieb und der sich an der Wand eines Tempels des Augustus und der Roma in Ankara erhalten hat. In seinem monumentalen Charakter und der Ichform erinnert er an die altägyptischen Inschriften. Hier ein Auszug:

«Den Tempel auf dem Kapitol und das Pompeiustheater, diese beiden Bauten ließ ich mit gewaltigem Aufwand wiederherstellen, ohne irgendeine Inschrift mit meinem Namen. Die Wasserleitungen, die an zahlreichen Stellen bereits wegen ihres Alters schadhaft geworden waren, ließ ich wiederherstellen, und die Leitung, die die Marcia genannt wird, habe ich auf das doppelte Fassungsvermögen gebracht, indem ich eine neue Quelle zuleiten ließ. Das Forum Julium und die Basilica, die sich zwischen dem Castor- und dem Saturntempel befindet, Bauten, die von meinem Vater begonnen und fast zu Ende geführt worden waren, habe ich vollendet, und als diese Basilica durch einen Brand zerstört worden war, habe ich ihren Grundriß erweitert und unter dem Namen meiner Söhne erneut mit ihrem Bau begonnen ... 82 Göttertempel habe ich in Rom auf Senatsbeschluß wiederherstellen lassen, als ich zum sechsten Mal Konsul war, und keinen dabei ausgelassen, der zu diesem

Zeitpunkt erneuerungsbedürftig war. In meinem siebten Konsulat ließ ich die Via Flaminia von Rom bis Ariminum ausbessern sowie alle Brücken, ausgenommen die Mulvische und Minucische.»[10]

All die umfangreichen Baumaßnahmen des Augustus in Rom, Italien und den Provinzen waren über ihre praktische und repräsentative Funktion hinaus ein gezieltes Arbeitsbeschaffungsprogramm, um die zunehmende Zahl von Sozialhilfeempfängern – mindestens ein Drittel, vielleicht sogar die Hälfte der Bevölkerung Roms lebte mittelbar oder unmittelbar von der öffentlichen Fürsorge[11] – nicht noch weiter ansteigen zu lassen. Als einmal ein Erfinder Augustus das Modell eines neuen Krans vorführte, mit dem man bequem das schwere Baumaterial auf die Hügel Roms transportieren konnte, kaufte er diese Erfindung zwar an, erklärte jedoch, er werde keinen Gebrauch davon machen. Er müsse ja die Bauarbeiter beschäftigen, die sonst nur die Zahl der Wohlfahrtsempfänger vermehren würden.

Doch Hauptziel aller Bauaktivitäten des Augustus war es, die Stadt Rom ihrer politischen Bedeutung gemäß monumental zu gestalten, zu verschönern und zweckmäßiger auszubauen, was ihm, glauben wir dem römischen Kaiserbiografen Sueton, durchaus gelungen ist: «Die Hauptstadt, deren äußerer Eindruck damals noch nicht der Majestät ihrer Weltherrschaft entsprach und die vielfach von Überschwemmungen und Bränden heimgesucht wurde, verschönerte Augustus in ganz hervorragendem Maße. So durfte er sich schließlich mit Recht rühmen: ‹Ich hinterlasse eine Stadt aus Marmor, während ich eine Stadt aus Backsteinen‹ vorgefunden habe.›»[12]

Das wichtigste Bauvorhaben, das Augustusforum, diente der monumentalen Neugestaltung des Stadtzentrums. Mittelpunkt dieses neuen Forums war ein ringsum von Säulenhallen umgebener Podiumstempel, an den sich zu beiden Seiten große halbkreisförmige Säle anschlossen, die als Versammlungsorte für offizielle Zeremonien sowie als Vortragssäle dienten. In den Nischen der Säulenhallen und Säle wurden die Statuen der großen Männer aus

Roms Vergangenheit aufgestellt, an deren Vorbildern, so gab Augustus in einem Erlaß bekannt, er selbst und seine Nachfolger immer gemessen werden sollten.

Augustus sah das Imperium Romanum als ein Reich, das nicht mehr der Ausweitung, sondern nur noch der Sicherung bedurfte, und der von ihm geschaffene Frieden, die *Pax Augusta*, ermöglichte den Beginn eines neuen Zeitalters, des Goldenen Zeitalters der augusteischen Klassik. Nach ihrer Neugestaltung repräsentierte die Stadt Rom den römischen Anspruch auf Weltherrschaft und kulturelle Vormachtstellung – ein Anspruch, der bereits zu Augustus' Zeiten unangefochten war – propagandistisch wirksam und auf das glänzendste.

Doch Weltbeherrschung und zunehmender kolonialer Wohlstand führten bereits zu unübersehbaren Degenerationserscheinungen der römischen Gesellschaft. Der maßlosen Besitzgier der Führungsschicht und der Versorgungsmentalität des Proletariats versuchte Augustus durch Gesetze und gezielte Maßnahmen Grenzen zu setzen, und der Haltlosigkeit der römischen Gesellschaft seiner Zeit hielt er die altrömischen Tugenden entgegen, die erst die Weltherrschaft ermöglicht hätten.

Er selbst ging mit gutem Beispiel voran. Er wohnte ganz einfach in einer Villa auf dem Palatin, und Sueton rühmt diese Bescheidenheit gebührend. Über 40 Jahre habe der Kaiser sommers wie winters dasselbe Schlafzimmer bewohnt, und um ungestört zu sein, habe er sich lediglich eine kleine hochgelegene Wohnung errichten lassen. «Große prächtige Paläste konnte er nicht leiden. Das von seiner Enkelin Julia mit verschwenderischer Pracht erbaute Landhaus ließ er bis auf den Grund niederreißen, seine eigenen, so einfach sie auch waren, schmückte er nicht mit Statuen und Gemälden, sondern mit Laubengängen und Parks sowie mit Altertümern und Raritäten aus.»[13]

Zu denen, die mahnten, zur altrömischen Bescheidenheit zurückzukehren, gehörte auch der römische Dichter Horaz, der erklärte, ihm behage das fürstlich herausgeputzte Rom nicht, er zöge das einfache Leben auf seinem kleinen Landgut in den Sabiner Bergen vor. Doch die Mehrheit der großstädtischen Bevölkerung hielt nichts von solchen alternativen Befindlichkeiten. Sie wollte nicht zurück aufs Land, sondern ein mondänes Gesellschaftsleben in Luxus und Bequemlichkeit führen, ein staatlich subventioniertes Leben in Zerstreuung und Genuß, ein Leben jedenfalls fernab altrömischer Sitten und Tugenden.

Die Caesaren der Kaiserzeit

Von den altrömischen Sitten und Tugenden hielt auch Kaiser Nero (37–68 n. Chr.) wenig. Von ihm wird erzählt, er sei nachts in Begleitung einer bewaffneten Bande durch Rom gezogen und habe unschuldige Bürger überfallen. Als Rom im Jahr 64 brannte, sei er extra aus der Provinz angereist, um den Brand zu sehen. Er soll einen Turm bestiegen und den Untergang Trojas besungen haben, das augenblickliche Unglück mit der früheren Katastrophe vergleichend. Ein anderes Gerücht besagt, er habe das Feuer selbst gelegt, um eine neue Stadt gründen zu können, die Neropolis heißen sollte, oder auch nur um Platz für einen neuen Palast zu schaffen. Um den Verdacht von sich abzulenken, machte er die im Volk verhaßten Christen für den Brand verantwortlich und ließ sie als Brandstifter grausam verfolgen.

Nach dem Brand, der sechs Tage und sieben Nächte lang gewütet und große Teile der Innenstadt vernichtet hatte, ließ sich Nero einen Palast bauen, so berichtet uns der römische Historiker Tacitus, «in dem weniger Edelsteine und Gold, was schon längst zum üblichen, verbreiteten Luxus zählte, bewundert werden sollten als Grünanlagen und Teiche und, als ob man in menschenferner Gegend wäre, Waldbestände abwechselnd mit offenen Flächen und mit Fernsicht. Die Aufsicht über diese Anlagen sowie ihre Planung lagen in den Händen des Severus und Celer, die über die Erfindungskraft und auch über die Kühnheit verfügten, auch was die Natur versagt hatte, durch Kunst zu versuchen – und die Mittel des

Princeps zu vergeuden. Denn sie hatten versprochen, von dem Averner See bis zu der Tibermündung einen schiffbaren Kanal zu graben entlang der unwirtlichen Küste oder auch durch die Berge, die im Wege lagen. Kein anderes Gebiet, das die erforderliche Wassermenge hätte liefern können, gab es dort außer den Pomptinischen Sümpfen. Alles übrige Land ist felsig und wasserarm, und hätte auch ein Durchstich gemacht werden können, so hätte es unüberwindliche Mühe gekostet, dabei ohne rechte Begründung. Nero jedoch versteifte sich entsprechend seiner Art, immer das Unglaubliche zu wollen, darauf, die dem Averner See zunächst gelegenen Höhen zu durchstechen. Noch immer sieht man die Spuren dieses vergeblichen Versuchs.»[14]

Die Palastanlage, die Nero für sich bauen ließ, die *domus aurea*, war riesig. Auf einer Fläche von fünfzig Hektar erstreckten sich Gebäude, Parks, Gärten, Thermen und künstliche Seen. Der Palast selbst enthielt 150 Räume für pompöse Empfänge, Wohn- und Verwaltungszwecke. Darunter einen Oktagonsaal mit zehn Meter Höhe, in dem sich Nero seinen Besuchern auf einer drehbaren Bühne präsentieren und von Sklaven mit Blütenblättern bestreuen ließ. Sueton berichtet: «Das Vestibül war so gewaltig, daß darin eine hundertzwanzig Fuß [35 Meter] hohe Kolossalstatue Neros stehen konnte, die Ausdehnung des ganzen Baues so ungeheuer, daß eine aus drei Säulenreihen bestehende Halle eine römische Meile [1480 Meter] lang war. Es befand sich ferner ein Teich darin, der wie ein Meer mit Gebäuden umgeben war, welche Städte vorstellen sollten; dazu Ländereien, in denen Kornfelder mit Weinpflanzungen, Viehweiden mit Wäldern abwechselten und in denen eine Menge der verschiedenartigsten zahmen und wilden Tiere herumliefen. In dem Gebäude selbst war übrigens alles mit Gold, edlen Steinen und Perlmutter ausgelegt. Die Speisezimmer hatten getäfelte Decken von Elfenbeinplatten, die beweglich waren, um Blumen herabzustreuen, und Röhren enthielten, um wohlriechende Wasser von oben über die Gäste zu sprengen. Der Hauptspeisesaal war rund; seine Decke drehte sich in einem fort, Tag und Nacht, wie das Weltall herum. Die Bäder waren mit Meerwasser oder mit Wasser aus der Albulaquelle gespeist. Als er dies Prachtgebäude nach seiner Vollendung einweihte, sagte er, um seine Zufriedenheit auszudrücken, nur die Worte: ‹Jetzt fange ich doch endlich an, wie ein Mensch zu wohnen.›»[15]

Finanziert wurden diese gigantischen Projekte durch Ausbeutung der Provinzen, durch Verbannung und Mord, die Nero den Zugriff auf das Vermögen der meist reichen Opfer ermöglichten, und durch Plünderung von Tempelschätzen. Rom, Italien und die Provinzen wurden regelrecht ausgesogen und ruiniert. Nero, der selten ausging – er lebte abgeschlossen in seinem Palast, der allen verhaßt war –, fürchtete zu Recht Anschläge auf sein Leben und ließ alle möglichen Verdächtigen grausam verfolgen und töten.

Schließlich, nach vierzehn Jahren tyrannischer Herrschaft, wurde er vom Senat zum Staatsfeind erklärt. Er floh in größter Panik aus Rom und nahm sich – nicht ganz freiwillig – am 9. Juni 68 das Leben. Nach Sueton sollen seine letzten Worte gewesen sein: «Welch ein Künstler stirbt in mir.» Eine Einschätzung, die die Nachwelt nicht teilte. Alles, was Nero gebaut habe, mit Gold und Edelsteinen geziert, sei zu tadeln, schrieb Alberti 1512, und er «soll ganz absonderliche Architekten verwendet haben, denen nichts einfiel, als was die Leute kaum ausführen konnten».[16]

Ganz und gar nicht absonderlich, sondern weithin geschätzt waren die Einfälle des Apollodorus von Damaskus, eines der bedeutendsten Architekten der Antike, der in der ersten Hälfte des 2. Jahrhunderts n. Chr. in Rom lebte. Er genoß die Gunst des Kaisers Trajan, den er auf seinen Kriegszügen begleitete und für den er viele zivile und militärische Bauten errichtete, unter anderem das Trajansforum und das Odeion in Rom sowie die Donaubrücke in Dobreta.

Trajan war einer der besten der römischen Caesaren – zumindest riefen die Senatoren späterer Zeiten einem neuen Kaiser bei Amtsantritt zu: «Mögest du glücklicher sein als Augustus, besser als Trajan» – und leidenschaftlich am Bauen interessiert. Zwar erließ er als gewissenhafter Haushalter des Staates den Befehl, es dürften keine zu kostspieligen Bauten errichtet werden, man müsse sich vielmehr mit dem zufriedengeben, wofür die Mittel reichten, doch ließ er sich immer wieder gern zum Bauen anregen. Besonders Plinius der Jüngere, damals Statthalter in Bithynien, uns vor allem durch seine Briefe bekannt, verstand es meisterhaft, ihn für neue Projekte zu gewinnen.

Schrieb er ihm beispielsweise: «Das eine kann ich mit Sicherheit sagen: Ein solcher Bau wäre vom Nutzen wie von seiner Schönheit her deines Zeitalters höchst würdig»,[17] konnte er sich der höchsten Aufmerksamkeit Trajans sicher sein. Eines Tages schlug Plinius den Bau eines Kanals vor, der zur Verbesserung des Transports einen See in Nikomedien mit dem Meer verbinden sollte, und Trajan antwortete dem Plinius in seiner besonnenen Art: «Dieser See kann mich schon zu dem Plan reizen, ihn mit dem Meer zu verbinden. Aber es müssen unbedingt gründliche Untersuchungen durchgeführt werden.»[18]

Nach dem Tod Trajans soll sich Apollodorus durch offene Meinungsäußerung und abfällige Kritik, so berichtet uns Cassius Dio, den Zorn von Trajans Nachfolger, dem Kaiser Hadrian, zugezogen haben. Hadrian, stolz auf sein Wissen und seine zahlreichen Fähigkeiten, betrieb literarische Studien, schrieb Verse, modellierte, malte und erklärte, daß es nichts gebe, was den Frieden oder den Krieg betreffe, wovon er keine Kenntnis habe. Seine Eifersucht auf alle, die sich auf irgendeinem Gebiet besonders auszeichneten, war maßlos und für die Betroffenen nicht selten vernichtend. Diese Eifersucht traf auch den Apollodorus.

Eines Tages schickte Hadrian dem Apollodorus einen von ihm selbst gefertigten Plan für den Tempel der Venus und Roma und bat ihn um sein Urteil. Das Urteil war klar und eindeutig. Apollodorus meinte, der Tempel hätte auf einer Plattform gebaut und die Erde daneben abgegraben werden müssen, um an der Via Sacra durch diese Überhöhung besonders hervorzuragen; außerdem seien die Statuen viel zu groß für die Höhe der Cella. Hadrian, verärgert und in seiner Eitelkeit gekränkt, schickte den Apollodorus zuerst unter einem nichtigen Vorwand in die Verbannung und ließ ihn dann umbringen. Der wahre Grund für Hadrians Rache jedoch soll gewesen sein, daß einst, als Trajan Apollodorus wegen einiger Gebäude um Rat fragte, Apollodorus zu Hadrian, der ihn mit Bemerkungen unterbrach, gesagt haben soll: «Verschwinde und zieh deine Kürbisse. Von diesen Sachen verstehst du nichts.»[19]

Herodes
und der Tempel
in Jerusalem

Der Tempel in Jerusalem, das wohl beeindruckendste Gebäude der Stadt zur Zeit des Herodes, war bereits der dritte Tempel an gleicher Stelle. Den ersten Tempel hatte Salomo, König von Israel und Judäa (965–926 v. Chr.), in nur sieben Jahren unter dem beeindruckenden Einsatz von 80 000 Steinmetzen, 70 000 Trägern und zahlreichen importierten phönizischen Handwerkern gebaut. Der Bauplan dieses Tempels entsprach dem des bis dahin üblichen tragbaren Tempels, der, so lehrt uns die Bibel, den Juden von Gott selbst mitgeteilt worden ist.

Als Moses nach vierzig Tagen und Nächten vom Berg Sinai heruntergekommen sei, habe er den Juden eröffnet, so berichtet uns der jüdische Historiker Flavius Josephus, Gott verlange von ihnen, «sie sollten ihm eine Hütte bauen, in die er herabsteigen wolle, so oft es ihn verlange, bei ihnen zu sein. Die Hütte sollten sie auch auf ihren Zügen mit sich führen, so daß es fürder nicht nötig sein werde, den Berg Sinai zu besteigen; vielmehr werde Gott selbst zu ihnen kommen, um ihre Gebete zu erhören. Und es sollte die Hütte so groß und von solcher Gestalt werden, wie Gott selbst es ihm vorgeschrieben; sie sollten sich also ungesäumt ans Werk machen.»[1] Und sie machten sich ans Werk, beschafften alles zum Bauen Notwendige – Silber, Gold, Holz, Wollstoffe und Schaffelle –, wählten die Baumeister aus und begannen nach den göttlichen Vorgaben den Tempel zu bauen.

Wie sie ihn bauten, können wir dem *Buch der Könige*, Kapitel 5–7, entnehmen. Zuerst teilte man einen Vorhof mit eisernen Pfeilern ab, deren Kapitelle aus Silber, die Sockel aus Gold und zugespitzt wie Lanzenspitzen waren. Die Pfeiler trugen Ringe, durch die Seile gezogen wurden, alle Pfeiler miteinander verbindend und zur Erde abgespannt. An drei Seiten hing von den Seilen ein Vorhang aus Leinen von den Kapitellen bis zu den Sockeln herunter. An der vierten Seite, der Vorderseite des Zeltbaus, befand sich das Tor, an dessen beiden Seiten Doppelpfeiler nach Art eines Einganges standen. Über das Tor war ein Vorhang aus blauem Stoff, mit Purpur durchwebt, ausgebreitet. In die Mitte dieses Vorhofs stellte man, nach Osten gerichtet, eine Hütte, deren Bretter von außen und innen mit goldenen Platten beschlagen waren. Die einzelnen Bretter, alle fugenlos aneinander angepaßt, hatten je zwei Zapfen aus Silber an den Fußenden, die in entsprechende Löcher paßten. Die einzelnen Bretter zierten goldene Ringe, die nach vorn herausragten; durch die Ringe gingen vergoldete Riegel, die die Bretter zusammenhielten, indem immer der eine mit dem anderen durch Schrauben verbunden war. An der Hinterwand aber ging durch alle Bretter eine einzige Stange, in welche auch die Riegel der Seitenwände eingriffen. Im Inneren war die Hütte dreigeteilt in Vorhalle, Heiliges und Allerheiligstes. Die Bereiche wurden durch jeweils vier Pfeiler mit dazwischen gespannten Stoffbahnen abgetrennt. Die Hütte wurde mit großen Teppichen bedeckt. Im Allerheiligsten stand eine Lade aus Holz, die Gott geweiht war.

Den Bauplan dieses tragbaren Tempels, der den Bedürfnissen der nomadisierenden Stämme entsprach, behielt Salomo für Jerusalem in den Grundzügen bei. Auch sein Tempel war ein Langhaustempel mit drei Räumen innerhalb eines Vorhofs. Um die beiden Haupträume legte sich ein u-förmiger, dreigeschossiger Anbau mit Räumen, die von außen durch eine Tür auf der Südseite erschlossen waren. Über Treppen an den Enden kam man in die oberen Etagen. Der Tempel, aus Steinquadern gebaut und mit Zedern gedeckt, war groß und, soweit die Beschreibung der Inneneinrichtung im *Buch der Könige* erkennen läßt, ziemlich prunkvoll ausgestattet. Die Wände waren von oben bis unten mit Brettern aus Zedernholz verkleidet und der Fußboden mit Dielen aus Zypressenholz belegt. Überall waren geschnitzte Blumen und Blüten zu sehen, und alles war mit Gold überzogen.

Der Tempel Salomos, innerhalb seines Palastes gelegen, war mehr als ein kostspieliger Palasttempel. Er war als Wohnhaus Gottes auf Erden religiöser Mittelpunkt, gedacht für alle Menschen, die von den Enden der Erde kämen, um den Namen Gottes zu ehren. Er war nationaler Mittelpunkt des jüdischen Reiches, der Ort, an dem das alte Heiligtum des Stämmebundes, die Bundeslade, untergebracht war, und er war ein Repräsentationsbau, der dem jungen Staat Ansehen nach außen verschaffen und die salomonische Herrschaft nach innen absichern sollte.

Der Tempel Salomos blieb lange unzerstört, was für die damaligen unruhigen und kriegerischen Zeiten erstaunlich war. So wundert es nicht, daß die Juden bald glaubten, Stadt und Tempel stünden unter Jahwes besonderem Schutz und seien daher unzerstörbar. Von diesem Glauben durchdrungen, lehnten sie sich zweimal gegen die babylonische Herrschaft auf. Bei der ersten Einnahme der Stadt durch die Babylonier 597 v. Chr. erfüllte sich ihr Glaube, und es wurden «nur» die Tempel- und Palastschätze sowie mehrere tausend Einwohner als Tribut nach Babylon fortgeführt. Beim zweiten Mal allerdings, zehn Jahre später, wurde Jerusalem zerstört, Tempel und Palast niedergebrannt, die Häuser verwüstet und die gesamte Bevölkerung nach Babylon zwangsumgesiedelt.

Fünfzig Jahre später gestattete der Perserkönig Kyros den Juden die Heimkehr nach Palästina und den Wiederaufbau ihres Tempels. Er gab ihnen sogar die Tempelschätze zurück, die der babylonische König Nebukadnezar einst aus Jerusalem fortgeschafft hatte – insgesamt 5400 Geräte aus Gold und Silber. Die Juden begannen sofort nach der Heimkehr mit der Arbeit am zweiten Tempel, doch der Bau ging nur schleppend voran, und mehrfach mußten die Propheten zum Weiterbau mahnen. So konnte der Tempel erst 515

v. Chr. geweiht werden. Er soll im Vergleich zum ersten Tempel sehr bescheiden gewesen sein, und die Ältesten, die sich an den früheren Tempel noch erinnerten, gerieten, so Josephus, «bei dem Gedanken an ihr einstiges Glück und den Glanz des früheren Tempels in tiefe Trauer und vermochten ihr Wehklagen und ihre Tränen nicht zurückzuhalten. Das Volk dagegen war schon zufrieden, daß es wieder einen Tempel erhielt, und dachte nicht an den früheren.»[2]

So war die Lage, als Herodes – von den Römern im Jahr 40 v. Chr. zum König von Judäa eingesetzt – 19 v. Chr. beschloß, den vorhandenen Tempel abzureißen und einen neuen zu errichten. Es sollte der größte und prächtigste Tempel werden, den die Juden je besessen haben. Doch bevor Herodes zur Tat schritt, gab er in einer Rede dem jüdischen Volk seinen Entschluß bekannt. Er erinnerte an seine Bemühungen um die außenpolitische Sicherheit des Staates und das wirtschaftliche Wohlergehen des ganzen Landes und erwähnte die zahlreichen Bauten, die er überall im Land hatte errichten lassen. Im Neubau des Tempels sollten seine Bemühungen nun ihren Höhepunkt finden. Da die politischen Umstände und die wirtschaftliche Prosperität es erlaubten, müsse ein neuer Tempel errichtet werden, der dem salomonischen zumindest gleichkomme.

Mit dieser Rede, in der er seiner Ehrfurcht vor dem jüdischen Glauben und seinem Einsatz für das jüdische Volk Ausdruck verlieh, versuchte Herodes, sein Ansehen zu steigern und die Gunst der Juden zu gewinnen. Diese Gunst hatten sie ihm bisher versagt, da sie ihn für einen grausamen und despotischen Emporkömmling hielten und ihm zudem seine nicht- oder bestenfalls halbjüdische Abstammung, seine enge Bindung an Rom und seine Neigung zur römisch-hellenistischen Kultur vorwarfen.

Doch Herodes' Propaganda in eigener Sache verfehlte ihren Zweck. Die Juden, alles andere als von seiner Ankündigung eines Tempelneubaus angetan, erschraken fürchterlich. Josephus berichtet: «Da sie den Plan für unausführbar hielten, waren sie keineswegs freudig erregt, sondern vielmehr beängstigt. Sie befürchteten nämlich, der König möchte, wenn der Tempel niedergelegt wäre, nicht imstande sein, das Werk, welches er sich vorgenommen, vollenden zu können.»[3] Sie befürchteten auch, daß durch den Abriß des bestehenden Tempels die Wohnung Gottes und das Allerheiligste entweiht werden könnten. Herodes aber ließ sich von seinem Plan nicht abbringen und hoffte, durch Größe und Pracht des neuen Tempels letztlich doch Zustimmung und Bewunderung zu erringen.

Der von ihm errichtete Tempel und der dazugehörige Bezirk waren riesig. Eine Fläche von 15 Hektar – 15 Prozent der Gesamtfläche des damaligen Jerusalem – bildete den von einer Mauer eingefaßten Tempelbezirk. Der Tempel selbst war ebenfalls von einer Mauer umgeben, und innerhalb dieser Mauer führten zwölf Stufen zu einer drei Meter höher gelegenen Fläche, wo das Frauentor und das Tor der Reinen und Gerechten den Zugang zum gepflasterten Hof des Gebetes bildeten. Am Ende dieses Vorhofs wurden auf einem halbrunden Podest Opfer und Gaben abgelegt. Dahinter lag der Hof der Priester mit einem großen Altar und einem Bronzebecken für die rituellen Waschungen. Herodes, der zwar Größe und Glanz des salomonischen Tempels zu übertreffen suchte, stellte sich doch mit dem Bauplan wohlweislich in die alte und bewährte Tradition des dreigliedrigen Langhaustempels mit Vorhalle, Heiligem und Allerheiligstem und verband geschickt alte mit neuen Bauformen, indem er römisch-hellenistische Elemente – wie Höfe, Säulenhallen und königliche Stoa – hinzufügte.

Josephus berichtet: «Der Tempel wurde aus festen weißen Marmorsteinen erbaut, die ungefähr fünfundzwanzig Ellen lang, acht Ellen hoch und gegen zwölf Ellen breit waren. Wie die königliche Säulenhalle war der ganze Tempel auf beiden Seiten etwas niedriger, in der Mitte dagegen etwas höher, so daß er schon auf viele Stadien Entfernung sichtbar war, besonders für diejenigen, welche ihm gerade gegenüber wohnten, oder für solche, die auf ihn zugingen. Die Türen am Eingange mit den Oberschwellen waren wie das Innere des Heiligtums selbst mit bunten Vorhängen geschmückt, in welche purpurne Blumen und Säulen eingewebt waren. Über denselben breitete sich unterhalb der Mauerkrönung ein goldener Weinstock mit herabhängenden Trauben aus, und es war überhaupt ein solch reicher Aufwand an kostbarem Material gemacht worden, daß der Anblick des überaus gewaltigen und kunstvollen Bauwerkes wahres Staunen erregte. Den ganzen Tempel umgab er mit ungeheuren Säulenhallen, die zum eigentlichen Tempelhause in richtigem Verhältnis standen und deren Pracht die der früheren weit übertraf, so daß es den Anschein gewann, als ob niemand sonst den Tempel so herrlich habe ausschmücken können.»[4]

Trotz geglückter Realisierung, trotz Größe und Pracht des neuen Tempels gelang es Herodes nicht, die erhoffte Anerkennung der Juden zu finden. Zwar freuten sie sich und dankten Gott, daß das Werk so schnell hatte vollendet werden können und daß Herodes es mit so viel Eifer betrieben hatte, aber gleichzeitig setzten sie, um Herodes' Verdienste zu schmälern, das Gerücht in Umlauf, es habe während der ganzen Bauzeit nur nachts geregnet, damit der Bau nicht aufgehalten wurde. Dies berichtet uns Josephus, und er hält Gottes direkte Hilfe für durchaus wahrscheinlich, «wenn man alles andere in Betracht zieht, wodurch Gott sich uns offenbart hat».[5]

Herodes entfaltete nicht nur in Jerusalem, sondern in seinem ganzen Einflußgebiet eine umfangreiche Bautätigkeit. Er gründete Städte und baute zerstörte wieder auf. Er errichtete große Bauten wie Gymnasien, Theater, Säulenhallen und Tempel. Seine großen Vorbilder waren Augustus und Agrippa, beide selbst Bauherren großen Stils. Sie schätzten Herodes sehr, besonders Agrippa, der ihn sogar seinen besten Freund nach Augustus genannt hat. Sie alle waren in einer Art Seelenverwandtschaft von der Vorstellung eines einheitlichen römisch-hellenistischen Friedensreiches durchdrungen, der sie durch ihre rege Bautätigkeit Ausdruck verleihen wollten.

Herodes, der neben seinen politischen Gegnern auch zahlreiche nahe Verwandte hat umbringen lassen, mag über ein grausames

Naturell verfügt und eine despotische Herrschaft ausgeübt haben, so wie es ihm die jüdischen Quellen und Geschichtsschreiber zuschreiben, doch er war politisch hoch begabt und kulturell auf der Höhe der Zeit. Immerhin gelang es ihm, einen problematischen Vielvölkerstaat mehr als dreißig Jahre lang zu regieren, wirtschaftlich zu stabilisieren und zu einer kulturellen Blüte zu führen. Indem sich Herodes als Herrscher nach dem Idealbild Alexanders sah, war es sein Bestreben, in großem Maßstab zu denken, zu planen und zu handeln. Da sich eine göttliche Abstammung für ihn in keiner Weise konstruieren ließ, ihm siegreiche Eroberungen durch die anhaltende Friedenszeit des Goldenen Zeitalters verwehrt waren und ihn die außenpolitische Abhängigkeit von Rom auf sein eigenes Land beschränkte, blieben ihm nur große, eines Alexanders würdige Bauprojekte, um sich und seine Herrschaft zu legitimieren und darzustellen.

Die Hauptquelle unseres Wissens über Herodes ist der 37 n. Chr. geborene Flavius Josephus. Zu Beginn des Aufstands gegen die römische Herrschaft im Jahr 66 n. Chr. noch Kommandeur jüdischer Truppen, schlug sich Josephus bald auf die Seite der Römer. Er ließ sich später in Rom nieder und verfaßte dort die *Geschichte des jüdischen Krieges* und *Die Altertümer der Juden*. Josephus, nicht immer verläßlich in seinen Auskünften, neigt gegenüber Herodes zu negativen Vorurteilen. Er unterstellt ihm, er habe durch seine Bauten, besonders durch den Tempel in Jerusalem, lediglich den Ruhm der Nachwelt erobern wollen. Er habe gebaut, um ein «Denkmal seines Schönheits- und Wohltätigkeitssinnes» zu hinterlassen, und dabei nur seinen eigenen Nutzen im Auge gehabt. Nur Ruhmsucht habe ihn veranlaßt, so viel zu bauen und so ungeheure Geldsummen dafür auszugeben. Seine Prachtliebe sei legendär gewesen. Caesar selbst habe wiederholt bemerkt, daß das Reich des Herodes für seine Prachtliebe viel zu klein sei, eigentlich müßten noch Syrien und Ägypten dazukommen. Seine bekannte Herrschsucht, Grausamkeit und Ungerechtigkeit hätten ihm nur dazu gedient, sich die nötigen Mittel zur Befriedigung seines Ehrgeizes und seiner Ruhmsucht durch Erpressung seiner Untertanen zu verschaffen. Zwar habe er auch immer wieder Gutes getan und versucht, sich die Zuneigung oder wenigstens Duldung der Juden durch Wohltaten wie Steuererleichterungen und Getreideschenkungen während einer Hungersnot zu erkaufen, doch nur aus Kalkül, als Mittel zum Zweck.

Die jüdischen Quellen kommentieren Herrschaft und Person des Herodes überwiegend negativ. Wenn man, wie im Fall des Tempels, um ein Lob nicht herumkommt – «Wer den Bau des Herodes nicht gesehen hat, hat niemals etwas Schönes gesehen» –, schränkt man es an anderer Stelle gleich wieder ein: «Er wurde durch einen sündigen König gebaut, und sein Bau war ihm zur Sühne dafür, daß er die Weisen Israels getötet hat.»[6] Auch die christliche Überlieferung beurteilt Herodes keineswegs freundlicher. Er gilt ihr als Verantwortlicher für den Kindermord von Bethlehem, dem Jesus nur mit knapper Not entgangen ist.

So kam es, daß Herodes als brutaler Tyrann und als «größtes Scheusal der Welt» in die Geschichte einging, nicht aber als bedeutender Bauherr, der in ganz Judäa Festungen, Städte und Häfen anlegen und den Tempel in Jerusalem auf das glänzendste neu aufbauen ließ. Was immer die Motive seiner umfangreichen Bautätigkeit waren – politisches Kalkül, Prachtliebe, Ruhmsucht oder der Versuch, sich bei den römischen Machthabern als Kulturträger und Hellenenfreund Ansehen zu erwerben –, seine Bauten bezeugen vor allem, daß er ein Bauherr großen Stils mit wahrhaft dionysischem Schöpferdrang war.

Sein Hauptwerk, der Tempel, hat ihn nicht lange überlebt. Im Jahr 66 n. Chr. erhoben sich die Juden gegen die römische Herrschaft, und der Tempel wurde zum Zentrum des Widerstands. Bereits 70 n. Chr. fielen Jerusalem und der Tempelbezirk in die Hand der Römer. Da der Tempel als eines der Wunderwerke der antiken Welt galt, zögerten die Römer, ihn zu zerstören. Doch wurde er bald, wohl gegen die Absicht des Kaisers Titus, durch Feuer vernichtet und mit der ganzen Stadt in Schutt und Asche gelegt. Vom

Tempel blieb lediglich ein Teil der westlichen Mauer stehen, die von da an als «Klagemauer» zum wichtigsten Heiligtum der Juden wurde.

Justinian
und die
Hagia Sophia

Konstantinopel war das wichtigste Handels-, Kultur- und Macht-
zentrum des 6. Jahrhunderts, die glänzende und vielbewunderte
Hauptstadt des byzantinischen Reiches, und Kaiser Justinian
(527–565) war einer ihrer größten Bauherren. Dies wissen wir von
Prokop aus Caesarea, dem großen Geschichtsschreiber der byzantinischen Epoche. Prokop war Sekretär und juristischer Berater
von Justinians Feldherr Belisar, den er auf seinen Kriegszügen begleitete. Er verfaßte im Auftrag des Kaisers um 555 ein Buch – *De
aedificiis* – über die zahlreichen Bauwerke, die unter Justinians
Herrschaft im Reich errichtet worden waren. Allein in Konstantinopel hatte Justinian 34 Kirchen neu erbauen oder restaurieren lassen, und die größte und bedeutendste war die Kirche der göttlichen
Weisheit, die Hagia Sophia.

Der Vorgängerbau der Hagia Sophia war 532 während des Nika-
Aufstands von den Aufrührern in Brand gesteckt und vollständig
zerstört worden. Bereits sechs Wochen nach der blutigen Nieder-
schlagung des Aufstands habe Justinian, so Prokop, mit dem Bau
einer neuen Kirche begonnen. Dabei habe er keine Ausgabe gescheut und Fachleute aus der ganzen Welt berufen, vor allem
Anthemios von Tralles, «mit Abstand der glänzendste Ingenieur
nicht nur der Gegenwart, sondern auch der Vergangenheit». Mit
Anthemios, der einer bekannten Gelehrtenfamilie entstammte und
als Mechaniker, Physiker und Architekt sehr berühmt war, arbeitete der Mathematiker Isidoros aus Milet zusammen, «ein kluger

Kopf und wert, einem Kaiser Justinian zu dienen».[1] Der Kaiser, so Prokop, habe Glück gehabt, daß er so fähige Männer gefunden habe.

Über die Kirche selbst schrieb Prokop in enthusiastischer Weise. Mit ihrer außergewöhnlichen Lage «bietet die Kirche den herrlichsten Anblick, überwältigend für den Betrachter, für diejenigen, die nur davon hören, ein Gegenstand ungläubigen Staunens; steigt doch das Gotteshaus fast zu himmlischer Höhe empor, und indem es sich wie von den übrigen Bauwerken fortschwebend löst, grüßt es von oben die übrige Stadt. Die Sophienkirche ist deren Schmuck, da sie ihr zugehört, wird aber selbst auch von ihr verschönt, weil sie als Teil der Stadt und stolzer Höhepunkt so weit emporragt, daß man diese von hier wie von einer Warte aus überschauen kann.»[1] In unvergleichlicher Schönheit biete sich das Bauwerk dar, von keinem Zuviel und keinem Zuwenig gestört, «da sie prunkvoller als das Gewohnte und zuchtvoller als das Maßlose» sei.[2] Breite und Länge aufeinander abgestimmt, beeindrucke sie durch den Glanz und die Harmonie der Maße.

Besonders erwähnt Prokop die Lichtfülle des Innenraums, die vermuten lasse, der Raum werde nicht durch die Sonne erleuchtet, sondern empfange seine Helligkeit aus sich selbst. Dann kommt er zur Krönung des Ganzen, dem zentralen Raum mit der Kuppel: «Sie scheint nicht auf dem festen Bau zu ruhen, sondern als goldene Kugel am Himmel zu hängen und so den ganzen Raum zu bedecken. Alle die Bauglieder, die sich da – es ist kaum zu glauben – hoch droben ineinandergefügt gegenseitig in Schwebe halten und nur auf ihre nächste Umgebung stützen, leihen dem Werk eine einzigartige, ganz ausgezeichnete Harmonie, lassen aber das Auge des Betrachters nicht lange an einer Stelle, sondern jeder Einzelteil zieht den Blick ab, um ihn schnellstens auf sich zu lenken. Rasch wandert unausgesetzt das Auge hin und her, da sich der Betrachter nicht imstande fühlt auszuwählen, was er mehr von all dem anderen bewundern soll. Indessen mögen die Menschen auch so nach allen Seiten hin ihr Augenmerk richten und voll Staunen über alles ihre Brauen zusammenziehen, es übersteigt doch ihre Kräfte, die Kunst ganz zu verstehen, und so entfernen sie sich stets von dort ganz benommen von der überwältigenden Größe des Eindrucks.»[3]

Reines Gold überstrahle die ganze Decke, und doch übertreffe der Stein noch den Glanz des Goldes, wie er da in den buntesten Farben, in Purpur, Grün, Rot und Weiß, erstrahle. Die Wirkung sei wahrhaft erhebend. Wenn einer das Heiligtum zum Beten betrete, so werde ihm sogleich bewußt, daß nicht menschliche Kunst, sondern Gottes Hilfe dieses Werk geschaffen habe, und sein Sinn erhebe sich zu Gott.

Unter der Regierung Justinians durfte ohne dessen Zustimmung keine Kirche neu errichtet oder bei Baufälligkeit wieder instand gesetzt werden. Die Kirche war im byzantinischen Reich keine neben der weltlichen Ordnung bestehende eigenständige Organisation, sie war mit dem Staat identisch. Der Kaiser, der «christusgleiche, gottgeliebte» Verteidiger des Glaubens, herrschte autokratisch über Staat und Kirche gleichermaßen mit unbeschränkter Machtvollkommenheit. Um den Bau der Hagia Sophia kümmerte er sich persönlich. Fast jeden Tag besuchte er die Baustelle und beteiligte sich auch an der Planung. Prokop hält es sogar für wahrscheinlich, daß der Gesamtplan selbst vom Kaiser stamme, und die Architekten ihn nur in die Tat umgesetzt haben, und bedient sich damit des beliebten Topos des «Herrscherlobs», das einem hohen Bauherrn Baukundigkeit und tätige Mithilfe unterstellt. Auf jeden Fall wurde Justinian, der umfassend gebildet war und auch in der Baukunst einige Detailkenntnis besaß, in schwierigen Situationen zu Rate gezogen.

Als der östliche Kuppelbogen noch nicht geschlossen war, so berichtet Prokop, hätten die Pfeiler Sprünge bekommen: «Anthemios und Isidoros und ihre Leute, über den bösen Zwischenfall tief beunruhigt, berichteten an den Kaiser und fühlten sich mit ihrer Kunst am Ende. Justinian aber befahl auf der Stelle, den Bogen fertig zu wölben; wer ihm diesen Gedanken eingegeben, weiß ich nicht, doch da er kein Ingenieur ist, war es vermutlich Gott. ‹Der

Bogen›, sprach der Kaiser, ‹wird ja, wenn er auf sich selber ruht, der Pfeiler darunter nicht mehr bedürfen.› ... Die Bauleute führten also den Befehl aus, der gesamte Bogen ward sicher gewölbt und besiegelte durch den praktischen Beweis die Richtigkeit des Gedankens.»[4] Diese kaiserliche Anordnung unterstellte sicher nicht, daß der Bogen, wenn er erst einmal fertiggestellt sei, keine tragenden Pfeiler mehr brauchte. Vielmehr waren wohl das Gerüst und die Schalung gemeint, die durch ihr Gewicht den Druck auf die Pfeiler noch erhöhten.

Bei den Arbeiten an den Nord- und Südbögen gab es erneut einen Zwischenfall. «Und wiederum waren die Ingenieure über das Mißgeschick ganz entmutigt, als sie dem Kaiser von ihren augenblicklichen Schwierigkeiten berichteten. Doch auch diesmal fand Justinian Abhilfe, und zwar auf folgende Weise: Von den erwähnten betroffenen Teilen ließ er die obersten Lagen, soweit sie die Bogen berührten, sofort entfernen und erst viel später wieder aufsetzen, sobald die Feuchtigkeit des Baues ganz und gar daraus verschwunden war. Und die Ingenieure handelten danach, worauf das Werk bis heute sicher dasteht.»[4]

Die Schwierigkeiten, die während des Baus auftraten, wurden möglicherweise durch den schnellen Baufortschritt verursacht. Nach knapp sechs Jahren stand bereits der komplette Rohbau. 100 Meister mit je 100 Gesellen – 50 Meister auf der linken, 50 auf der rechten Seite – seien, so die Legende, gleichzeitig am Bau beschäftigt gewesen. Da zur Zeit Justinians die Mörtelschicht zwischen den Ziegeln fast in der gleichen Stärke aufgetragen wurde, wie sie die Ziegel selbst hatten, konnte, wenn zügig gemauert wurde, der Mörtel nicht genügend austrocknen und abbinden, und so erlangten die Mauern keine parallel zum Baufortschritt zunehmende Festigkeit.

Am 26. Dezember 537 konnte die Kirche bereits eingeweiht werden, und als Justinian im feierlichen Zug die Kirche betrat, soll er ausgerufen haben: «Ruhm und Ehre dem Allerhöchsten, der mich für würdig hielt, ein solches Werk zu vollenden. Salomo, ich habe dich übertroffen.»[5] Noch immer war der Tempel Salomos der Maßstab für Kultbauten, auch für die christlichen, und Salomo selbst das traditionelle Vorbild eines königlichen Bauherrn und Priesterkönigs.

Die Hagia Sophia war eine Art Staatskirche – alle großen kirchlichen Handlungen fanden hier unter zeremonieller Teilnahme des Kaisers statt –, in der sich die Reichsidee des neuen Roms spiegeln sollte. So sah es Paulus Silentiarius, ein hoher Hofbeamter Justinians, in einer poetischen Beschreibung der Kirche, der sogenannten Ekphrasis: «Tretet zurück, ihr Loblieder auf das kapitolinische Rom, tretet zurück! So weit hat mein Kaiser jenen Zauber übertroffen, wie der große Gott einem Abbild überlegen ist.»[6]

Als 557 ein schweres Erdbeben Konstantinopel erschütterte, brach der östliche Gewölbebogen zusammen, und ein Teil der Kuppel stürzte ein. Da es Mittagszeit war, wurde niemand verletzt. Justinian lobte trotz allem das Geschick und den Verstand des Anthemios. Obwohl die mächtige Kuppel weggebrochen war, sei die Kirche doch nicht eingestürzt, sondern unbewegt auf ihrer festen Grundmauer stehengeblieben. Nach dem Erdbeben sei die Stadtgöttin selbst vor den Kaiser getreten, so Paulus, und habe ihn aufgefordert, das Unheil zu besiegen. «Allgebieter, Gesegneter, Sitz der Gerechtigkeit, Schutzwehr der Städte, Mißgunst hat mich beraubt, doch ist es auch wieder eine Gefälligkeit der Megäre, daß sie zu deinen Lebzeiten Roms Schönheit versehrte. Freilich klafft mir ringsum in der Brust eine Wunde, doch du, Erhabener – denn du vermagst auf eine Wunde Heilmittel zu legen –, strecke deine Hand aus, die Quelle überströmenden Wohlstands!»[7]

Justinian beschloß, ob auf höheren Wunsch oder aus eigenem Antrieb, sei dahingestellt, den unverzüglichen Wiederaufbau und beauftragte den Neffen des Isidoros – Anthemios war bereits 534 gestorben – mit der Planung und Bauleitung. Dieser korrigierte die statischen Schwächen der vorherigen Kuppelkonstruktion, indem er die früher flachgeneigte Kuppel stärker rundete, um den Seitenschub abzuschwächen. Bereits am 24. Dezember 562 konnte die wiederhergestellte Kuppel geweiht werden.

Justinian muß eine schillernde Persönlichkeit gewesen sein. Er war seinem Onkel Justinos, einem illyrischen Bauernsohn, der als Kommandeur der kaiserlichen Palastwache Karriere gemacht hatte, 527 auf den Thron gefolgt. Es gelang ihm, das unter den Erschütterungen der Völkerwanderung zerfallene Reich durch erfolgreiche Kriege gegen die Vandalen, Goten, Slawen und Perser zu einen und sämtliche Küstenländer des Mittelmeers noch ein letztes Mal zum Weltreich zusammenzufassen.

Von Prokop in seinem Buch *De aedificiis* als großer Bauherr positiv beschrieben – das Buch war ein offizielles Auftragswerk –, wurde er in dessen Buch *Anekdota* als «der größte Zerstörer der erprobten Ordnung» bezeichnet, als «der Schrecken aller Menschen», «für alle Römer Quelle derart schweren und großen Unglücks, wie es noch niemand seit Menschengedenken erlebt hatte».[8] Besonders Justinians Habgier und Verschwendungssucht hebt Prokop hervor. Immer sei er bestrebt gewesen, sowohl Staat und Bürger auszupressen als auch die öffentlichen Gelder wahllos zu verschleudern – für Zahlungen an die Barbaren und für unsinnige Bauten. So habe er sich mit seinen Küstenbauten sogar auf einen verschwenderischen Wettstreit mit den gewaltigen Meeresfluten eingelassen. Im Erschließen neuer Geldquellen zur Befriedigung seiner Verschwendungssucht sei er sehr erfinderisch gewesen. Immer neue Steuern habe er erhoben, der Handel mit öffentlichen Ämtern und Titeln habe überhandgenommen, und erzwungene Erbschaften, Schenkungen und Konfiskationen seien an der Tagesordnung gewesen. Eine insgesamt sehr widersprüchliche Darstellung Justinians, die nicht unbedingt für die Unvoreingenommenheit des Historikers Prokop spricht.

Wie Justinian selbst gesehen werden wollte, ließ ein Reiterstandbild erkennen, das auf dem Platz an der Südseite der Hagia Sophia stand und das Prokop im ersten Buch der *Anekdota* gleich nach der Hagia Sophia beschreibt. Auf einem siebenstufigen Sockel stand eine Säule von 55 Meter Höhe und auf der Säule ein Pferd. Auf diesem Pferd saß die riesige Gestalt des Kaisers, gepanzert und mit einem Helm bedeckt. «Der Kaiser selbst blickt gegen die aufgehende Sonne und will, wie mir dünkt, sein Roß gegen die Perser führen. In der Linken hält er eine Kugel, womit der Künstler zum Ausdruck bringt, daß alles Land und Meer ihm untertan sind. Sonst trägt die Gestalt weder Schwert noch Lanze oder eine andere Waffe, nur das Kreuz steht auf der Kugel, durch das allein er Kaisertum und oberste Kriegsgewalt erlangt hat. Die rechte Hand aber streckte er mit ausgespreizten Fingern gen Osten und gebietet den dortigen Barbaren, in ihrem Lande zu bleiben und nicht vorzustoßen.»

Von den meisten Bauten Justinians sind nur kümmerliche Reste erhalten, doch die Hagia Sophia steht nach anderthalb Jahrtausenden noch immer – ein Denkmal der byzantinischen Baukunst und des Machtanspruchs des Kaisers Justinian. Sie überlebte nahezu unbeschadet zahlreiche Erdbeben, Kriege und Revolutionen, die Plünderung durch die Kreuzfahrer und die Eroberung durch die Türken, die 1453 die Kirche in eine Moschee umwandelten. Und so können auch wir Prokop zustimmen, wenn er schreibt: «Noch niemand hat sich je an diesem Wunderwerke satt gesehen, im Gegenteil, während ihrer Anwesenheit im Heiligtum freuen sich die Menschen am Geschauten, beim Weggehen aber rühmen sie es in ihren Gesprächen.»[9]

Die Zeit
des
Mittelalters

Das Bonifatius-Kloster in Fulda

Im Jahr 802 wurde der Mönch Ratgar von seinen Brüdern «in wunderbarer Einmütigkeit», wie es in der *Vita Eigilis* heißt, zum Abt des Fuldaer Bonifatius-Klosters gewählt, nachdem man den vorherigen Abt Baugulf, der den Mönchen zu reformfreudig war, gestürzt hatte. Alles begann verheißungsvoll. Doch schon bald – die Fuldaer Mönche scheinen sehr renitent gewesen zu sein, schon der erste Abt Sturmi mußte kurzzeitig ins Exil – fingen die Brüder an, auch gegen Ratgar zu rebellieren. Sie nannten ihn herrschsüchtig und klagten über seine übertriebene Bauwut, die die Bruderschaft allzusehr bedrücke. Kaiser Karl der Große sandte einen Erzbischof nach Fulda zur Untersuchung der Zustände, doch dieser konnte nichts Tadelnswertes finden. Als die Mönche 812 ein *supplex libellus,* eine Beschwerdeschrift, an Karl den Großen schrieben, die mit der Amtsführung Ratgars hart ins Gericht ging und seine Maßregelung forderte, rief der Kaiser die Mönche und Ratgar zu sich. Die Mönche forderten abermals die Respektierung von Gebet und Liturgie sowie die Wahrung der karitativen Einrichtungen und der vertrauten Ordnung im Kloster, doch Ratgar wurde von Karl unterstützt und der Konflikt notdürftig beigelegt.

Der aus ostfränkischem Adel stammende Ratgar hatte schon als einfacher Mönch unter Baugulf 791 in Fulda mit dem Neubau einer Kirche begonnen. Die Baumeister der Karolingerzeit waren vorwiegend Mönche, die in der Baukunst bewandert waren und die

Architekturtraktate der Antike kannten. Dieser Neubau ersetzte in größerem Maßstab eine erst 40 Jahre alte Vorgängerkirche, die durchaus noch ihren Zweck erfüllte, obwohl der Orden seit der Gründung im Jahr 744 stark angewachsen war. Das Grundrißkonzept wurde nicht geändert, auch der Neubau war eine einfache dreischiffige Basilika, im Westen mit einer einfachen Giebelwand und im Osten mit einer großen Apsis. Sie war nur viel größer – mit 17 Meter lichter Mittelschiffbreite zweimal so groß wie die Kirche der Abtei Saint-Denis bei Paris, der seit merowingischer Zeit bevorzugten Grablege der fränkischen Könige – und sollte die zunehmende Bedeutung des Fuldaer Klosters baulich dokumentieren.

Als Baugulf von den Mönchen abgesetzt wurde, war der Bau noch nicht fertiggestellt. Doch Ratgar erweiterte, kaum zum Abt gewählt, sofort das Bauprogramm. Er errichtete zusätzlich zum östlichen Bau einen Westbau mit Apsis und verband den östlichen mit dem westlichen Bau zu einer einzigen Kirche. Man weiß nicht, ob das schon immer seine Absicht war und er sich nur gegen Baugulf nicht durchsetzen konnte oder ob neue Baugedanken nach Fulda gedrungen waren, die zu einer Änderung seiner Pläne geführt haben. Kirchen mit Querhäusern entsprachen jedenfalls dem Trend der Zeit. 790 wurde nach diesem Schema der Kölner Dom und 787 St.-Maurice d'Agaune gebaut. Man war romorientiert und wollte mit dem Grundrißschema Sankt Peter nachbilden.

Die Fuldaer Mönche waren mit der Wahl Ratgars zum neuen Abt vom Regen in die Traufe gekommen. Doch es war wohl weniger seine Bauwut, die die Mönche rebellieren ließ – in der hundert Jahre später verfaßten *Gesta Abbatum Fuldensium* wird er sogar als *sapiens architectus* der großartigen Klosterkirche gerühmt –, als vielmehr seine Härte und seine Neigung zu disziplinarischen Maßnahmen. Wer seinen Anordnungen zu widersprechen wagte, wurde, wenn er nicht von selbst floh, verbannt oder gemaßregelt, und seine Anordnungen waren einschneidend. Um Geld, Zeit und Arbeitskraft für den monumentalen Kirchenbau freizusetzen,

Abt Ratgar oder das Einhorn vertreibt die Schafe, Kupferstich
nach verlorengegangener Miniatur in der *Vita Eigilis*

rationalisierte Ratgar das Klosterleben rigoros. Er verkürzte die
Dauer der Liturgie an Sonn- und Feiertagen und die Zeiten des
Gedenkens für die Lebenden und die Toten. Er reduzierte die Zahl
der von den Mönchen gelesenen Privatmessen und der arbeits-
freien Festtage. Er beschnitt die Zeit für Studium und Meditation
und für die klösterlichen Mahlzeiten, beschränkte die Leistungen
für alte und kranke Mönche und für Gäste des Klosters. Er nahm in
großer Zahl und ohne Eignungsprüfung Novizen auf – Arbeits-
kräfte, die nicht entlohnt werden mußten.

817 war es dann soweit. Karls Nachfolger, Ludwig der Fromme,
setzte Ratgar ab und schickte ihn in die Verbannung. In der *Vita
Eigilis* gibt es ein Bild, das diesen Konflikt darstellt. Auf der linken Seite steht Ratgar zwischen den Pfeilern eines Phantasiebaus,
der für seine monumentale Bautätigkeit steht, mit dem Rücken zu
einer Art Altar, einen Krummstab in der Rechten. Er wendet sich

einer Szene, die außerhalb der Kirche spielt, zu: Ein Einhorn vertreibt eine Schafherde von der Weide. Das Einhorn, das wie der Löwe als Feind Christi und seiner Kirche galt, war Ratgar, die Schafe seine Mönche. Das Spottbild will uns zeigen: Ratgar, als Einhorn dargestellt, hat sein Hirtenamt verfehlt und ist zum Feind der Kirche geworden.

Beim Sturz Ratgars war die neue Abteikirche weitgehend fertiggestellt. Unter dem neuen Abt Eigil wurden die Bauarbeiten abgeschlossen und die Kirche 819 geweiht. Eigil ließ als einzige größere Änderung der Pläne Ratgars zwei Krypten einbauen, eine im Osten und eine im Westen. Die Krypten ermöglichten den Pilgern den Zugang zu den Reliquien und dem Grab des Heiligen Bonifatius, ohne daß der Chorraum betreten werden mußte und die Mönche gestört wurden. Eigil reagierte damit auf die Zunahme der Reliquienverehrung und der durch sie ausgelösten Pilgerströme. Zum Schutz vor Naturkatastrophen, Dämonen und bösen Menschen, Hunger und Armut und zur Heilung von Krankheiten riefen die Gläubigen die Heiligen und Märtyrer an, um sich ihres Schutzes zu versichern, und suchten dabei den körperlichen Kontakt, den sie in den Reliquien fanden. Man wollte sehen und fühlen.

Die gesuchtesten Reliquien waren die Gebeine der Heiligen, und jeder Orden, jede Kirche wollte wenigstens ein Stück davon besitzen. Äbte und Bischöfe schickten ihre Kundschafter als Reliquienjäger bis in den Fernen Osten und nach Afrika. Da die Reliquien teuer waren, besonders die von bekannten Heiligen, die man vorwiegend in Rom fand, wurden sie oft gestohlen. Der Diebstahl von Reliquien galt geradezu als ein Werk der Frömmigkeit, und als daher ein Mönch den Schädel Gregors des Großen aus der Krypta von Sankt Peter stahl, hieß es, er sei «beseelt von frommer Hingabe, Kraft der Liebe und sehnsuchtsvollem Verlangen» gewesen.[1]

Die Zeit der Karolinger war insgesamt geprägt von großer Frömmigkeit und damit zusammenhängender großer Bautätigkeit. Allein in der Regierungszeit Karls des Großen wurden 232 Klöster und 16 Kathedralen neu gebaut oder wiederhergestellt.[2] Karl der Große war selbst, wie wir der Lebensbeschreibung Einhards – Fuldaschüler, Geschichtsschreiber und Leiter der Bauten am Hof Karls des Großen – entnehmen können, ein großer Bauherr: «Auch herrliche Paläste baute er ... Hauptsächlich jedoch befahl er, wo in seinem ganzen Reiche er von verfallenen Gotteshäusern hörte, den Bischöfen und Äbten, denen ihre Unterhaltung oblag, sie wiederherzustellen, und ließ durch seine Sendboten die Ausführung seiner Befehle überwachen.» Karl war der Religion besonders zugetan, «darum erbaute er auch das herrliche Gotteshaus zu Aachen und schmückte es mit Gold und Silber und mit Kerzen und mit ehernen Gittern und Türen. Da er die Säulen und den Marmor für die Kirche anderswoher nicht bekommen konnte, ließ er sie aus Rom und Ravenna herbeischaffen.»[3]

Bestrebt, die Völker seines Reiches zu römischer Gesittung und Größe heranzuziehen und die Antike aus dem Geist des Christentums zu erneuern, griff Karl wie seine Zeitgenossen gern auf antike Bauwerke und Bauelemente zurück. Er holte Säulen und Marmor aus Ravenna und Rom, erlaubte Erzbischof Ebbo von Rheims, Quader der antiken Stadtmauer für die Errichtung der Kirche Notre-Dame zu verwenden, und ließ Einhard für seine Kirche in Seligenstadt Sandsteine aus einem römischen *castrum* holen. Die Karolinger schätzten das kostbare Material und die Kunstfertigkeit der Alten, von der sie selbst noch ziemlich weit entfernt waren.

Neben dem Dombau zu Aachen gilt die Rheinbrücke bei Mainz als das wichtigste Werk Karls des Großen, und Einhard nennt es «ein herrliches Werk, das er in einem Zeitraum von zehn Jahren mit unendlicher Mühe so fest aus Holz gebaut hatte, daß man glaubte, es müßte für die Ewigkeit stehen», und berichtet weiter: es «wurde durch eine zufällig entstandene Feuersbrunst in drei Stunden so vollständig zerstört, daß außer dem, was vom Wasser bedeckt war, kein Span übrigblieb».[4]

Die Brücke von Avignon

Der Brückenbau war mit den technischen Mitteln des Mittelalters ein schwieriges und kostspieliges Unterfangen, und die römische Tradition wurde gerade erst wieder entdeckt. Fast alle Brücken waren noch wie die Rheinbrücke bei Mainz aus Holz und damit brandgefährdet. Die erste mittelalterliche Brücke aus Stein war der Pont Saint-Bénézet, der bei Avignon über die Rhône führte. Von der Brücke berichtet die Legende:

Einst habe Bénézet die Schafe seiner Mutter gehütet, als er plötzlich eine Vision hatte, die sich in folgendem Dialog niederschlug: «Herr, was willst du, daß ich tun soll? / Ich will, daß du deiner Mutter Schafe, die du hütest, verläßt; denn du wirst mir eine Brücke über den Rhonefluß bauen. / Herr, ich kenne die Rhone nicht, auch wage ich nicht, meiner Mutter Schafe zu verlassen. / Hab ich dir nicht gesagt, du sollst glauben? Komm also kühn, denn ich will dafür sorgen, daß deine Schafe gehütet werden, und ich werde dir einen Gefährten geben, der dich zur Rhone führt. / Herr, ich besitze nichts außer drei Pfennigen, und wie soll ich da eine Brücke über die Rhone bauen? / So, wie ich es dich lehren werde.»[5]

Da glaubte Bénézet und brach gehorsam auf. Ihm voran ging ein Engel in Gestalt eines Pilgers, der Bénézet an den Ort führte, an dem die Brücke gebaut werden sollte. Die Breite des Stroms ließ Bénézet verzagen, ein Brückenbau schien ihm ganz und gar unmöglich. Der Engel aber versicherte ihn der Hilfe Gottes und zeigte ihm ein Boot, mit dem er übersetzen konnte. So kam er in die Stadt Avignon. Als Bénézet sich dem Bischof als Gesandter des Herrn vorstellte, beauftragt, eine steinerne Brücke über die Rhône zu bauen, erntete er nur Spott. Unwahrscheinlich sei es, daß gerade ihm, einem Schäferjungen, gelinge, was weder Gott noch seinen Jüngern, noch Karl dem Großen gelungen sei. Doch Bénézet gab nicht auf und forderte das Gottesurteil. Sollte es ihm gelingen, einen gewaltigen Stein aus dem Palast des Bischofs fortzutragen, müsse man ihm glauben, daß er zum Bau der Brücke von Gott legitimiert sei. Der Bischof stimmte zu, Bénézet hob den Stein auf und bekam, durch das Gottesurteil bestätigt, Geld und Unterstützung.

Er bildete, und das ist nun nicht Legende, sondern historisch verbürgt, eine Bruderschaft aus Freunden, Förderern und Gönnern, den sogenannten Brückenbrüdern, die Spenden, Legate und testamentarische Verfügungen annehmen konnten und sich dem Bau als einem Werk der Nächstenliebe widmeten. Wie sehr über den kommerziellen Aspekt der Förderung des Fernhandels und der Erhebung von Brückenzöllen hinaus der Brückenbau als ein Werk christlicher Nächstenliebe galt, zeigt eine Bestimmung des Grafen von Blois. Er legte für die von ihm gebaute Loire-Brücke bei Tours im Jahre 1035 fest, daß sie frei von Abgaben sein solle, da er seinen himmlischen Lohn nicht durch irdische Gewinnsucht aufs Spiel setzen wollte. Wer für Bau oder Unterhaltung von Brücken spendete oder selbst mit Hand anlegte, dem wurde von der Kirche Ablaß gewährt.

Die Brücke Saint-Bénézet bei Avignon, errichtet von 1178 bis 1185, war ein beeindruckendes Bauwerk. Zweiundzwanzig Bögen aus Stein überspannten die Rhône, breite Pfeiler steigerten die Wirkung der schlanken Bogenscheitel, und in der noch unvollendeten Brückenkapelle fand ihr Baumeister, der später heiliggesprochene Bénézet, 1185 seine letzte Ruhestätte.

Die Brücke wurde in einer Rekordzeit gebaut, was für mittelalterliche Bauvorhaben nicht unüblich war. Man baute zügig, da mit Unvorhergesehenem immer gerechnet werden mußte – mit dem Tod der Bauherren und Baumeister, mit Bränden, Einstürzen und ausbleibenden Geldflüssen.

Abt Suger, der Erbauer von Saint-Denis (1137–1144), beispielsweise schrieb: Wir waren «besorgt um die Vollendung und fürchteten die Unbeständigkeit der Zeiten, den Verlust mancher Personen und auch unseren eigenen Tod».[6] Und tatsächlich sei der Bau von Saint-Denis, so berichtete er weiter, in große Gefahr geraten, da eines Tages plötzlich ein Gewittersturm losgebrochen sei, «furchtbar und fast unerträglich aufgrund der Verfinsterung durch Wolken, der Überschwemmung durch Regengüsse und der sehr starken Kraft der Winde, der schließlich so sehr erstarkte, daß er nicht nur feste Häuser, sondern auch steinerne Türme und hölzerne Wehrtürme erschütterte». Der Sturm erfaßte die Strebebögen, die von keinem Gerüst gehalten wurden und drohten, hin und her schwankend, umzustürzen. «Als der Bischof mit Entsetzen das Schwanken der Bögen und der Bedachung sah, streckte er seine Segenshand mehrmals dorthin aus und hielt beim Segnen den Arm des heiligen Greises Simeon eindringlich entgegen, so daß er deutlich sichtbar offenkundig nicht durch seine Beharrlichkeit, sondern allein durch die Gnade Gottes und das Verdienst der Heiligen den Einsturz verhüten konnte.»[7]

Die Kathedrale von Canterbury

Während das Unwetter von Saint-Denis glimpflich verlief, «Gottes Wohlwollen und das Verdienst der Heiligen» verhinderten hier eine Katastrophe, wirkte der Brand der Kathedrale von Canterbury am 5. September 1174 verheerend. Da die Mönche nicht bemerkt hatten, daß der Funkenflug eines großen Feuers in der Nachbarschaft das Dach der Kathedrale in Brand gesteckt hatte, konnte sich das Feuer ungehindert ausbreiten und die Kathedrale, die das Ziel vieler Wallfahrer zum Grab des 1173 heiliggesprochenen Thomas Becket war, zerstören.

Die Mönche beschlossen, sich von diesem Schicksalsschlag nicht entmutigen zu lassen, und gingen – Canterbury war einer der beliebtesten Wallfahrtsorte und das Kloster entsprechend reich – unverzüglich an den Wiederaufbau. Sie luden bekannte Baumeister aus Frankreich und England nach Canterbury ein, um sich beraten zu lassen und einen geeigneten Kandidaten für die Stelle des leitenden Baumeisters zu finden. Vielleicht ist der einzige Spitzbogen in der Rundbogenarkade des südlichen Chorumgangs eine Art Meisterprobe des neuen Baustils von Wilhelm aus Sens, für den sich die

Kathedrale von Canterbury, Spitzbogen im südlichen Chorumgang

Mönche recht schnell entschieden. Über ihn schrieb der Mönch Gervasius von Canterbury 1185 in seiner Chronik: «Unter anderen Baumeistern war auch einer aus Sens, Wilhelm mit Namen, angekommen, ein recht rühriger Mann, der im Holzbau und Steinbau höchst einfallsreich war. Sie ließen die anderen fahren und stellten ihn wegen seines lebhaften Geistes und seines guten Rufes für die Arbeit ein. Ihm und der Vorsehung Gottes wurde die Vollendung des Werkes anvertraut.»[8]

Der Bericht zeigt, wie wichtig neben der Hilfe Gottes und der Heiligen der Baumeister im 12. Jahrhundert geworden war. Der Bau der frühen gotischen Kathedralen war immer ein Risiko, und viele sind während des Baus oder bereits nach wenigen Jahrzehnten ganz oder teilweise eingestürzt. Die Glockentürme von Pisa und Bologna beispielsweise neigten sich auf Grund von Erdabsenkungen schon während des Baus zur Seite, die Gewölbe der

Kathedralen von Beauvais und Troyes brachen kurze Zeit nach ihrer Fertigstellung ein.

Während die abergläubischen Zeitgenossen Risse, Setzungen und Einstürze meist auf übernatürliche Einwirkungen zurückführten, wußten die anderen, daß sie auf menschliche Fehler zurückgingen und es daher auf das Wissen und die Erfahrung des jeweiligen Baumeisters ankam. Da mehr oder weniger nach dem Prinzip Versuch und Irrtum gebaut wurde, setzte man auf bewährte Regeln, auf Musterbücher und auf das *exemplum*, also ein Werk, das sich bereits in der Praxis bewährt hatte, und auf die dadurch bewiesene Leistungsfähigkeit seines Erbauers. Wie hoch man die Erfahrung schätzte, zeigt sich sowohl in den zahlreichen Gutachtersitzungen, bei denen man die Summe der Erfahrungen mehrerer Meister suchte, als auch im quasi europäischen Auswahlverfahren für die Stelle des leitenden Baumeisters wichtiger Bauten. Da es nur wenige gab, die über genügend Erfahrungen und Kenntnisse verfügten, und diese wenigen gefragt waren, konnten sie ihr Wissen und ihr Können, oft mit Pfründen und Geldgeschenken bedacht, meist zu guten Bedingungen einbringen.

Das gestiegene baumeisterliche Sozialprestige fand auch seinen bildlichen Ausdruck. Die Baumeister der Kathedrale von Amiens hielten ihre Namen in einer Inschrift fest, ein anderer ließ sich mit seinen Werkzeugen und einem Kirchenmodell in der Hand abbilden, wieder ein anderer verlieh sich auf seinem Grabmal gar den Titel *doctor lathomorum*, Doktor der Steine. In der Kathedrale von Chartres findet sich ein in den Fußboden eingelegtes kreisförmiges Labyrinth mit einem Durchmesser von zwölf Metern. Diese Art von Labyrinth, die auch in anderen Kathedralen nachweisbar ist, hatte im Mittelpunkt eine Platte mit dem Baumeisternamen – eine steinerne Signatur der selbstbewußten Meister, die sich als Nachfolger des mythischen Ur-Baumeisters Daidalos, der auf Kreta das erste Labyrinth gebaut hatte, verstanden.

Wie groß das Ansehen der Baumeister geworden war, zeigt auch die Forderung eines Abtes in Vendôme an den Bischof von Mans, der Maurer und Mönch Johannes solle in sein Kloster zurück-kehren. Er sei nach Jerusalem gereist und von dort nach Mans ge-gangen. Wenn er den Mönch nicht zurückschicke, drohe ihm, dem Bischof, die Exkommunikation. Bisweilen nahm diese Wertschät-zung allerdings tragische Züge an. Die Gräfin von Bayeux und Ivy hatte sich von Lanfredus, dessen Ruhm den aller Architekten Galliens übertraf, ein Kastell bauen und den Meister, damit er nicht anderswo Ähnliches schaffe, enthaupten lassen.

Wilhelm, von den Mönchen von Canterbury zum leitenden Baumeister ernannt, hatte bereits am Neubau der Kathedrale von Sens mitgewirkt. Er brachte die sogenannte französische Bauweise, die Gotik, nach England, und viele der in Sens entwickelten Ein-zelmotive wurden in Canterbury wiederverwendet. Sein Wissen faszinierte und überzeugte die Mönche. Gervasius von Canterbury nennt ihn fachmännisch und einfallsreich. Von lebhaftem Geist und gutem Ruf, habe er die anderen angeleitet und neue technische Einrichtungen erfunden. Wilhelm begann 1175 mit dem Wieder-aufbau und kam zur Freude der Mönche zügig voran, bis im Sep-tember 1178 das Gerüst zum Vierungsgewölbe einbrach, Wilhelm aus der vollen Höhe von 50 Fuß zu Boden stürzte und sich schwer verletzte.

Niemand außer Wilhelm, so berichtet Gervasius, «wurde irgend-wie verletzt. Gegen den Meister allein wütete entweder die Strafe Gottes oder der Neid des Teufels. Wegen dieser Verletzung hütete der Meister unter Aufsicht der Ärzte eine Zeitlang das Bett und hoffte, wieder gesund zu werden. Die Hoffnung trog; er konnte nicht genesen. Doch weil der Winter bevorstand und die Vierung vollends eingewölbt werden mußte, betraute er mit dem Abschluß des Werkes einen fleißigen und talentierten Mönch, der die Maurer anleitete. Deswegen kam es zu viel Neid und Bosheit, weil er zwar jung, aber anscheinend klüger als mächtigere und reichere Leute war. Obwohl der Meister im Bett lag, ordnete er an, was zunächst und was danach getan werden mußte. ... Aber die stark anhalten-den Regenfälle ließen keine weiteren Arbeiten mehr zu. Mit diesen verging das vierte Jahr, und das fünfte fing an. Im selben vierten Jahr fand eine Sonnenfinsternis statt, am 6. September gegen Mittag, noch vor dem Sturz des Meisters. Als der besagte Meister merkte, daß keine Kunst und Mühe der Ärzte ihn heilen konnte, gab er das Werk auf, überquerte das Meer und kehrte nach Frankreich in seine Heimat zurück. An seine Stelle als Bauleiter trat ein anderer Wilhelm, von englischer Herkunft, der körperlich zwar klein, aber in verschiedenen Arbeiten sehr einfallsreich und tüchtig war.»[9]

Indem Gervasius betont, daß die Strafe Gottes oder der Neid des Teufels allein gegen den Baumeister wütete, und übergangslos vom neuen Baumeister, einem anderen Wilhelm, berichtet, nimmt er der Vorsehung Gottes viel von ihrem Gewicht und umgeht die für den mittelalterlichen Menschen so wichtige Frage, was Gott den Menschen mit diesem Unglück sagen wollte.

Gerade an den großen Kathedralbauten entzündete sich ein allgemeiner Streit über den wahren Ausdruck des Glaubens und die richtige Form der Gottesverehrung. Die Kritiker des Kathedralbaus fragten sich, ob es richtig sei, daß man Kirchen so aufwendig baue, als würden sie ewig stehen. Ob es nicht Auflehnung gegen Gott sei, mit Überheblichkeit und Stolz so gewaltige Steinmassen aufzutürmen, vergleichbar dem Turmbau zu Babel? Ob sich Gottes Gnade und Ehre wirklich in vergänglichen Bauwerken materialisieren lasse oder nur die irdische Eitelkeit des Bauherrn? Ob es nicht unchristlich sei, so viel Geld für Kirchen auszugeben, wenn es gleichzeitig so viele Arme gebe? Ob nicht statt baulicher Pracht für die liturgische Feier eine heilige Seele, ein reiner Geist und eine fromme Absicht genügten?

Der Zisterzienserabt Bernhard von Clairvaux (1090–1153) tadelte schon früh die «unglaubliche» Höhe, die «unmäßige» Länge und die «übertriebene» Weite der neuen Kathedralen als unvereinbar mit dem Geist mönchischer Demut und christlicher Nächstenliebe, da Mittel, die für wohltätige Zwecke bestimmt sein sollten, für ihren Bau aufgewendet würden. Und er fuhr fort: «Oh Eitelkeit der Eitelkeiten, doch mehr noch Wahn als Eitelkeit! Die Kirche glitzert von allen Seiten, doch die Armen sind völlig entblößt; ihre Steine sind mit Goldstücken bedeckt, doch ihre Kinder entbehren der Kleider; die Liebhaber finden in der Kirche alles, ihre Neugier zu befriedigen, doch die Armen finden nichts, ihr Elend zu lindern.»[10]

In Rheims meinte ein Geistlicher: «Würden diese Baumeister daran glauben, daß die Welt ein Ende nehmen wird, dann würde man nicht eine so gewaltige Steinmasse bis in den Himmel errichten und die Fundamente nicht so tief in den Abgrund treiben. Darin gleichen sie den Riesen, die den Turm von Babel bauten und sich gegen den Herrn auflehnten; deshalb müssen sie befürchten, daß auch sie ebenso zerstreut werden über die Oberfläche der Erde.»[11] Und er gab zu verstehen, daß sich die Erbauer der riesigen Kathedralen im Chaos des Höllenfeuers treffen würden.

Für die Erbauer dagegen waren die gotischen Kathedralen irdisches Abbild des himmlischen Jerusalems und sollten mit ihren Wänden aus farbigem Glas, deren Leuchten mit dem von Edelsteinen verglichen wurde, das Staunen der Gläubigen und Pilger erregen und Reichtum und Macht der *ecclesia triumphans* verkörpern. Bald gab es einen Wettstreit unter den Bischöfen, Domkapiteln und Städten. Man suchte geradezu nach einem Vorwand für den Bau einer prächtigen neuen Kathedrale und fand ihn fast immer – in Reliquien, göttlicher Eingebung oder in der vermeintlichen Baufälligkeit der alten Kirche. Viele Kirchen waren wohl auch infolge der schnell anwachsenden Pilgerströme zu klein geworden, so zumindest rechtfertigt Abt Suger von Saint-Denis die Erweiterung der gesamten Abteikirche. Die Enge habe zu einem lebensgefährlichen Gedränge der Gläubigen und Pilger geführt, vor allem an Feiertagen, so daß «infolge des eigenen Eingezwängtseins keiner etwas anderes vermochte, als wie eine marmorne Statue dazustehen, starr zu sein und, was allein übrigblieb, laut zu schreien».[12]

Zwischen 1180 und 1270 entstanden allein in Frankreich – es gab einen regelrechten Bauboom – 80 Kathedralen und 500 Klöster.

Die Kathedralen verschlangen Riesensummen und verlangten der Bevölkerung gewaltige Opfer ab. Manchmal wurde die Last so drückend, daß die Bürger revoltierten. Im Jahr 1233 zwangen die Bürger von Rheims beispielsweise die Kirchenleute, die Baustelle eine Zeitlang zu schließen und die Maurer und Steinmetze zu entlassen. Doch diese Rebellionen waren selten und kurz. Meist gelang es, den Gläubigen klarzumachen, daß sich die Frage, warum überhaupt Kirchen bauen, wenn doch das Reich Gottes nahe war, nicht wirklich stellte. Da weder Tag noch Stunde bekannt waren, glaubte man, daß das Reich Gottes wohl noch eine Weile auf sich warten lasse, und sah bis dahin im Kathedralbau die Möglichkeit, seinem Sündenbewußtsein Ausdruck zu verleihen und Gottes Belohnung zu erlangen, wie Augustinus in einer Predigt anläßlich einer Kirchenweihe verkündete: «Wie wird Gott diejenigen belohnen, die für ihn mit so viel Frömmigkeit, Freude und Hingabe gebaut haben? Er wird sie als lebendige Steine in sein geistliches Gebäude einbauen, dem all jene sich zuwenden, die durch Glauben gebildet, durch Hoffnung bestärkt und durch Liebe vereinigt sind.»

Der
Mailänder
Dombaustreit

Als Giangaleazzo Visconti 1385 die Macht in Mailand an sich gerissen hatte, indem er seinen Vorgänger und Onkel in den Kerker werfen und vergiften ließ, beschloß er, eine Kathedrale zu bauen. Die Voraussetzungen waren günstig. Mailand war zu dieser Zeit eine reiche Stadt. Wirtschaft und Handel, speziell das Textilgewerbe, blühten, und die Stadt besaß etwa 60 000 Einwohner. Doch als Giangaleazzo entschied, den Dom nicht in der traditionellen lombardischen Backsteinbauweise, sondern aus Natursteinmauerwerk mit Marmorverkleidung zu errichten, begann eine langwierige und komplizierte Baugeschichte. Zahlreiche Gutachten, die man einholte, und Kommissionen, die man einberief, führten zu einer langen Bauzeit – 500 Jahre dauerte es bis zur Fertigstellung des Doms.

Im Mai 1385 wurde erstmals mit dem Dombau begonnen, und im Mai 1387, nachdem alles wieder abgerissen worden war, setzte man zum zweiten Mal an. Die Anfänge können nur sehr bescheiden gewesen sein, man hat Rechnungen gefunden für den Aushub der Pfeilerfundamente und für ein in Blei ausgeführtes Modell des Vierungsturms. Obwohl der Entwurf noch nicht endgültig feststand, wurden im Mai 1387 die Bautrupps aufgestellt und die Opera del Duomo, die Dombauhütte, berufen. Die Opera, eine städtische Einrichtung mit gewählter Leitung, war für die finanziellen, technischen und künstlerischen Fragen zuständig, und ihre Akten bieten ein gutes Bild des weiteren Bauablaufs. Die Opera setzte im Dezember Simone da Orsenigo als obersten Bauleiter ein, da er sich schon in den Jahren zuvor beim Dombau bewährt hatte, und man zog die Sakristeien und die hinteren Chorwände hoch. Aber schon im Herbst 1388 berief man Florian von Brixen als Gutachter, um Bauleiter und Bauleute kontrollieren zu lassen und weil man Schwierigkeiten mit der Statik hatte.

Im Mai 1389 holte man den Franzosen Nicolas Bonaventure – Deutsche und Franzosen wechselten sich nun ständig ab –, der etwas später Simone da Orsenigo als obersten Bauleiter ablöste, und legte auf der Grundlage seiner Vorschläge die Querschnitte der Stützen sowie Form und Material des Chormittelfensters fest. Doch nach einem Jahr begann man, am Können Bonaventures zu zweifeln. Die Pfeilerquerschnitte erschienen zu schwach, die Statik zu gewagt. Man beschloß, die Pfeiler zu verstärken, und entließ Nicolas Bonaventure im Juli 1390. Vorübergehend nahm man Simone da Orsenigo wieder in Dienst, während man den obersten Bauleiter nun in Deutschland suchte. Hans von Farnech, der schon seit 1387 in Mailand tätig war, sollte nach Köln geschickt werden, um dort einen Meister seines Fachs zu suchen. Es ist nicht bekannt, ob Hans von Farnech überhaupt gefahren ist oder ob die Suche einfach nur erfolglos blieb, jedenfalls fragte man im Juli 1391 bei Ulrich von Ensingen an, der als der erfahrenste und genialste Baumeister seiner Zeit galt. Doch Ulrich wollte oder konnte nicht und empfahl Heinrich von Gmünd.

Heinrich III. Parler von Gmünd kam und hatte von Anfang an einen schweren Stand. Im August 1391 wurde der Entwurf von 1387 grundsätzlich in Frage gestellt. Man diskutierte über die Höhenabmessungen der Schiffe, über die Fenster und Portale, kurz über den gesamten Aufriß. Man befragte den Bildhauer Bernardo da Venezia, den Mathematiker Gabriele Stornalocho und den Mailänder Bürger Simone da Cavagnara, einen Baulaien. Bekannt ist lediglich, was Stornalocho riet. Er bediente sich des Dreiecks als Proportionsnorm, während der ursprüngliche Plan auf dem Quadrat aufgebaut war, und kam zu einer deutlich geringeren

Höhenentwicklung. Auch Heinrich von Gmünd fertigte ein Gutachten und ein Modell an, von dem nur bekannt ist, daß es auf heftigen Widerspruch der Italiener stieß. Im Mai 1392 fand eine große Baukonferenz statt, und im Sitzungsprotokoll wurde festgehalten, daß die Kirche nicht bis zum Quadrat, sondern nur bis zum Dreieck heraufreichen, die Pfeilerhöhen verringert und auf den im ursprünglichen Entwurf vorgesehenen Mittelgaden verzichtet werden sollte. Das Dach beschloß man dreistufig auszubilden, so daß die Fünfschiffigkeit außen ablesbar war.

Den neuen Aufriß hat uns Cesare Cesariano, der als beratender und ausführender Baumeister am Mailänder Dom tätig war, in seinem 1521 erschienenen Vitruv-Kommentar übermittelt. Der Bau wurde unter dem Einfluß der italienischen Raumästhetik und aus Angst vor Stabilitätsproblemen – man hatte den Einsturz des Doms in Siena 1339 noch vor Augen – ungotisch gedrungen. Trotz Fünfschiffigkeit drängte der Bau ins Breite, Gelagerte, und der Baukörper blieb eine lediglich senkrecht strukturierte Masse, dessen Spitzwerk mehr Dekoration war als tragendes Gerüst. Als Heinrich von Gmünd gegen diese Änderungen am Entwurf protestierte, entließ man ihn fristlos und behauptete, «daß er dem Bau schlecht diente, ihm besonderen Schaden und Nachteil durch seine Hinterlist zufügte».[1]

Im Frühjahr 1394 fragte man erneut bei Ulrich von Ensingen an, der eben erst Ulmer Dombaumeister geworden war, und bot ihm ein Gehalt, das um einiges höher war als das der bisherigen Baumeister. Im November 1394 fuhr Ulrich von Ensingen, nachdem ihm die persönliche Unterstützung des Herzogs von Mailand zugesagt worden war, mit Heinrich von Esselin als Dolmetscher nach Mailand und wurde unter großen Ehrenbezeugungen empfangen. Doch als er nach Prüfung aller schon errichteten Bauteile und der vorliegenden Pläne eigene Konzepte entwickelte, regte sich erster Widerstand. Als die Opera im Frühjahr 1395 seine neuen Pläne, wie zu erwarten war, nicht akzeptierte, verlangte er eine Entscheidung des Herzogs. Dieser entschied sich, wie das Protokoll vom

25. März zeigt, ebenfalls gegen das neue Konzept, und Ulrich ließ nun der Opera ausrichten, daß er lieber seinen eigenen Beschäftigungen nachgehe, als nach altem Plan zu bauen. Da er sich nicht umstimmen ließ, entließ man auch ihn.

«Sie gaben dem Meister Ulrich von Ensingen aus Ulm, einem deutschen Baumeister, ihre Ansicht kund, ob er das große Fenster in der Mitte der Mailänder Kirche machen wolle von hinten, ohne die angefangene Ordnung fortzunehmen und über die anderen ähnlichen Fenster, die weder das Maß der Breite noch der Höhe haben. Dieser antwortete, daß er diese Fenster nicht nach den vorgesehenen Maßen machen wolle, da er die Höhe und die Art dieses Fensters ändern wolle; und zuletzt, ob er von den Kapitellen der Pfeiler etwas machen wolle, sagte er gleichfalls, daß er die Kapitelle der Pfeiler nicht nach jenem Maß machen wolle, nach dem das erste Kapitell fertiggestellt worden ist über einem Pfeiler des Baues. Und das ist durch die Antworten, die Heinrich von Esselin aus Ulm als Dolmetscher gab, für den genannten Meister Ulrich gesagt worden. Und ehe er seine Zeichnungen und die Arbeiten nach denselben vorlege, wolle er lieber seinen eigenen Aufgaben nachgehen. Ihm wurde gesagt, daß sie die angefangenen Ordnungen der Kirche nicht ändern wollten noch wollen, dass irgend etwas davon abgerissen werde, damit die Hingabe der Bürger Mailands an dies Werk nicht aufhöre.»[2]

Oberster Bauleiter wurde nun Giovannino dei Grassi, der die Arbeiten zügig vorantrieb. Als er bereits 1398 starb, wandte man sich wieder nach Norden, diesmal nach Frankreich. Im April 1399 verpflichtete man Jacques Cona und seine beiden Gehilfen Jean Campanosen und Jean Mignot. Mignot, der eigentliche Bausachverständige unter den dreien, reichte einen Plan ein und stieß, wie zu erwarten, auf heftigen Widerstand. Er fertigte daraufhin ein Gutachten an, in dem er nachwies, daß das bisher Gebaute fehlerhaft sei, was unweigerlich, sollte man so weiterbauen, zum Zusammenbruch führen werde. Der Chorbau bedürfe der Unterstützung durch zusätzliche Pfeiler, und die vier um die Vierung angelegten

Türme müßten abgerissen werden, da sie ohne Fundament gebaut seien. Die angegriffenen Bauleute wiesen die Beschuldigungen weit von sich und warfen Mignot vor, absichtlich falsch gemessen zu haben und außerdem nicht zu wissen, daß italienischer Marmor doppelt so fest sei wie französischer.

So stand Behauptung gegen Behauptung, und Mignot schlug vor, erfahrene Bauleute von auswärts hinzuzuziehen, um die Sache zu entscheiden. Drei zufällig in Mailand anwesende französische Baumeister, die auf Pilgerfahrt nach Rom waren, wurden im Februar 1400 befragt und bestätigten die Analyse Mignots. Nach vielem Hin und Her, auch der Herzog mischte sich ein, konnte Mignot einen Teilerfolg verzeichnen: Die vier Türme um die Vierung wurden wieder abgerissen. Um Mignot, dessen Stellung durch diese Entscheidung gefestigt schien, doch noch loszuwerden, suchten seine Gegner nach neuen Argumenten und beschuldigten ihn, selbst Baufehler begangen zu haben. Mignot hielt es für unter seiner Würde, darauf zu reagieren, und so nahm die «Affäre Mignot» ihren Lauf. Er wurde schriftlich aufgefordert, gegen die Anschuldigungen Stellung zu nehmen. Er tat dies stolz und heftig, doch zu spät, die Vorurteile hatten sich schon gefestigt. Im Oktober 1401 wurde auch er fristlos entlassen.

Beim Streit zwischen Mignot und seinen Mailänder Kollegen ging es nicht nur um die Frage, ob das Quadrat oder das gleichseitige Dreieck dem Aufriß zugrunde zu legen sei, es standen sich auch zwei unterschiedliche Kunstauffassungen unversöhnlich gegenüber. Den Mailändern war Wissenschaft eine Sache und Kunst eine andere. Der architektonische Entwurf mit seinen Proportionen und Formen sei Kunst, die darauf folgende praktische Ausführung Wissenschaft. Mignot dagegen behauptete, Kunst ohne Wissenschaft tauge nichts. Kunst entstehe nur, wenn die Form unter dem wissenschaftlichen Gesichtspunkt der Geometrie ihr Optimum an Stabilität ohne Hilfskonstruktionen wie eiserne Anker erreiche und Form und Konstruktion eine Einheit bilden würden.

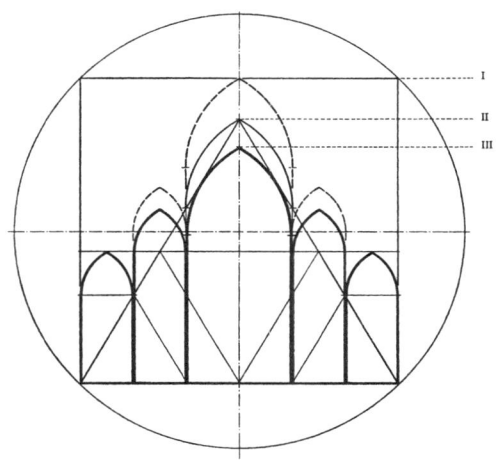

Querschnittsnormen für den Mailänder Dom nach Andrea
da Vicenti, 1389 (I); Stornalocho 1391, Heinrich III. Parler 1391/92,
Jean Mignot 1400 (II). Ausgeführter Querschnitt gemäß Beschluß
vom 1.5.1392 (III)

Nach der Entlassung Mignots verfolgte man den Plan von 1392
weiter und holte nur noch zusätzlich erforderliche Entwürfe ein:
von Filippino da Modena für das Chormittelfenster, von Antonio
da Paderno für die Fenster der Querhausstirnseiten. Als man 1409
an den Gewölben des Chors arbeitete, inzwischen war Filippino da
Modena oberster Bauleiter, kamen erneut Zweifel an der Statik auf,
und man suchte wieder nach einem erfahrenen und anerkannten
Experten aus Deutschland, Frankreich oder England. Offensichtlich fand sich aber keiner – Mailands nicht gerade zimperlicher
Umgang mit Beratern und Baumeistern hatte sich wohl herum-
gesprochen –, und so baute man die Gewölbe nach italienischer
Sitte, indem man zur Sicherheit die tragenden Pfeiler untereinander
und mit den Wänden durch freiliegende eiserne Zuganker verband.
Doch noch immer war ein schwieriges Problem ungelöst: die Errichtung des Vierungsturms. Im Januar 1448 legte Filippino dafür

einen Entwurf vor, dessen Kosten die Finanzkraft der Opera weit überstieg. Man beschloß, das Vorhaben aufzuschieben und Filippino zu entlassen.

1482 gelang es nach langwierigen Vorverhandlungen, Johannes Niesenberger, den obersten Bauleiter der Straßburger Bauhütte, nach Mailand zu verpflichten. Er sollte prüfen, ob die Stärke der Vierungspfeiler ausreiche, um das Turmprojekt durchzuführen. Die Entlohnung Niesenbergers war fürstlich, und er kam nicht wie Ulrich von Ensingen mit nur einem Dolmetscher, sondern mit einer fünfzehnköpfigen eigenen Bautruppe. Er behielt sich zudem das Recht einer zweimonatigen jährlichen Abwesenheit für Reisen nach Deutschland vor, wo er noch andere Projekte betreute, zum Beispiel den Bau des Münsterchors in Freiburg. Was er nun genau in Mailand geplant und gebaut hat, ist nicht bekannt. Bekannt ist nur, daß es im September 1486 zu Streitigkeiten zwischen ihm und der Opera kam, bei denen er sich über nicht eingehaltene Vertragsbedingungen beklagte und die Opera ihm Fehler beim Bau des Vierungsturms vorwarf. Niesenberger war ein vielbeschäftigter Mann, vielleicht zu viel beschäftigt, denn auch in Freiburg war seine Tätigkeit nicht von Erfolg gekrönt. Er wurde dort 1491 wegen schlechter Arbeit verklagt; man warf ihm vor, die Wölbungen unfachmännisch ausgeführt und unnötige Baukosten verursacht zu haben.

In Mailand suchte man nun über einen Wettbewerb Rat bei den italienischen Architekten und beschloß, den quadratischen Turmgrundriß durch einen achteckigen zu ersetzen, und bald war es soweit: Von vier Türmen begleitet, «thronte der Tiburio wie Gottvater im Paradies zwischen den vier Evangelisten, wie es die Apokalypse beschreibt».[3]

Der Ausbau des Doms zog sich weiter durch die nächsten Jahrhunderte, doch 1824 konnte Karl Friedrich Schinkel von seiner Italienreise am 2. August in einem Brief seiner Frau berichten, der Dom sei nun, bis auf die kleinen Spitzen am nördlichen Kreuz, vollendet. Allerdings war er enttäuscht. «Rücksichtlich der Verhältnisse ist der Bau äußerlich weit unter den Domen zu Freiburg,

Straßburg, Köln; auch die Gliederungen und Details alle ungeschickter und plumper.»⁴

Noch einmal sollte der Mailänder Dom die Architekten Europas beschäftigen. Man wollte die im 17. Jahrhundert im Renaissancestil begonnene und im 19. Jahrhundert im gotischen Stil vollendete Fassade durch eine einheitliche Fassade ersetzen und schrieb 1883 einen Wettbewerb aus und 1888 einen zweiten, an dem sich nur die Preisträger des ersten beteiligen durften. Beide Wettbewerbe haben offensichtlich zu keinem Ergebnis geführt, das einen Abriß der bestehenden Fassade gerechtfertigt hätte. Man änderte nichts, diskutierte aber weiter. Ein anderes Ende wäre den Anfängen der kontroversen Baugeschichte des Mailänder Doms auch kaum gerecht geworden.

Brunelleschi
und der
ewige Wettstreit

Leute gebe es, denen die Natur eine kleine Gestalt und schiefe Gesichtszüge, aber einen großen Geist und ein starkes Herz verliehen habe, meint Vasari, der große Biograf der Maler, Bildhauer und Architekten der Renaissance, in seinen 1568 erschienenen Lebensbeschreibungen. Oft stehe von solchen Menschen nur Wunderbares zu erwarten, indem sie sich anstrengen würden, «den häßlichen Körper durch das Vermögen des Verstandes zu verschönen».[1] Dies treffe im besonderen auf Filippo Brunelleschi (1377–1446) zu, und man könne sagen, er sei uns vom Himmel geschenkt worden, um der Baukunst, die schon seit Jahrhunderten erloschen sei, eine neue Form zu geben. Er habe der Welt das großartigste und schönste Gebäude hinterlassen, welches zur Zeit der Neuen und der Alten gebaut worden ist.

Der Bau der Kirche Santa Maria del Fiore war schon weit fortgeschritten, als der leitende Baumeister starb und die Wölbung der Kuppel anstand. Der achteckige Tambour maß im Durchmesser 45 Meter und war 50 Meter hoch. Wie sollte eine so riesige Öffnung mit einer Kuppel größer als die des Pantheons in Rom geschlossen werden? Die Kirche Santa Maria del Fiore, von Anfang an als eines der größten Gotteshäuser der Christenheit geplant, war nicht nur Ausdruck des religiösen Eifers der Florentiner, sondern auch ihrer Wirtschaftskraft und ihres Bürgerstolzes. Doch niemand in Florenz hatte eine klare Vorstellung davon, wie eine solche Kuppel zu bauen sei, und viele hielten das Unternehmen für ganz unmöglich.

In dieser schwierigen Lage sah sich die größte und wohlhabendste Zunft der Stadt, die der Wollarbeiter, die für die Errichtung des Doms und die Beschaffung der Gelder zuständig war und die Opera del Duomo, die Dombauhütte, leitete. Die Opera del Duomo war seit dem 12. Jahrhundert im Stadtstaat Florenz eine eigene Rechtsinstitution, eine weltliche Behörde, die über Sonderrechte und eigene Besitztümer verfügte und deren Vorsteher – anfangs jährlich gewählt, ab 1450 Beamte auf Lebenszeit – Laien waren.

Die Opera del Duomo wandte sich an Filippo Brunelleschi, Goldschmied und Bürger der Stadt, der in Rom mehrere Jahre die römischen Bauten und deren Konstruktion studiert und schon mehrere Vorschläge für die Konstruktion der Kuppel unterbreitet hatte. Allerdings hatte er nie eines seiner Modelle jemandem gezeigt, aus Angst, so Vasari, man könnte ihm seine Ideen stehlen. «Während er demnach in Rom verweilte ..., gedachte man seines durchdringenden Verstandes, der ihn bei den Beratungen eine Sicherheit und einen Mut zeigen ließ, wie in den andern Meistern nicht zu finden war; denn diese traten erschreckt mit den Maurern zusammen und hatten alle Kraft verloren, in der Überzeugung, sie würden kein Mittel finden, die Kuppel zu wölben, noch ein Holz zum Gerüste, welches stark genug wäre, das Sparrwerk und die Last eines so mächtigen Baues zu tragen.»[2]

Filippo bestärkte die Opera in der Überzeugung, daß noch nie ein so schwieriges Werk durchgeführt worden sei, und machte den Vorschlag, einen Wettbewerb auszuschreiben, zu dem mit ihm alle wichtigen italienischen, deutschen und französischen Baumeister in Florenz zusammenkommen sollten. Die Opera war enttäuscht, daß er sonst keinen Vorschlag unterbreiten und kein Modell vorzeigen wollte. Als er ankündigte, bald nach Rom zurückreisen zu wollen, und sich auch durch Bitten nicht umstimmen ließ, machte ihm die Opera im Mai 1417 ein größeres Geldgeschenk. Filippo aber reiste trotzdem ab. In Rom arbeitete er weiter unermüdlich an seinem Kuppelprojekt, da er glaubte, daß der Auftrag letztlich doch an ihn ginge, da die anderen Baumeister an den Schwierigkeiten scheitern würden.

Der Wettbewerb wurde ausgeschrieben, und im Dezember 1418 trat das Preisgericht zusammen, das sich aus Mitgliedern der Opera, den Konsuln der Wollarbeiterzunft und einer, wie Vasari es nennt, «Auswahl der einsichtigsten Bürger» zusammensetzte. Jeder Baumeister trug seinen Vorschlag vor, einer nach dem anderen, und die Vorschläge waren so unterschiedlich, wie man es nicht für möglich gehalten hatte. Die einen wollten, um die Last zu stützen, zusätzliche Pfeiler aufmauern und darauf die Bögen wölben. Andere wollten mit Schwammstein mauern, um die Last zu verringern. Wieder andere wollten in der Mitte einen großen Pfeiler errichten und die Kuppel als Zeltdach ausführen. Einer meinte, man solle sie auf einer gigantischen Erdaufschüttung bauen und Pfennige unter die Erde mischen, damit Kinder und Arme die Erde kostenlos wegschaffen würden, wenn die Kuppel gewölbt sei. Eine gar nicht so abwegige Idee. Schon die Römer hatten Kuppeln über Erdaufschüttungen gewölbt, und noch 1496 wurde beim Gewölbe der Kathedrale von Troyes Sand bis zu einer Höhe von 30 Metern aufgeschüttet, um hölzerne Gerüste zu ersetzen.

Filippo dagegen behauptete, man brauche keine Bögen, keine Pfeiler, keine Erde und keine Gerüste, um die Kuppel zu wölben. Die Preisrichter, zunächst verblüfft, sprachen vom Rat eines Toren. Sie glaubten Filippo nicht, nannten ihn einen Narren und Schwätzer und ließen ihn, als er nicht freiwillig ging, aus dem Saal entfernen. Das Preisgericht war nun völlig verwirrt und vertagte die Sitzung. Als man erneut zusammenkam, forderten die anderen Baumeister von Filippo, er möge wie sie sein Modell zeigen. Filippo lehnte dies ab. Er schlug vor, so Vasari, der solle die Kuppel bauen dürfen, der auf einer Marmorplatte ein Ei senkrecht aufstellen könne. Das Ei wurde geholt, und keinem gelang es – außer Filippo. Er nahm das Ei und schlug es mit dem unteren Teil aufrecht auf die Platte. Als die anderen meinten, das hätten sie auch gekonnt, erwiderte er, sie wüßten auch, wie die Kuppel zu wölben sei, wenn sie seine Zeichnung und sein Modell gesehen hätten.

Dieser Überraschungscoup und sein sicheres Auftreten, als habe er schon viele Kuppeln gewölbt, verschafften ihm, so Vasari, endlich den Auftrag. Die einzige Bedingung war, er solle eine kleine Probe geben, wie er ein Gewölbe ohne Gerüst mauern wolle, und er wölbte eine Kapelle in Santa Felicità und eine in S. Jacopo sop'Arno. Dies überzeugte, und man übertrug ihm die Leitung über den Bau – allerdings nur bis zu einer bestimmten Höhe. Erst wenn diese erreicht sei, werde ihm, so Vasari, die weitere Leitung übertragen. «Filippo erschien es seltsam, so viel Hartnäckigkeit und solchen Unglauben bei den Consuln und Vorstehern zu finden, und hätte er nicht gewußt, daß er allein dies zu vollführen vermöge, würde er nicht Hand angelegt haben. Voll Verlangen indes, solchen Ruhm zu gewinnen, übernahm er das angebotene Werk und verpflichtete sich, es vollkommen zu Ende zu bringen.»[3]

Doch so eindeutig, wie Vasari es darstellt, war die Entscheidung der Opera nicht. Ein Jahr lang wurde überhaupt keine Entscheidung getroffen, denn ein zwölfmonatiger Papstbesuch lenkte vom Weiterbau ab. Dann schwankte man grundsätzlich zwischen zwei Modellen, dem von Filippo und dem von Lorenzo Ghiberti. Lorenzo Ghiberti war Filippos alter Rivale im Wettbewerb für die Bronzetüren des Baptisteriums San Giovanni, und auch damals hatte sich die Opera nicht entscheiden können, welchem der beiden sie den Auftrag geben sollte. Auf ihren Kompromißvorschlag, das Werk gemeinsam auszuführen, war Filippo nicht eingegangen, vielmehr hatte er Florenz verlassen, um in Rom die antiken Ruinen zu studieren.

Ende 1419 berief die Opera ein vierköpfiges Komitee, das nach wenigen Monaten, am 16. April 1420, die neue Bauleitung wählte: einen Praktiker namens Battista d'Antonio, Filippo Brunelleschi, Lorenzo Ghiberti und zu allem Überfluss noch einen vierten, einen betagten humanistischen Philosophen, Giovanni di Prato, der ein Parteigänger Lorenzos war und sich zum schärfsten Kritiker Filippos entwickeln sollte. Weitere drei Monate später stimmte die Opera einem vermutlich von Filippo aufgestellten schriftlichen Bauplan zu, der auf der Grundlage seines Wettbewerbmodells erstellt worden war. Dieser Bauplan galt nun offiziell als die beste Methode, die Kuppel zu errichten. Die Siegesprämie allerdings wurde weder Filippo noch Lorenzo ausgezahlt, und keiner wurde als Sieger benannt.

Filippo war von dieser Entscheidung der Opera maßlos enttäuscht und, wie uns Vasari berichtet, der Verzweiflung nahe. Nur seine besten Freunde konnten ihn davon abhalten, wieder aus der Stadt zu fliehen, «denn er wußte, daß er sich aller damit verbundenen Mühe unterziehen müsse, Ehre und Ruhm aber mit Lorenzo zu teilen habe. Einzig die Überzeugung machte ihm Mut, daß er Mittel finden werde, dies Verhältnis nicht allzu lange dauern zu lassen.»[4] Mehrfach versuchte er in den folgenden Jahren, Lorenzo loszuwerden, indem er ihm mangelnde Fachkenntnis nachwies, doch ohne Erfolg. Ghiberti hatte einflußreiche Fürsprecher und Gönner.

1423 sah er seine Chance kommen. Der Bau hatte die Höhe von zwölf Ellen erreicht, und es war nötig, die Wölbung durch eine Kette aus Holzbalken zu befestigen und die Arbeitsgerüste für die Handwerker zu errichten. Filippo klagte über Schmerzen und legte sich ins Bett. Als man ihn endlich dazu brachte, wieder auf der Baustelle zu erscheinen, kam er mit verbundenem Kopf und umwickelter Brust. Dieser dramatische Auftritt ließ die einen glauben, er habe wohl nicht mehr lange zu leben, die anderen aber, er simuliere, da er nicht mehr weiter wisse. Filippo verwies die Opera an Lorenzo und legte sich wieder ins Bett. Der konnte und wollte ohne Filippo nichts unternehmen, und die Arbeit auf der Baustelle kam zum Erliegen. Filippo, den die Opera inständig bat, wieder zur Baustelle zu kommen, schlug, um Lorenzo noch weiter bloßzustellen, folgendes vor: Wie das Gehalt solle auch die Aufgabe aufgeteilt werden, so daß jeder sein Können unter Beweis stellen könne. Lorenzo könne wählen zwischen dem Bau des Gerüsts und der Legung der Kette. Lorenzo, der sich diesem Vorschlag ohne Gesichtsverlust nicht widersetzen konnte, beschloß, die Kette zu legen. Dies gelang ihm so schlecht, daß Filippo die Opera leicht davon überzeugen konnte, daß Lorenzo keine Ahnung hatte. Die Opera sah dies ein, gab Filippo hundert Gulden extra, verdreifachte sein Gehalt und ernannte ihn zum Bauleiter auf Lebenszeit. Trotzdem verblieb Lorenzo durch die Begünstigung seiner Freunde offiziell noch weitere drei Jahre mit vollen Bezügen im Amt. Auch danach erhielt er weiter Lohn, wenn auch einen verminderten, und wurde 1431 vorübergehend erneut als Mitbauleiter eingesetzt.

Als man sah, wie gut die Arbeit voranging und sich die Kuppel ohne Probleme wölbte, erkannte man immer mehr das Genie Filippos. Sein Erfindungsreichtum zeigte sich überall, in den Einzelheiten des Baus und des Bauablaufs. Um beispielsweise das Problem zu lösen, das Baumaterial – schwere Träger aus Sandstein und Marmor – mehr als 50 Meter in die Höhe zu heben und an die gewünschte Stelle zu bringen, erfand Filippo neuartige Materialaufzüge und Kräne, die weithin bestaunt wurden. Sein Lastenaufzug mit Ochsenantrieb besaß sogar einen Vorwärts- und einen Rückwärtsgang, zwischen denen man schnell und leicht hin- und herschalten konnte. Als der Bau schon hoch emporgewachsen war, wurde es unbequem, hinauf- und hinunterzugehen, und die Bauarbeiter verloren viel Zeit dabei. Da ordnete Filippo an, in der Kuppel Weinschenken und Küchen einzurichten, damit die Bauarbeiter den Weg nur morgens und abends machen mußten.

Brunelleschi konstruierte die Kuppel als Doppelschale, wobei die innere Schale trägt, während die äußere den Bau vor der Witterung schützt und die Kuppel insgesamt größer erscheinen läßt. Die Wandstärke der inneren Schale verjüngt sich von unten nach oben von 3,50 Meter auf zwei Meter, die äußere von einem Meter auf 40 Zentimeter. Beide Schalen sind durch acht Eckrippen miteinander verbunden, die sich ebenfalls nach oben verjüngen und durch einen Holzring und vier Steinringe aus Sandstein zusammengehal-

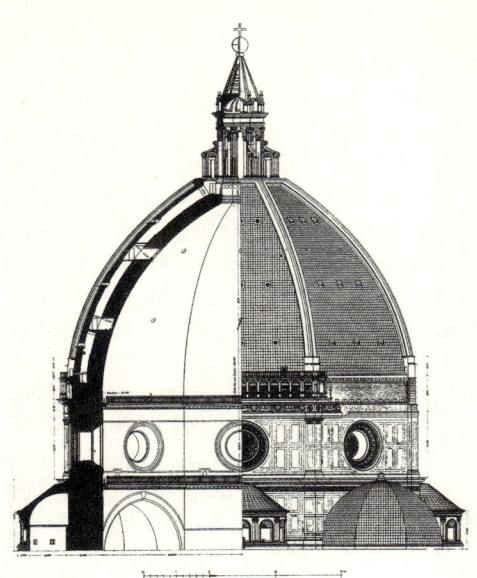

Schnitt und Aufriß der Florentiner Domkuppel
(C. von Stegmann, H. von Geymüller, 1885)

ten werden. Diese Ringe, unsichtbar innerhalb des Mauerwerks verlegt, werden durch verbleite Eisenstücke verklammert und um-
spannen im Abstand von 10,50 Metern die gesamte Kuppel, um den
Seitenschub abzufangen. Die Eckrippen und die 16 Zwischenrip-
pen sind untereinander durch neun horizontale Mauerbögen verbunden, die 90 Zentimeter breit und 60 Zentimeter hoch sind.

Eine geniale Konstruktion, und immer häufiger wurde Filippo
nun in den Dokumenten als «Erfinder und oberster Bauleiter der
Kuppel» bezeichnet. Sein Ansehen war bedeutend gestiegen, und
sein erster Biograf Manetti schrieb zu Recht: «Wer immer irgend-
ein bedeutendes Werk, innerhalb oder außerhalb der Stadt, beginnen wollte, sei es ein öffentliches oder privates Gebäude, sakrale
oder profane Bauten, Festungen oder irgendwelche andere Mauer-

arbeiten, Maschinen und ähnliche Dinge, der schickte nach ihm.»[5] Um so erstaunter muß Filippo gewesen sein, als die Opera auch für den Entwurf der Laterne 1432 einen Wettbewerb ausschrieb. Er wußte, daß Lorenzo, nachdem er die Arbeiten an den Türen des Baptisteriums abgeschlossen hatte, von der Opera einen weiteren Auftrag bekommen hatte – und zwar ohne Wettbewerb.

Doch Filippo begann unverdrossen mit dem Bau seines Laternenmodells und reichte es wie seine Mitbewerber, so Vasari, zur Beurteilung ein. «Aber obgleich er sehr gerühmt wurde und den Neid und Dünkel vieler niedergeschlagen hatte, vermochte er, als sein Modell gesehen worden war, dennoch nicht zu verhindern, daß alle Meister in Florenz nach verschiedener Weise auch Entwürfe fertigten, ja sogar eine Dame aus dem Hause Gaddi wagte es, mit Filippo in Wettkampf zu treten. Dieser lachte des Eigendünkels der anderen, und als seine Freunde ihm den Rat gaben, keinem Künstler sein Modell zu zeigen, damit sie nicht daran lernen möchten, antwortete er: «‹Eines nur ist das richtige Modell, die anderen sind zu nichts nütze›».[6]

Es scheint, daß die Florentiner ihm nicht einmal jetzt, angesichts der Pracht der gewölbten Kuppel, ihr ganzes Vertrauen und ihre ungeteilte Bewunderung schenken wollten. Wieder mußte sich Filippo mit seinem alten Konkurrenten Lorenzo, ja sogar mit seinem Gehilfen und Modellbauer Antonio di Ciaccheri Manetti messen. Dieser Antonio hatte nach Filippos Plänen ein eigenes, nur leicht abgewandeltes Modell konstruiert und eingereicht. Als die Opera sich für Filippos Modell entschied, bat Antonio, ein weiteres Modell einreichen zu dürfen, und es wurde eine noch dreistere Kopie von Filippos Entwurf. Da meinte Filippo, wenn die Mitglieder der Opera ihn noch einen Entwurf machen ließen, würde er ihnen seinen zeigen. 1436 wurde nach langem Hin und Her Filippos Modell für die Laterne zur Ausführung angenommen.

Im August 1434 wurde Filippo vorübergehend festgenommen und ins Gefängnis geworfen. Ihm wurde vorgeworfen, als Baumeister gearbeitet zu haben, ohne der Zunft der Steinmetze und Zimmerleute anzugehören und deren jährliche Beiträge bezahlt zu haben. Eine obskure Geschichte. Man vermutet, daß Filippos Gegner und Neider, und davon hatte er viele, im Hintergrund die Fäden gezogen und die Situation ausgenutzt haben, daß sich Filippos Gönner, der humanistisch gebildete Bankier und Politiker Cosimo de' Medici, gerade im Exil befand. Doch die Opera setzte sich für ihn ein, und nach zwei Wochen kam Filippo frei.

Als 1436 der Schlußring auf die Wölbung des Doms gesetzt wurde, feierte man dies mit einem Weiheakt des Papstes und einem Festmahl hoch oben auf dem Kuppelrand, und selten wurde eine Bauweihe so aufwendig begangen. Von der Wohnung des Papstes bei Santa Maria Novella bis zum Dom wurde über der Straße ein 500 Meter langer Holzsteg gebaut, auf dem der Papst mit zahlreichen Würdenträgern auf kostbaren Teppichen und unter einem seidenen Baldachin in feierlicher Prozession zum Dom zog.

Die Kuppel galt vielen als Symbol für den Fortschritt und die Vollkommenheit, die die Baukunst in der Toskana erreicht hatte, und wer, so fragte bereits 1428 Brunelleschis Zeitgenosse Alberti, würde nicht Filippo loben, wenn er dieses gewaltige Bauwerk erblicke, «das sich über alle Himmelshöhen erhebt und riesig genug ist, um sämtliche Bewohner der Toskana mit seinem Schatten zu bedecken, und das ohne die Hilfe von Balken oder komplizierter Stützgerüste aus Holz erbaut wurde?»[7]

Die Ausführung der Laterne konnte Filippo nicht mehr selbst leiten, da er am 15. April 1446 starb. Vasari berichtet: «Sein Tod geschah seinem Vaterlande sehr weh, welches ihn nach seinem Sterben weit mehr ehrte, als es während seines Lebens getan hatte; und er wurde mit feierlichem und ehrenvollem Leichengepränge in Santa Maria del Fiore beigesetzt.»[8] Inmitten des Doms erhielt er eine Grabstelle zugewiesen, und auf die Grabplatte schrieb man: «Hier liegt der Körper eines Mannes von großem Erfindungsgeist, Filippo Brunelleschi aus Florenz».

Brunelleschi, der in seiner Vaterstadt so vielen Widerständen und Anfeindungen ausgesetzt war und sich so vielen Proben seines

Könnens unterziehen mußte, war wohl der erste Architekt, der sich zu Lebzeiten und nach seinem Tod internationaler Berühmtheit erfreute und aus der Anonymität der Baugeschichte als Mensch, Erfinder und Exzentriker heraustrat. Ihm wurden Bücher und Gedichte gewidmet, von ihm wurden Büsten und Porträts gemacht, ihm wurde eine Totenmaske abgenommen. Das «Genie», der Architekt mit «göttlichem Schöpfergeist», hat mit ihm die Bühne betreten.

Michelangelos
Strategie

Als Sankt Peter in Rom, religiöses Zentrum des westlichen Abendlandes, dem Ansturm der Pilger und dem repräsentativen Anspruch der päpstlichen Macht nicht mehr genügte, ordnete Papst Julius II. 1502 den kompletten Abriß der vorhandenen Basilika an. Für den Neubau, der an Ausdehnung und Pracht alle Kirchen des Erdkreises übertreffen sollte, holte er den Baumeister Donato Bramante. Das Geld für den Neubau stammte zum großen Teil aus dem Ablaßhandel, der immer intensiver betrieben und bald darauf zum unmittelbaren Anlaß für die Kirchenspaltung werden sollte. Am 18. April 1506 wurde der Grundstein gelegt, 1513 starb Julius und 1514 Bramante. Bramantes Nachfolger Raffael, Baldassare Peruzzi und Antonio da Sangallo führten die Arbeiten unter verschiedenen Päpsten weiter, und jeder änderte das Vorgefundene nach eigenem Gutdünken – bis Michelangelo kam.

Giorgio Vasari, Freund und erster Biograf Michelangelos, berichtet: «1546 starb Antonio von San Gallo, und da es nun an einem Meister fehlte, den Bau von St. Peter zu leiten, gab es viele Verhandlungen zwischen der Baucommission und dem Papste, wem das Amt übertragen werden solle. Endlich beschloß Se. Heiligkeit, wie ich glaube auf göttliche Eingebung, nach Michelagnolo zu schicken. Auf Befragen, ob er jenes Amt übernehmen wolle? lehnte Michelagnolo es ab, indem er, dieser Last zu entgehen, sagte, daß die Baukunst nicht eigentlich sein Fach sey. Und als hierauf Bitten nichts halfen, so befahl ihm der Papst zuletzt geradezu, das Amt anzunehmen. Demnach mußte er ganz wider seinen Wunsch und Willen auf dieß Unternehmen eingehen.»[1]

Geradezu aufdrängen mußte Papst Paul III. 1547, glaubt man Giorgio Vasari, dem einundsiebzigjährigen Michelangelo die Oberleitung über den Bau von Sankt Peter. Doch mehr als eine Bescheidenheitsfloskel war dessen Abwehr wohl nicht. Denn er war stolz darauf, Erster Architekt von Sankt Peter zu sein, und fühlte sich durchaus als einziger dazu befähigt. Auch sein bescheidener Hinweis, die Baukunst sei nicht eigentlich sein Fach, war eher eine rhetorische Wendung. Als die Sangallo-Anhänger sich ebendieses Arguments gegen ihn bedienten, legte er Wert darauf, künftig nicht mehr nur als Maler und Bildhauer, sondern auch als Architekt bezeichnet zu werden. Michelangelo betrachtete die Arbeit an Sankt Peter als die Krönung seines Lebenswerks und ging selbstbewußt ans Werk.

Vasari berichtet weiter: «Als er nun eines Tages nach S. Pietro kam, um das Holzmodell von San Gallo zu sehen und den Bau der Kirche zu prüfen, fand er dort die ganze Sangallische Sippschaft beisammen, die sich vordrängten und Michelagnolo, so fein sie's vermochten, sagten, wie erfreut sie wären, daß er die Leitung des Baues bekommen habe, und fügten hinzu: daß jenes Modell eine Wiese sey, darauf zu weiden er niemals unterlassen werde. ‹Ihr sprecht sehr wahr›, entgegnete Michelagnolo, indem er ... dadurch andeuten wollte, sie seyen die Schafe und Ochsen, welche nichts von der Kunst verstehen. Oeffentlich pflegte er dann zu sagen, San Gallo habe dem Bau nicht genug Licht gegeben und außen zu viele Säulenreihen übereinander gehäuft; durch die vielen pyramidenartigen Vorsprünge und gekünstelten Glieder schließe er sich mehr der deutschen als der guten antiken oder der schönen und anmuthigen und neuern Weise an; auch könne man bei der Ausführung des Baues fünfzig Jahre Zeit und über dreihunderttausend Scudi Kosten sparen, ihn mit mehr Majestät, Größe und Leichtigkeit, nach besserer Zeichnung und Regel, schöner und bequemer aufführen.»[2]

Dies war eine doppelte Kampfansage Michelangelos an die Sangallo-Anhänger. Zum einen verurteilte er die Planung Sangallos.

Durch den äußeren Kranz von Kapellen nehme er dem Kirchenraum alles Licht und mache ihn so dunkel, daß sich dort Verbrecher verstecken und Nonnen vergewaltigt werden könnten. Durch den geplanten Wandelgang mit seiner Kette kleiner Kapellen und der vorspringenden Vorhalle würde er den Abbruch der Capella Paolina und vielleicht sogar der von ihm selbst ausgemalten Sixtina verursachen. Zum anderen unterstellte er in ziemlich derber Weise Sangallos Anhängern, nichts von der Kunst zu verstehen und nur auf den eigenen Vorteil bedacht zu sein. Am Sangallischen Entwurf hingen Einkommen und Ansehen aller Beteiligten, und der Entwurf sei absichtlich so überdimensioniert, daß mit einer Fertigstellung in absehbarer Zeit nicht zu rechnen und die Pfründe auf viele Jahrzehnte gesichert seien.

Michelangelo wollte mit niemandem weiter zu tun haben, der unter Sangallo gearbeitet hatte, und kaum war er zum Oberbauleiter ernannt worden, entließ er Antonio Labacco, der Sangallos Holzmodell gebaut hatte, und Nanni di Baccio Bigio, den ersten Architekten nach Sangallo. Doch die Sangallo-Anhänger und die ihr wohlgesinnte Baukommission wehrten sich und versuchten, wenigstens Nanni zu halten. Die Fehde wurde von beiden Seiten erbittert und mit deutlichen Worten ausgetragen. Die Sangallo-Anhänger warfen Michelangelo vor, er wolle aus St. Peter ein «San Pietrino» machen und würde durch den in ihren Augen unnötigen Abriß des Umgangs der Südapsis Geld, das für den Weiterbau gedacht sei, verschleudern. Er würde nichts von Architektur verstehen und nur «verrückte Dinge und Kinderkram fabrizieren». Michelangelo wiederum bezeichnete Nanni als *tristarello*, als Gauner. Trotz Intervention des Papstes ließ sich die Baukommission nicht bewegen, Nanni zu entlassen, er wurde lediglich außer Sichtweite Michelangelos eingesetzt.

Nanni, der selbst Erster Architekt von Sankt Peter hatte werden wollen, erreichte sein Ziel zwar nicht, auch nicht nach dem Tod Michelangelos, aber er machte ihm das Leben und Arbeiten schwer. Bald schon nach Michelangelos Ernennung verfielen die

Sangallo-Anhänger auf das Argument, er sei zu alt und den Anforderungen des Baus nicht mehr gewachsen. Außerdem stehe zu befürchten, daß er bald sterben und Sankt Peter in größter Unordnung zurücklassen könnte. Doch Michelangelo lebte noch siebzehn Jahre, und es gelang ihm, sein Konzept durchzusetzen, und zwar über seinen Tod hinaus.

Denn der Papst gab, um diesen Querelen ein für allemal ein Ende zu setzen, eine Erklärung ab, ein *motuproprio*, in der er Michelangelo zum Obersten Bauleiter ernannte, ausgestattet mit der Vollmacht, nach Belieben zu schaffen und einzureißen, hinzuzufügen und fortzunehmen. Er erklärte, die ganze Baubehörde solle allein von Michelangelos Willen abhängig sein und genehmigte sein Modell, nach welchem die Peterskirche im Umfang kleiner, in der Wirkung aber größer werde.

Um sich des päpstlichen Vertrauens würdig zu erweisen, bestand Michelangelo auf der Erklärung, daß er dem Bau nach Gottes Willen diene ohne irgendeinen Lohn. Dies war ein geschickter Schachzug, um sich selbst dem Vorwurf der Vorteilsnahme, den er den Sangallo-Anhängern gegenüber erhoben hatte, zu entziehen, und der Beginn einer frommen Legende. Denn Michelangelo erhielt aus anderen Quellen ein doppelt so hohes Honorar wie früher Sangallo. 1535 hatte er vom Papst gleichzeitig mit seiner Ernennung zum Obersten Bauleiter, Bildhauer und Maler des Vatikans auf Lebenszeit die Einnahmen aus der Po-Fähre bei Piacenza übertragen bekommen, zusammen mit einer Schenkung aus der Camera Apostolica als Lebensrente.

Eine solche Vollmacht, wie sie Michelangelo von Paul III. ausgestellt worden ist, hat vor und nach ihm kein Architekt mehr von seinem Auftraggeber erhalten. Alles abreißen und hinzufügen zu dürfen, ohne die Genehmigung irgendeines Kommissionsmitglieds einholen zu müssen – selbst der Papst unterwarf sich seinem Diktat –, war ein enormes Privileg. Es ist schwer zu entscheiden, was Paul III. mehr dazu bewogen haben mag, eine solche Vollmacht auszustellen: das Genie Michelangelos, die Machenschaften der Sangallo-Anhänger oder einfach der Wunsch, mit dem Bau von Sankt Peter irgendwann zu Ende zu kommen.

Ende 1550 baten die Sangallo-Anhänger den Papst, alle Bauleute und Mitglieder der Baukommission zu einer Krisensitzung zusammenzurufen, da durch Michelangelo der Bau verdorben worden sei und nicht genug Licht bekomme. Als Michelangelo, zur Rede gestellt, entgegnete, daß noch weitere Fenster geplant seien, beklagte sich die Baukommission darüber, nicht ausreichend unterrichtet zu werden. Worauf Michelangelo erklärte, die Baukommission habe kein Recht zu wissen, was er vorhabe. Ihr Amt sei es, Geld kommen zu lassen und dafür zu sorgen, daß es vor Dieben geschützt werde, die Entwürfe sollten sie seine Sorge sein lassen.

1556 versuchte Pirro Ligorio, ein beim Bau von Sankt Peter beschäftigter Baumeister aus Neapel, Michelangelo aus der Oberaufsicht über den Bau zu verdrängen, indem er behauptete, Michelangelo, der bereits 81 Jahre alt war, sei kindisch geworden. Zuerst dachte Michelangelo daran, Rom nun endgültig zu verlassen und in seine Heimatstadt Florenz zurückzukehren, doch, so schrieb er an seinen Freund Vasari, «wollte ich aber von hier fort, so würde ich dem Baue von St. Peter großes Verderben bereiten, eine große Schande und sehr großen Nachtheil veranlassen».[3] Er beschloß auszuharren und erreichte, daß der Papst sich für ihn aussprach und Ligorio jede Einmischung in den Bau verbot.

Als es Mitte 1557 zu einem Bauschaden kam, da mangels genügender Aufsicht Michelangelos die Werkleute die Wölbung über der Königskapelle nicht wie vorgeschrieben ausführten, versuchte die Baukommission, Michelangelo einen starken Stellvertreter aufzuzwingen, und zwar Nanni di Baccio Bigio. Michelangelo ging zum Papst und drohte erneut, sich sofort nach Florenz zu begeben, da man ihm offensichtlich die Oberleitung nicht mehr zutraue. Der Papst besänftigte ihn und veranlaßte mit wenig höflichen Worten die Baukommission, Nanni sofort zu entlassen.

Michelangelo, der seinen Entwurf auch über seinen Tod hinaus absichern wollte, verließ sich nicht allein auf die päpstliche Vollmacht. Er ließ gleichzeitig an wichtigen Stellen mit dem Bauen beginnen, ohne einzelne Bauteile zu Ende zu führen: im Vierungsbereich, in den Nebenkapellen, in den Ecken der Kreuzarme und im Kuppelbereich. Er wollte bauliche Fakten schaffen, die seine Nachfolger unter den Zwang stellten, entweder in großem Umfang abzureißen oder in seinem Sinne weiterzubauen. In einem Brief, den er am 22. Juni 1555 an Giorgio Vasari nach Florenz schrieb, tritt seine Absicht klar zutage. Er betont, wie wichtig es sei, daß er den Bau von Sankt Peter fortsetze, «bis er so weit gediehen ist, daß er nicht mehr geändert werden kann, indem man ihm eine andere Gestalt gibt; denn wenn ich vorher wegginge, so wäre dies die Ursache eines großen Schadens, einer großen Schande und einer großen Sünde».[4]

Nach Michelangelos Tod 1564 verfügten die Päpste, daß nichts verändert werden dürfe, was von ihm angeordnet und geplant worden sei. Vasari berichtet: «Pius IV., der noch nach ihm lebte, befahl den Vorstehern: Es solle nichts an dem geändert werden, was Michelagnolo bestimmt habe, und mit noch größerer Strenge hielt sich sein Nachfolger Pius V. daran, indem er, Unordnungen zu verhüten, befahl, daß man sich bei der Ausführung mit unverbrüchlicher Treue an die Zeichnungen Michelagnolos halten solle.»[5] Zur Überwachung der Arbeiten wurde Vasari vom Papst nach Rom gerufen. Vasari suchte alle für den Bau wichtigen Leute auf und ließ sie versprechen, beim Weiterbau jede von Michelangelo zurückgelassene Zeichnung und schriftliche Anordnung zu beachten.

Alle Nachfolger Michelangelos hielten sich bis zur Einweihung der Kirche im Jahr 1626 an diese Verordnung. Nur bei der Kuppel ging man lange davon aus, daß sie nicht nach Michelangelos Entwurf gebaut worden sei. Seine Autorschaft an der unbeschreiblichen Kuppellinie – der nach Jakob Burckhardt schönsten und erhabensten Umrißlinie, die die Baukunst auf Erden erreicht hat – wurde immer wieder angezweifelt. Doch 1968 wurde von Hermann Alker in seinem Buch *Michelangelo und seine Kuppel von St. Peter* der Nachweis geführt, daß Michelangelo sein Kuppelmodell noch eigenhändig in die später ausgeführte Form abgeändert habe, so daß auch sie letztlich nach den Absichten und hinterlassenen Anweisungen des Meisters ausgeführt worden sei.

Michelangelo, der seine Nachfolger zu bloßen Ausführenden, zu Testamentsvollstreckern degradierte, indem er sie auf seine Planung und seinen vorgegebenen Stil fixierte, erlangte selbst einen absoluten, unantastbaren Status als Künstler – zu Recht, wie Vasari meint, denn seine Persönlichkeit und sein künstlerisches Genie seien überragend gewesen. «Die Kunst Michelagnolos fand während seines Lebens und nicht, wie bei vielen zu geschehen pflegt, erst nach seinem Tode Anerkennung, denn wir haben gesehn, daß die hohen Päpste ... ihn immer in ihrer Nähe haben wollten, und wissen dasselbe von Soliman, dem türkischen Sultan, Franz Valois, dem König von Frankreich, Kaiser Karl V., der Signoria von Venedig und Herzog Cosimo von Medici, welche alle sich erboten, ihm ehrenvolles Gehalt zu zahlen aus keiner andern Ursache, als um Anteil zu haben am Glanze seiner Kunst. Dies geschieht nur Menschen von hohem Wert gleich ihm; man hatte erkannt und gesehn, daß die drei Künste in ihm zu einer Vollkommenheit gediehen seyen, wie sie weder bei alten noch bei neuern Meistern gefunden wird, und in so vielen und vielen Jahren, als die Sonne kreist, keinem außer ihm von Gott verliehen war.»[6]

Der Ruhm
des
Sonnenkönigs

Nach Voltaire hat die Menschheitsentwicklung vier Höhepunkte erlebt: unter Perikles und Alexander, unter Caesar und Augustus, unter den Medici in Florenz und unter Ludwig XIV. in Frankreich, und Ludwigs Zeitgenosse Saint-Simon vergleicht seine Zeit mit der Augusteischen Epoche. Urteile, die verwundern, bedenkt man, daß im damaligen Frankreich nicht gerade idyllische Zustände herrschten. Unzählige Kriege verwüsteten blühende Landstriche, drückende Steuerabgaben bluteten das Land aus, so daß das Volk den Tod Ludwigs 1715 schließlich als Befreiung empfand und feierte. Wenn es sich dennoch um einen Höhepunkt der Menschheitsgeschichte gehandelt hat, muß er mit dem zu tun haben, was Ludwig vor allem erstrebte, dem Ruhm.

Der Ruhm des Königs war das verbindliche Ziel, dem alles und jeder zu dienen hatte. «Tun Sie alles, was meinem Ruhm dienen kann», schrieb Ludwig an Colbert, seit 1665 Generalkontrolleur der Finanzen und seit 1664 Oberintendant der königlichen Gebäude. Colbert kannte dieses Ziel und auch den Weg, es zu erreichen, wie sein Brief an Ludwig vom 28. September 1663 zeigt: «Ihre Majestät weiß, daß außer den glänzenden Kriegsaktionen nichts so sehr die Größe und den Geist der Fürsten kennzeichnet wie die Gebäude und die Nachwelt sie mißt an der Größe dieser herrlichen Gebäude, die sie während ihres Lebens errichtet haben.»[1] Während die vielen Kriege Ludwigs Bild in der Geschichte eher verdunkelten, sicherten ihm die vielen Bauten – allen voran Versailles – bleibenden Ruhm.

Pierre Patel, Das Schloß von Versailles, 1668

Bereits 1661 begann Luwdig mit der Um- und Ausgestaltung des vorhandenen, von seinem Vater errichteten dreiflügligen Jagdschlosses. Die Seitenflügel wurden ummantelt, zwei Hofflügel hinzugefügt und eine neue Gartenfront geschaffen. Ludwig schuf mit Versailles im Verlauf vieler Jahre ein Gesamtkunstwerk. Gebäude, Ausstattung, Wasserspiele, Fontänen, Seen, Kanäle und Parks wurden Teil einer monumentalen Dekoration, die der Wirklichkeit des Hoflebens einen glänzenden und festlichen Charakter verliehen. Ludwig liebte Pracht, Glanz, verschwenderische Fülle und üppigen Aufwand und erhob diese seine persönliche Neigung zum Grundsatz, dem er den ganzen Hof unterwarf. Diese *grande manière*, die Vorbild für ganz Europa wurde, bot den Rahmen für die Selbstinszenierung des absoluten Herrschers und die Domestizierung des Adels, den Ludwig durch die persönliche Vergabe von Gunstbeweisen dauerhaft an den Hof zwang.

In Versailles befand sich nicht die Kapelle im Zentrum der Anlage, sondern das Schlafzimmer Ludwigs, das genau in der Achse des Grand Canal und der Avenue de Paris lag. Eine Anordnung, die seiner hohen Selbsteinschätzung entsprach: «Da wir Gottes Stellvertreter auf Erden sind, versteht es sich, daß wir seine Weisheit und Macht verkörpern.»[2] In diesem Zentrum der Macht fanden die täglichen *levers* und *couchers* des Königs statt. Die Teilnahme der Höflinge war erwünscht, doch der Zugang streng geregelt. Wer, wann und wozu eintreten durfte, hing allein von Vertrauen und Gunst des Königs ab.

Saint-Simon berichtet: «Der König forderte die ständige Gegenwart nicht nur des gesamten hohen, sondern auch des niederen Adels bei seinem Lever, bei seinem Coucher, bei seinen Mahlzeiten, wenn er durch die Appartements ging oder bei den Spaziergängen in den Gärten von Versailles, auf denen ihn nur einige wenige Höflinge begleiten durften. Es wurde den Vornehmen übel vermerkt, wenn sie den Hof nicht zu ihrem ständigen Aufenthaltsort machten, den anderen, wenn sie nur selten erschienen, und jene, die sich nie oder fast niemals blicken ließen, konnten der vollkommenen Ungnade gewiß sein.»[3]

Die Höflinge wurden unterschieden in die *logés*, die im Schloß wohnten, und die *galopins*, die nach Paris zurückfuhren. Die *galopins* konnten sich glücklich schätzen, denn es war hart, in Versailles wohnen zu müssen. Überall herrschte qualvolle Enge, und selbst hochangesehenen Aristokraten standen nur zwei Räume zur Verfügung. Auf den Gängen stank es nach Urin, und im Winter herrschte Eiseskälte.

Alles war zeremoniell geregelt. Selbst für den Garten, axial auf das Schloß ausgerichtet, mit seinen langen Alleen, Bosketten, Hecken, 75 000 gestutzten Bäumen, 1400 Fontänen, Seen und Kanälen, gab es eine *Manière de montrer les jardins de Versailles*, einen von Ludwig in den neunziger Jahren eigenhändig verfaßten Führer, der den Weg durch die Gärten festlegte.

«1. Wenn man das Schloß durch den Vorsaal des Marmorhofes verläßt, kommt man auf die Terrasse; man muß oben auf den Stufen stehenbleiben, um die Lage der Blumenbeete zu betrachten, die Teiche und die Springbrunnen in den Lauben. 2. Man muß sofort nach rechts auf die Höhe der Latona gehen und eine Pause machen, um die Latona zu betrachten, die Eidechsen, die Aufgänge, die Statuen, die königliche Allee, den Apollo, den Kanal, und dann sich zurückwenden, um das Blumenbeet und das Schloß anzuschauen.»[4] Und so weiter. Ein improvisiertes Schlendern war nicht erwünscht, jeder Schritt war wie bei einer Prozession vorgeschrieben. Das hatte System. Dem politischen Imperialismus des Staates entsprach ein geistiger Herrschaftsanspruch, der alle Bereiche des Lebens, auch den der Kunst, zu erfassen suchte. Gesetz und Regel galten mehr als das Individuelle, und Kunst war für Ludwig nur ein Mittel zu dem einen Zweck, seine königliche Macht darzustellen und seinen Ruhm zu fördern. Ludwig hat das in einer Ansprache an die Mitglieder der Akademie der Künste auf den Punkt gebracht: «Ich anvertraue Ihnen das Kostbarste auf Erden, meinen Ruhm.»[5] Saint-Simon definierte die Motive Ludwigs kurz und bündig: «Er liebte den Ruhm, er strebte nach Ordnung und Gesetz.»[6]

Neben Versailles ließ Ludwig noch viele andere Schlösser errichten: das Trianon de Porcelaine, das Château de Clagny, das Château de Marly und das Grand Trianon. Zwischen 1661 und 1683 beliefen sich die Ausgaben für den Hof und die königlichen Schlösser auf eine Summe von 12–14 % der gesamten Staatsausgaben. Besonders Versailles, das zeitweise Raum für 3000 Adlige als Dauergäste zu bieten hatte – der gesamte Hofstaat umfaßte an die 15 000 Personen –, verschlang Riesensummen. Zeitweise waren, auch nach dem Umzug des Hofs nach Versailles im Jahr 1682, 22 000 Soldaten und Arbeiter und 6000 Pferde im Einsatz. Neben den Gebäuden waren künstliche Hügel aufzuwerfen, 15 000 Hektar Sumpfland trockenzulegen, Seen und Kanäle auszuheben. Colbert hatte zunehmend Schwierigkeiten, alles zu finanzieren. Die Ausgaben für das Heer, die Kosten für die Verwaltung, den Hof und die königlichen Bauten zerrütteten die Staatsfinanzen. 1670 überstiegen die Ausgaben die Einnahmen um 5 Millionen Livres, 1676 bereits um 24 Millionen. Es blieb Colbert nur der immer wieder neue Versuch, die Einnahmen durch Steuererhöhungen und Anleihen drastisch und außergewöhnlich zu erhöhen.

Colbert gehörte zwar zu den wenigen, die sich trauten, dem König gelegentlich unangenehme Sachverhalte darzulegen, doch mit seiner Forderung nach einer Reduzierung der Ausgaben, besonders der Baukosten, hatte er bei Ludwig keinen Erfolg. Dieser zeigte zwar durchaus Verständnis für die prekäre finanzielle Situation, erwartete aber, daß Colbert immer einen Ausweg finden würde. So schrieb er an Colbert: «Die Ausgaben jagen mir Furcht ein, aber ich hoffe, mit Ihrer Geschicklichkeit und Ihrem Eifer werden Sie schon das Nötige zustande bringen.»[7] Colbert oblag nicht nur die Finanzierung der gesamten, ständig wachsenden Staatsausgaben, er hatte sich auch als Oberintendant der königlichen Bauten mit allen königlichen Baumaßnahmen zu befassen, zunächst mit dem Louvre, später vor allem mit Versailles. Dabei kam es immer wieder zu Auseinandersetzungen mit Ludwig, da Colbert aufwendige und kostspielige Anlagen und Ausstattungen zu vermeiden suchte und Ludwig immer weniger damit einverstanden war und ihn zu immer größerer Eile antrieb. «An den neuen Gebäuden muß mit äußerster Beschleunigung gebaut werden, damit sie pünktlich fertig sind.»[7]

Der neben Colbert wichtigste Mitarbeiter Ludwigs war der für das Kriegswesen zuständige Staatsminister Louvois. Nach anfänglicher Freundschaft wurden Colbert und Louvois immer mehr zu Rivalen um die Gunst des Königs und die damit verbundene Macht im Staat. Ludwig förderte ihre Rivalität – es war dies eine seiner Regierungsmaximen –, um ihren Einfluß zu schwächen und seinen eigenen zu stärken. Von Louvois erzählt uns Saint-Simon, er habe Colbert zu Fall bringen wollen, indem er durch andauernde Kriege die Finanzen erschöpfte, so daß Colbert, der diese Kriege nicht verhindern konnte, immer häufiger zum Mittel der «außergewöhnlichen Einnahmen» habe greifen müssen, die ihn schließlich zum meistgehaßten Mann Frankreichs gemacht hätten. Doch erst als die Unzufriedenheit Ludwigs über den schleppenden Fortgang der Arbeiten am Schloß Versailles zunahm, gelang es Louvois, der diese Unzufriedenheit geschickt schürte, Colbert zu Fall zu bringen.

Als Gunstbeweis hatte Ludwig Colberts Sohn 1672 die Anwartschaft auf das Amt des Oberintendanten der königlichen Gebäude verliehen, und Colbert hatte diesem Sohn mit sechzehn Jahren die Oberaufsicht über die Arbeiten am Schloß Versailles übertragen. Doch der Sohn war überfordert, und Ludwig, dem am schnellen Fortgang der Bauarbeiten gelegen war, beschwerte sich beim Vater. Dieser gab die Beschwerde ungemildert weiter. «Der König hat das unverständliche Geschwätz im mir von Dir zugesandten Entwurf für die Gestaltung des Waldes von Verrières bewundert. Seine Majestät hat gesagt, daß dieser Schmutz sehr wohl das Produkt eines Schülers und kaum eines Oberintendanten der königlichen Gebäude sei, der über Geist verfügt und bestrebt ist, ihm nur gut durchdachte und angemessene Pläne vorzulegen.»[8] So kam es, daß nach Colberts Tod 1683 – er soll, so sagen die Zeitgenossen, aus Verbitterung darüber gestorben sein, daß er beim König in Ungnade gefallen sei – nicht Colberts Sohn, sondern Louvois selbst das einflußreiche Amt bekam.

Von Louvois erzählt uns Saint-Simon in seinen Erinnerungen eine interessante Geschichte. Ludwig, der keine Mätresse mehr unterhielt und sich folglich noch stärker dem Bauen zuwandte, hatte das Trianon de Porcelaine abreißen und neu aufbauen lassen. Bei einer Begehung der Baustelle habe Ludwig, der einen sicheren Blick für Maßstäbe und Symmetrien hatte, bemerkt, daß eines der Fenster etwas schmaler gewesen sei als die anderen. Er habe Louvois auf das Fenster aufmerksam gemacht, damit er Abhilfe schaffe.

Saint-Simon berichtet weiter: «Louvois, der ein aufbrausendes Temperament hatte und der so verwöhnt war, daß er es nur schwer ertrug, von seinem Herrn getadelt zu werden, widersprach heftig und behauptete, das Fenster habe die richtigen Maße. Der König wandte ihm den Rücken und besichtigte einen anderen Teil des Gebäudes. Anderntags begegnete er Le Nôtre, der nicht nur die Gartenanlagen in Frankreich eingeführt und zur höchsten Vollendung gebracht hatte, sondern überdies auch ein guter Architekt war. Der König fragt ihn, ob er Trianon gesehen habe. Le Nôtre verneinte es. Der König erzählte ihm also von dem störenden Fehler, den er dort bemerkt habe, und forderte ihn auf, sich die Sache anzusehen. Am folgenden Tag fragte er Le Nôtre abermals und erhielt die gleiche ausweichende Antwort; am nächsten Tag dasselbe Spiel. Der König begriff sehr wohl, daß Le Nôtre sich der Peinlichkeit entziehen wollte, entweder ihm, dem König, unrecht zu geben oder Louvois tadeln zu müssen. Er wurde zornig und befahl Le Nôtre, sich anderntags nach Trianon zu begeben, wo er selbst und Louvois sich ebenfalls einfinden würden. Nun gab es also kein Ausweichen mehr. Am nächsten Morgen traf der König beide Männer in Trianon. Er kam sofort auf das Fenster zu sprechen; Louvois verteidigte sich; Le Nôtre sagte kein Wort. Schließlich befahl der König Le Nôtre, das Fenster mit einem Zollstock auszumessen. Während Le Nôtre damit beschäftigt war, brach Louvois, den dieses Vorgehen zu äußerster Wut reizte, in heftiges Zetern aus und behauptete steif und fest, dieses Fenster unterscheide sich in nichts von den übrigen. Der König schwieg und wartete, aber es war ihm offensichtlich unbehaglich zumute. Als alles ausgemessen und nachgeprüft war, fragte er Le Nôtre, zu welchem Ergebnis er gekommen sei, aber Le Nôtre stammelte nur ein paar unverständliche Worte. Der König wurde zornig und befahl ihm, sich klar und deutlich auszudrücken. Worauf Le Nôtre zugab, daß er tatsächlich einen Fehler gefunden und daß der König recht habe. Kaum daß er schwieg, wandte sich der König zu Louvois und warf ihm vor, wie unangebracht seine Starrköpfigkeit sei, denn wenn er selbst nicht ebenso starrköpfig geblieben wäre, hätte man krumm und schief weitergebaut und am Ende das fertige Gebäude wieder einreißen müssen; kurz, er wusch Louvois gehörig den Kopf.»[9]

Louvois war wütend und verzweifelt. Es schien ihm, als wolle der König alles vergessen, was er für ihn geleistet hatte, alle Eroberungen, die er ihm verdankte. «Mir bleibt nur ein rettender Ausweg, ein Krieg, um ihn von seiner Bauwut abzulenken und mich unentbehrlich zu machen.»[10] So soll er einige Monate später den Pfälzischen Erbfolgekrieg begonnen und 1688/89 die brutale Zerstörung der Pfalz veranlaßt haben. Doch Louvois überlebte seinen Kontrahenten Colbert nur um wenige Jahre, er starb 1691. Madame de Sévigné beschrieb ihn in ihren berühmt gewordenen Briefen als einen mächtigen Mann, dessen Ich «so umfassend und der Mittelpunkt so zahlloser Dinge war. Wie viel Angelegenheiten, wie viele Vorhaben, Pläne, Geheimnisse, Interessen hatte er zu entwirren, wie viele Kriege, wie manche Intrigen zu führen, Schachzüge auszudenken.»[11]

Ludwig hatte den Tod Colberts, wenn auch nur höflich, immerhin bedauert. Er schrieb in einem Kondolenzbrief an die Witwe: «Wenn Sie einen Ehemann verloren haben, der Ihnen teuer war, dann trauere ich um einen Minister, mit dem ich voll und ganz zufrieden war.» Den Tod Louvois' trug er, glauben wir Saint-Simon, mit leichtem Behagen und ohne ihn eines Wortes zu würdigen. Als der König von England einen Offizier schickte, um seine Anteilnahme an dem erlittenen Verlust zu überbringen, habe der König zum Staunen aller lässig erwidert: «Übermitteln Sie dem König und der Königin von England meine Grüße und meinen Dank und sagen Sie ihnen, daß es fortan weder um ihre noch um meine Angelegenheiten schlechter bestellt sei.»[12]

Dritter Oberintendant der königlichen Bauten wurde Jules Hardouin-Mansart, Neffe und Schüler des François Mansart. Er gab Versailles seine heutige Gestalt und schuf die Spiegelgalerie, den Nord- und den Südflügel. Mansart verschaffte sich Ruf und Ansehen und machte sich dem König bald unentbehrlich. Seine Geschicklichkeit bestand darin, so Saint-Simon, «den König wegen offensichtlicher Nichtigkeiten in anspruchsvolle und langwierige Unternehmungen zu verwickeln; er pflegte ihm Pläne für seine

Gärten vorzulegen, die noch nicht ganz ausgeführt waren und nur eines letzten Hinweises bedurften, alsbald rief Mansart bewundernd aus, daß er das, was der König vorschlug, niemals von sich aus gefunden hätte, denn verglichen mit dem König sei er nur ein Schüler, und auf diese Weise brachte er ihn dahin, wo er ihn haben wollte, ohne daß der Monarch es jemals bemerkte ... Seine Baupläne und Projekte hatten ihm freien Zutritt zu den königlichen Gemächern verschafft, und am Ende konnte er jederzeit kommen, sogar ohne Pläne.»

Alle waren von der königlichen Gunst, die Mansart genoß, beeindruckt und hofierten ihn. Viele, die ein Gebäude errichten oder Gärten anlegen wollten, verschrieben sich Mansart, so Saint-Simon, um ihre Pläne zu fördern. «An den Entwürfen, an den Verkäufen sowie an sämtlichen Inneneinrichtungen verdiente er beträchtliche Summen, da er als unumschränkter Bauherr waltete, und zwar mit solcher Autorität, daß niemand, kein Arbeiter, kein Unternehmer, keiner in der Gebäudeverwaltung, es gewagt hätte, den geringsten Einwand zu erheben.»[13]

Doch eines Tages fiel auch Mansart in Ungnade. Als er vom Generalkontrolleur immer neue Vorschüsse für den Weiterbau der Gebäude forderte und dieser sie ihm verweigerte, da er die zuletzt erhaltenen Summen noch nicht abgerechnet hatte, beschwerte er sich beim König. Doch der König wies Mansart hart zurecht. Dieses erste, aber unmißverständliche Anzeichen seines nahen Sturzes quälte und ängstigte Mansart, und nach wenigen Tagen erlag er einer Kolik, die vierundzwanzig Stunden anhielt. Sein Körper schwoll nach seinem Tod an und wies, als man ihn öffnete, Flecken auf. Dies gab zu Gerüchten Anlaß, sein Tod sei nicht auf natürlichem Weg erfolgt. Immerhin war sein Posten begehrt und wurde – man pflegte Ämter zu kaufen – mit drei Millionen Livres gehandelt. Auch sein Tod ließ Ludwig ungerührt. Als hätten ihn seine lange während Gunst und die treue Anhänglichkeit seines Favoriten erschöpft, zeigte er sich über dessen Tod offensichtlich erleichtert.

Saint-Simon, einer der hartnäckigsten Kritiker Ludwigs, betont in seinen Memoiren mehrfach, daß der König nur von unterdurchschnittlicher geistiger Begabung gewesen sei und wenig Geschmack besessen habe. So habe er trotz ungeheurer Verschwendung niemals etwas wirklich Schönes zustande gebracht und auch über seine große Schöpfung Versailles fällt er ein hartes Urteil. Ohne festen Plan habe Ludwig Gebäude neben Gebäude gesetzt. «Schönes und Häßliches, Formen von Riesenausmaßen und ganz winzige Gebilde wahllos durcheinander, wie es sich gerade ergab. Die Gemächer des Königs und der Königin sind von größter Unbequemlichkeit, mit dem Blick auf Abtritte und sämtliche düsteren, eingepferchten, übelriechenden Rückgebäude. Die Gärten, die durch ihren prächtigen Anblick zunächst verblüffen, enttäuschen, sobald man sie betritt, und bezeugen gleichfalls wenig Geschmack … Die Vergewaltigung, die der Natur hier überall angetan wurde, wirkt abstoßend und erfüllt einen unwillkürlich mit Widerwillen … Auf der Hofseite erstickende Enge, die riesigen Flügel fliehen ins Leere und haben kein Gegengewicht; auf der Gartenseite beeindruckt zwar die Schönheit der Gesamtanlage, doch glaubt man vor einem ausgebrannten Palast zu stehen, an dem noch ein Stockwerk und der Dachstuhl fehlen … Man würde kein Ende finden, wollte man all die erschreckenden Mängel dieses so ungeheuer großen und ungeheuer teuren Palais benennen.»[14]

Doch Versailles, schön oder nicht, hat seinen Zweck erfüllt. Indem Ludwig es beharrlich und mit letzter Perfektion zum baulichen und höfischen Gesamtkunstwerk ausformte, hat es seinen Ruhm verbreitet und für die Nachwelt gesichert, getreu dem Ratschlag, den er dem Kronprinzen in seinen Memoiren gab und den er wohl selbst zeitlebens beherzigt hat: «Sie müssen wissen, daß der Ruhm eine Geliebte ist, die man niemals vernachlässigen darf, daß man ihrer ersten Gunst nicht würdig ist, wenn man sich nicht bestrebt, stets neue Gunstbezeigungen hinzuzuerobern.»[15] Die Faustische Regel, «Die Tat ist alles, nichts der Ruhm», war Ludwig fremd. Er hielt es wohl mehr mit Cicero, der glaubte, «von allen

Belohnungen der Tüchtigkeit sei der Ruhm die höchste; dieser allein sei es, der durch die Erinnerung der Nachwelt über die Kürze des Daseins hinwegtröste und der es zustande bringe, daß wir nach dem Tode weiterleben».

Der
«Bauwurm»
der Familie Schönborn

Die Schönborns waren eine erfolgreiche Familie. Sie besetzten vierzehn geistliche Fürstenthrone und bestimmten drei Generationen lang einen Großteil des kirchlichen und politischen Lebens in süddeutschen Landen. Die Ära Schönborn begann 1642 mit der Wahl des Johann Philipp zum Fürstbischof von Würzburg und endete mit dem Tod des Trierer Erzbischofs und Wormser Fürstbischofs Franz Georg 1756. Oberhaupt dieser Familie war Lothar Franz von Schönborn, Kurfürst-Erzbischof von Mainz, Erzkanzler des Reiches und Fürstbischof von Bamberg, eine energische Persönlichkeit mit hoheitsvollem Auftreten. Vier seiner sieben Neffen traten in seine Fußstapfen und herrschten in Würzburg, Bamberg, Speyer, Trier, Worms und Konstanz: Johann Philipp Franz, Friedrich Karl, Damian Hugo und Franz Georg. Die Schönborns zeichneten sich aus durch politisches Können, Gespür für die jeweiligen Machtverhältnisse, Durchsetzungsvermögen, Familiensinn und Fortune. Vor allem aber verbanden sie ihr Kunstsinn und die Leidenschaft zu bauen.

Sie waren, wie sie selbst diese Leidenschaft nannten, regelrecht vom *bauwurmb* befallen, einem Teufelsding: Wenn man einmal angefangen habe zu bauen, könne man nicht mehr aufhören. Bauen war für die Schönborns eine Art familiäres Gesellschaftsspiel, und Neffen und Onkel hielten untereinander in regem Briefwechsel ständigen Kontakt. Stets wußte der eine, was der andere gerade plante und baute. Entwürfe wurden ausgetauscht und gegenseitig

Franz Lippold, Drei Generationen des gräflichen Hauses Schönborn in Verehrung der Dreifaltigkeit, Hochaltarbild der Pfarrkirche in Gaibach, um 1745

begutachtet, Korrekturen und Gegenentwürfe erbeten. Man setzte sich zu Baukonferenzen zusammen und lieh sich seine Architekten, Maler und Kunsthandwerker aus. Aus diesem Zusammenspiel entstanden in den sogenannten Schönbornlanden großartige Bauwerke – die Residenz in Würzburg, die Reichskanzlei in Wien, das Schloß in Bruchsal, Schönbornslust in Trier und Schloß Weißenstein in Pommersfelden.

Lothar Franz (1655–1729), das Familienoberhaupt, war ein kunstsinniger und bausachverständiger «Dilettant», wie es sich in dieser Zeit für einen Herrn von Stand gehörte. Er besaß durch zahlreiche Reisen, theoretische und praktische Studien und den ständigen Austausch mit bedeutenden Architekten und Künstlern ein umfassendes Fachwissen. Er kannte die wichtigsten Architekturtheorien, griff gern selbst zu Zirkel und Reißbrett, konnte bis ins Detail künstlerische und technische Erläuterungen geben und besaß einen sicheren Blick für junge Talente. So zog er 1704 Maximilian Welsch und 1711 Johann Dientzenhofer an sich und erkannte auch schnell die Fähigkeiten Balthasar Neumanns, den sich sein Neffe Johann Philipp Franz als Architekt verpflichtet hatte. Lothar Franz umgab sich mit einem Kreis von Freunden und Hofkavalieren, deren Liebhaberei Bau und Planung von Schlössern und Gärten war. Er nannte sie seine Baudirigierungs-Götter und sie ihn als führenden Kopf in ihrem Kreise ihren Erzbaumeister.

Dies alles paßte Anfang des 18. Jahrhunderts ins Bild einer Zeit, in der man allgemein dem Grundsatz huldigte, Geld sei da, der Nachwelt schöne Monumente zu hinterlassen. Was die Schönborns jedoch vor anderen Fürsten auszeichnete, war, daß sie das Glück hatten, kongeniale Baumeister für sich zu finden, daß sie über ungewöhnlich viel Kunstsinn verfügten und leidenschaftlicher Teilnahme fähig waren. Zumindest die meisten Schönborns, denn 1720 kritisierte Lothar Franz in einem Brief an Friedrich Karl, seinen Lieblingsneffen, die unzureichenden Kenntnisse und Erfahrungen eines anderen Neffen, Johann Philipp Franz, Bischof von Würzburg. Er wünschte sich, daß dieser ein wenig mehr Ideen von der Baukunst hätte, den Maßstab besser verstünde und auf andere, die sich besser in der Sache auskennen würden, mehr hörte.[1]

Ausgerechnet dieser aus der Art geschlagene Neffe nahm 1720 einen großen Bau in Angriff, seine neue Residenz in Würzburg, und Lothar Franz erklärte ihn sicherheitshalber zur gemeinsamen Sache. Alle Schönborns beteiligten sich in der folgenden Zeit mit Projekten und eigenen Vorschlägen an der Planung und sparten nicht an gegenseitiger Kritik. Man hielt 1720 und 1731 in Würzburg und 1713, 1730 und 1734 in Wien große Baukonferenzen ab, zu denen die Architekten Neumann, Hildebrandt, Welsch und Dientzenhofer hinzugezogen wurden. Hunderte von Briefen gingen hin und her, und die Archive erlauben uns einen guten Einblick in die umfangreiche Korrespondenz der Beteiligten.

Nach anfänglich bescheidenen Planungen wuchsen, als durch die Rückführung veruntreuter Gelder die Mittel für den Schloßbau aufgestockt werden konnten, die Ideen ins Große und Maßlose. Der Grundriß wurde ohne eigentlichen Bedarf nahezu verdoppelt. Die anfänglich dreiflüglige Anlage mit einem Ehrenhof in der Mitte und je einem Innenhof auf beiden Seiten wurde um zwei weitere Innenhöfe vergrößert. Man wollte nicht vernünftig, man wollte bedeutend bauen, und Lothar Franz meinte, man müßte dem Beamten, der das Geld veruntreut habe, eigentlich ein Denkmal der Dankbarkeit vor dem neuen Schloß setzen lassen.

Am 6. Februar 1720 berichtete Lothar Franz seinem Neffen Friedrich Karl, daß er zusammen mit dem Architekten Maximilian von Welsch und dem Hofkavalier Philipp Christoph von Erthal an einem eigenen Entwurf arbeite, den er dem Bauherrn Johann Philipp Franz zukommen lassen wolle, der um verschiedene Vorschläge gebeten habe. Er sei sich allerdings noch nicht sicher, ob ihnen ein wirklich großer Wurf gelingen werde.

Am 11. Februar 1720 verwahrte sich der Bauherr Johann Philipp Franz in einem Brief an seinen Bruder Friedrich Karl gegen dessen gemeinsam mit Hildebrandt in Wien entwickelten Vorschlag, ein noch ganz gutes und neues Gebäude abzureißen, um mehr Platz für den Neubau zu haben. Es könne ja sein, meinte er, daß der Geldbeutel eines Prinz Eugen unerschöpflich sei, doch der eines Bischofs von Würzburg sei es nicht. Er bitte darum, einen solchen Vorschlag nicht unnötigerweise weiter zu verfolgen.

Folgende Teams arbeiteten gleichzeitig an Entwürfen für den Residenzbau: Lothar Franz in Mainz mit Welsch und von Erthal, Friedrich Karl in Wien mit Hildebrandt und der Bauherr selbst in Würzburg mit Neumann. Jedes Team versuchte in einer Art Konkurrenz, den besten Entwurf zu machen und ihn gegen die anderen durchzusetzen.

Am 19. Februar 1720 bat Lothar Franz seinen Bauherrn-Neffen, das von ihm und seinem Team mit unermüdlicher Aufmerksamkeit und großem Fleiß ausgearbeitete Baukonzept wohlwollend entgegenzunehmen. Er glaube, bei diesem Konzept, wie er in einem anderen Brief des gleichen Tages schrieb, nichts vergessen zu haben, was ein Residenzbau «sowohl an eußerlicher parade und ansehen, als auch an der guten cimetrie, innerlicher aus- und einteilung» auch immer erfordern möge. Und er glaube auch, daran zweifeln zu dürfen, daß die aus Wien, Italien oder Paris eintreffenden Konzepte das Thema und die Absichten des Bauherrn ebenso gut würden treffen können.

Bereits am 20. Februar fragte Lothar Franz beim Bauherrn nach, ob die beiden Deputierten, Welsch und von Erthal, die er mit seinem Konzept zu ihm geschickt habe, schon eingetroffen seien und ihm den Entwurf erläutert hätten. Es verlange ihn, seine Gedanken darüber zu hören.

Am 21. Februar wurde ihm von Erthal brieflich berichtet, es habe eine Konferenz bis elf Uhr nachts stattgefunden, und der Bauherr habe großen Dank geäußert, daß Lothar Franz so große Mühe und Sorge auf sich genommen und einen Entwurf mit dem ihm eigenen Genie angefertigt habe.

Am 24. Februar ermahnte Lothar Franz seine Deputierten, sie sollten sich ihrer ganzen Rhetorik bedienen, damit ihnen der erste Preis nicht aus den Händen genommen werde. Ganz gewiß glaube er, «daß weder zu Wien, Paris und Rom und sollte es auch in Constantinopel sein, was bessers wird aufgefunden werden».

Ebenfalls am 24. Februar schrieb der Bauherr an seinen Onkel Lothar Franz. Er müsse bekennen, daß die Baukonzepte, obwohl er schon in Anbetracht der großen baukünstlerischen Erfahrung des Onkels mit dem Besten gerechnet habe, «alles in sich begreifen, was die baukunst nur immer schönes magnifique und verwunderungswürdiges erfinden und am tag bringen kann». Nur einige wenige kleine Änderungen, die seiner speziellen Bequemlichkeit dienen sollten und sich nach Aussage der beiden Deputierten leicht in den Entwurf integrieren ließen, seien wünschenswert.

Ebenfalls am 24. Februar berichtete von Erthal an Lothar Franz. Die Baukonferenzen würden sehr lange, fast den ganzen Tag und auch sehr lang in die Nacht, dauern. Er und Welsch hätten am Anfang sehr viele Konzessionen machen müssen, doch nun gehe es besser, und man hoffe, das ursprüngliche Konzept gänzlich erhalten zu können.

Am 27. Februar beklagte sich Lothar Franz bei seinem Lieblingsneffen in Wien erneut, daß mit dem Bischof von Würzburg in Bausachen kein Staat zu machen sei, da er einerseits launisch und eigensinnig auf seinen eigenen Grundsätzen und Ideen beharre, andererseits aber gar nichts vom Bauen verstehe. So kämen bei ihm solche Absurditäten heraus, daß man Magenkrämpfe davon bekommen könne.

Nachdem dann auch die Pläne aus Wien eingetroffen waren, fiel es dem Bauherrn noch schwerer, sich für einen Plan zu entscheiden oder aus den vielen verschiedenen Entwürfen das Beste und Schönste zu wählen und zu einem einheitlichen Konzept zusammenzufügen. Und wieder beklagte sich Lothar Franz am 17. April bei seinem Lieblingsneffen. Mit dem Herrn Bischof sei seines Baues halber fast nicht auszukommen, da er gar zu kapriziös auf seinen übel fundierten Ideen beharre, von denen die meisten gegen alle Regeln der Architektur verstießen.

Sechs Wochen blieben Welsch und von Erthal in Würzburg und versuchten, die Grundgedanken der Mainzer Planung durchzusetzen. Es war wohl ein harter Kampf, und erst in Anwesenheit von Lothar Franz gelang es, gemeinsam zu einem vorläufigen Konzept zu kommen. So konnte am 22. Mai 1720 mit dem Bau begonnen werden. Aber noch immer konnte und wollte sich der Bauherr nicht auf eine endgültige Form festlegen. Immer wieder wurden Bauberatungen abgehalten, immer wieder eilte Neumann mit Vorschlägen nach Mainz und Welsch nach Würzburg. In dieser verfahrenen Situation beschloß der Bauherr auf Anraten seines Onkels,

Neumann nach Paris zu schicken, um den Rat der führenden königlichen Architekten de Cotte und Boffrand einzuholen, beides Schüler von Jules Hardouin-Mansart.

Im Februar 1723 reiste Neumann ab. In langen Briefen berichtete er seinem Fürstbischof ausführlich von der Reise, den Sehenswürdigkeiten und den Einkäufen, die er nebenbei noch für ihn zu erledigen hatte. Er legte den Pariser Kollegen, wie gewünscht, den vorläufig letzten Stand der Planung vor. De Cotte und Boffrand hatten, er befragte sie getrennt, gegen die Hauptfigur grundsätzlich nichts einzuwenden, machten jedoch im Detail verschiedene Verbesserungsvorschläge, die sie in je einen Satz der vorgelegten Grundrißpläne einzeichneten. Dabei stellten sie es dem Bischof ins Belieben, sich ihrer Vorschläge zu bedienen oder nicht. Dies betonte Neumann in seinen Briefen an den Fürstbischof nachdrücklich, da viele der Vorschläge nicht seine Zustimmung fanden. Die wichtigste Änderung allerdings griff er auf und verwirklichte sie in glänzender Weise. De Cotte hatte statt der doppelten Treppenanlage eine einzige große Treppe vorgeschlagen.

Man hatte große Hoffnungen in diese Reise gesetzt und sah sich nicht enttäuscht. Lothar Franz schrieb am 19. Mai 1723 an seinen Lieblingsneffen nach Wien. Neumann, erst vor wenigen Tagen von seiner Pariser Reise zurückgekehrt, sei vom Bauherrn zu ihm geschickt worden, um seine Meinung über die französischen Änderungen zu vernehmen. Er müsse bekennen, daß er viele gute Ideen darin gefunden habe und auch einige durchaus umsetzbare. Er habe sich also mit Neumann und seinem Team diesen Vormittag darangemacht, die Quintessenz daraus zu ziehen.

Dies scheint gelungen zu sein, denn am 28. August 1723 konnte Lothar Franz wiederum seinem Lieblingsneffen melden, der Herr Bischof habe ihm gestern seinen Architekten Neumann mit einem Wagen voller Pläne geschickt. «Es heißt wohl bei ihm, wer viel fragt, der gehet viel irr. Es wäre zu wünschen, dass er mannigmal mehr follgen thete. So viel mueß ich sagen, daß es das schönste haus nicht allein im gantz Theutschlandt, sondern auch weith und breidt wirdt.» Eine Einschätzung, die die Nachwelt teilt. Die Würzburger Residenz gilt vielen als der vollkommenste Schloßbau des deutschen Barock.

1724 geriet der Bau ins Stocken. Die ungehemmte Baulust und höfische Prachtentfaltung des Fürstbischofs hatten die Finanzen des Würzburger Bistums erschöpft. Der Versuch, durch eine Lotterie neue Geldquellen zu eröffnen, schlug fehl, keiner wollte die bischöflichen Lose zeichnen. Plötzlich und völlig unerwartet starb Johann Philipp Franz. Da er auf Grund seines strengen Regiments und seiner Verschwendungssucht nicht sehr beliebt war, vermutete man zuerst einen Giftanschlag. Doch scheint er – er war Tafelfreuden nicht abgeneigt – an einem Schlaganfall gestorben zu sein.

Nach seinem Tod machte sich in Würzburg eine antischönbornsche Stimmung breit. Man stellte die Bauarbeiten ein, entließ einen großen Teil des Hofstaats und versteigerte die von Johann Philipp Franz gesammelten Kunstgegenstände, Bücher und Waffen, ohne allerdings auch nur einen kleinen Teil seiner Schulden decken zu können. Als sich Friedrich Karl um die Nachfolge seines Bruders bewarb, blieb das Domkapitel fest bei seinem Beschluß, diesmal keinen Schönborn zu wählen. Erst 1729 gelang Friedrich Karl der Wahlerfolg, und er konnte die Arbeiten an der Residenz fortsetzen und den Bau 1744 vollenden.

Die Schönborns bauten, von der Bauleidenschaft erfaßt, über Notwendigkeit und Zweck hinaus Bauwerke in großer Dimension und kostbarer Ausstattung, die immense Kosten verursachten. Bei der Finanzierung ihrer Bauten waren sie nicht zimperlich. Bekannt für eine offene Hand, nahmen sie bereitwillig für gute Dienste und Posten Geschenke an. Doch nichts konnte ihren immensen Geldbedarf decken, und so machten sie Schulden. Wie Johann Philipp Franz hinterließ Lothar Franz nach seinem Tod nicht nur ein glänzendes bauliches Erbe, sondern auch eine gewaltige Schuldenlast, die seinen Neffen viel zu schaffen machte. Die einzige Ausnahme von der Schönbornschen Regel war Neffe Damian Hugo. Er war für sparsame Haushaltsführung und strenge Rechnungslegung bekannt und konnte nach seinem Tod 1743 als einer gerühmt werden, der sein Hochstift in Speyer als steinigen Acker übernommen, es aber vergoldet hinterlassen habe.

Friedrich der Große
– königlicher «Selbsterfinder
und Vorzeichner»

In Berlin und Potsdam «geschah alles unter Seiner unmittelbaren Anordnung, Aufsicht und Ausführung», schrieb 1790 Heinrich Ludwig Manger, Baubeamter und später Baudirektor bei den Königlichen Bauten in Potsdam, in seiner Potsdamer Baugeschichte über Friedrich den Großen. Friedrich (1712–1786) sei «Selbsterfinder und Vorzeichner der Außenseiten zu den erbauenden Schlössern, publiken, privat- und ökonomischen Gebäuden von einiger Wichtigkeit»[1] gewesen, habe intensiv Einfluß auf die Gestaltung der wichtigen Bauten in Berlin und Potsdam genommen und sich bis in alle Einzelheiten selbst um das Bauen gekümmert. Es gibt von ihm viele eigenhändige Skizzen und Eintragungen in die Pläne seiner Architekten sowie handschriftliche Aufstellungen, in denen minutiös Kosten und bereits geleistete Abschlagszahlungen der einzelnen Bauten aufgeführt sind.

Als königlicher Selbsterfinder und Vorzeichner ließ Friedrich Bauten, die in Architekturbüchern oder Zeichenmappen abgebildet waren – an allen Orten, an denen er sich häufiger aufhielt, lagen die wichtigen Architekturwerke der Zeit bereit –, nachzeichnen oder zeichnete sie selbst nach und ließ nach diesen Skizzen bauen. Manger berichtet: «Der König hatte in seinem Zimmer beständig die Werke eines Piranesi und Panini auf dem Tisch liegen, aus welchen er die Vorschriften zu den auszuführenden Gebäuden in Berlin und Potsdam gab.»[2] So verfügte Friedrich beispielsweise, daß der Bau von fünf Häusern an bevorzugten Plätzen in Potsdam als Kopien Palladianischer Häuser zu erfolgen hatte, und bestimmte, daß für das Haus Breite Straße 6/7 ein Kupferstich mit einer Ansicht des Palazzo della Gran Guardia in Verona der Ausführung zugrunde gelegt wurde.

Viele Potsdamer Bürgerhäuser ließ er als verkleinerte Kopien römischer Vorbilder bauen und bestimmte zudem, wem das Haus gehören sollte, welche Farbe der Putz zu erhalten und wie der plastische Dekor auszusehen hatte. Die Zeichnung des Königs für das Haus Breite Straße 3, 3 a und 4 – die Häuser waren für den Bäckermeister Brüning und den Brauer Dehne bestimmt – wurde 1750 ohne große Änderung umgesetzt. Da dem König lediglich die repräsentative Fassade wichtig war, ergaben sich im Inneren oft schlechte Wohnbedingungen. Grundrißlösungen interessierten ihn nur, wenn sie seinen persönlichen Lebensbereich betrafen, die Bürgerhäuser dagegen dienten lediglich der Akzentuierung von Platzwänden und Straßenecken in Berlin und Potsdam.

Friedrich hatte mit dem Kopieren fremder Vorlagen kein Problem, ihm war das Originalitätsstreben seiner Baumeister fremd. Für ihn besaß das Bauen eine ausschließlich dienende Funktion. Es hatte das Bedürfnis eines absolutistischen Monarchen und kultivierten Menschen zu befriedigen, der es sich leisten konnte, neben Gemälden und Möbeln auch Bauwerke zu sammeln und sich selbst künstlerisch zu betätigen. Er schuf sich mit diesen Werken eine ihm gemäße Umgebung, in der allein er leben und glücklich sein konnte. «Nach Potsdam, nach Potsdam! Das brauche ich um glücklich zu sein. Wenn Sie diese Stadt sehen», so Friedrich 1758 zu seinem Vorleser Henri Alexandre de Catt, «wird sie Ihnen sicherlich gefallen. Zu meines Vaters Zeiten war es ein elendes Nest; wenn er jetzt wiederkäme, würde er seine Stadt sicherlich nicht wiedererkennen, so habe ich sie verschönt. Ich habe die Pläne der schönsten Bauwerke Europas, insbesondere Italiens ausgewählt und lasse sie im Kleinen und meinen Mitteln entsprechend ausführen.»[3]

Das königliche Dilettieren in der Architektur galt seit Mitte des 17. Jahrhunderts, das Beispiel Ludwigs XIV. hatte Schule gemacht,

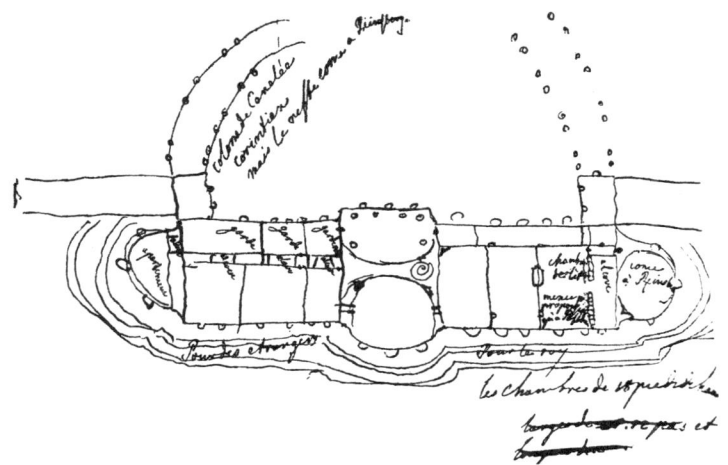

Eigenhändige Entwurfsskizze (Zeichnung II) Friedrichs II.
zum Grundriß des Schlosses Sanssouci

als standesgemäße Beschäftigung und Ausdruck der Souveränität eines Fürsten. Es war ein Dilettieren auf meist hohem Niveau: Man betrieb theoretische und praktische Studien, besuchte auf der obligatorischen Kavalierstour nach Italien berühmte Bauwerke oder nahm sich einen Architekturlehrer. Das Verhältnis Lehrer und Schüler führte, wenn es zu einem Verhältnis Architekt und Bauherr wurde, oft zu künstlerisch ergiebiger Zusammenarbeit. Doch war der Souverän zu eigenwillig oder der Architekt zu kompromißlos, war die Zusammenarbeit meist schnell beendet. Während August der Starke in Sachsen, ebenfalls ein leidenschaftlicher Skizzierer mit ausgebildetem künstlerischen Geschmack, selten Differenzen mit seinen Architekten hatte, da er sie in ihren Begabungen und Fähigkeiten erkannte und förderte, sah es im friderizianischen Preußen anders aus.

Als Friedrich 1740 König wurde, betraute er Georg Wenzeslaus von Knobelsdorff, seinen Freund, Lehrer und architektonischen

Berater aus glücklichen Jugendtagen, mit den wichtigsten Bauaufgaben in Preußen. Er ernannte Knobelsdorff zum *Surintendant aller Königlichen Schlösser, Häuser und Gärten wie auch Directeur en chef aller Bauten in denen sämtlichen Provinzen* und machte ihn 1748 sogar zum Minister. Bald jedoch hatte Knobelsdorff nur noch wenig Einfluß auf das eigentliche Baugeschehen. Friedrich unterstellte sich beispielsweise das Potsdamer Baukontor selbst und berief als Leiter den ihm ergebenen Kastellan Boumann, einen Zimmer-, Tischler- und Schiffsbaumeister aus Amsterdam, der den Bau des Holländischen Viertels in Potsdam geleitet und sich dabei die Gunst Friedrichs errungen hatte. Immer häufiger übertrug er nun dem willigen Boumann die Ausführung der Entwürfe von Knobelsdorff und die Umsetzung seiner eigenen Skizzen.

Neben bloßen Nachzeichnungen entwarf Friedrich auch selbst Gebäude, Gartenanlagen und Inneneinrichtungen und übergab diese freihand mit Feder, Bleistift oder Rötel gezeichneten Skizzen dann seinen Bauleuten. Friedrichs Zeichenkünste waren zwar ziemlich rudimentär, und seine Ideen mußten erst von seinen Baumeistern in eine künstlerische Form gebracht werden, doch er wußte, was er wollte. Nehmen wir als Beispiel Sanssouci. «So viel ist gewiß», schrieb Manger, «daß die erste Idee dazu der König dem Freyherrn von Knobelsdorff gegeben und daß es aller Einwendungen des Letztern ungeachtet, so wie es jetzt dasteht, hat gebauet werden müssen.»[4] Die erste Idee belegen zwei Zeichnungen Friedrichs, die die Terrassenanlage und den Grundriß des Schlosses zeigen, dessen Grundschema er aus dem 1737 erschienenen Werk Blondels *De la distribution des maisons de palaisance et de la décoration des édifices en general* übernommen hatte. Diese Skizze setzte Knobelsdorff künstlerisch um, und wieder ein anderer machte die Ausführungszeichnungen und leitete den Bau.

Knobelsdorff hielt den ihm vorgezogenen Boumann zu Recht für einen zweitrangigen Baumeister, und seine offene Art, dies zu zeigen, belastete bald seine Beziehung zu Friedrich. Zudem löste sich Friedrich mehr und mehr vom stilistischen Einfluß seines früheren Freundes. Er war nicht länger wie Knobelsdorff orthodoxer Anhänger der französisch-akademischen Richtung, sondern neigte mehr dem auf den Renaissance-Architekten Andrea Palladio zurückgehenden klassizistischen Stil englischer Prägung zu, was durchaus dem damaligen neuen Zeitgeschmack entsprach. Auch waren Friedrichs Vorstellungen oft sehr eigenwillig und unkonventionell und ließen sich mit Knobelsdorff, einem selbstbewußten Künstler von Rang, nicht so widerspruchslos umsetzen wie mit dem ergebenen Boumann. Knobelsdorff liebte, so Friedrich in seiner Gedächtnisrede auf den Tod seines früheren Freundes, «die Wahrheit und glaubte, sie verletze niemanden. Gefälligkeit betrachtete er als Zwang und floh alles, was seine Freiheit zu beeinträchtigen schien ... und ließ sich lieber suchen, als daß er sich vordrängte.»[5] So bediente sich Friedrich bevorzugt subalterner Bauleute, die kritiklos Zeichnungen nach seinen Ideen und Anregungen fertigten und die Ausführung der Bauten willig besorgten.

Die Verbindung zwischen Friedrich und Knobelsdorff riß zwischen 1747 und 1749 fast völlig ab. Der unmittelbare Anlaß ist nicht bekannt, doch Manger vermutet, es sei über die Anlage von Sanssouci zu schweren Meinungsverschiedenheiten gekommen. Knobelsdorff habe dem König geraten, dem Schloß ein Sockelgeschoß zu geben und es näher am Rand der obersten Terrasse zu plazieren, damit man es von unten ganz sehen könne. Der König aber habe den Vorschlag abgelehnt, er wollte zu ebener Erde hinaustreten. Dies sei Knobelsdorff so nahe gegangen, daß er sich gleich am folgenden Morgen dem König wegen Blutauswurfs als krank habe melden lassen. Man habe dies nachgeprüft und auch Blut gefunden, ob von Tier oder Mensch, sei ungewiß, und Knobelsdorff habe darauf die Erlaubnis erhalten, wieder nach Berlin zurückzukehren. Seitdem habe der König ihn einige Jahre nicht wieder rufen lassen. Erst nach 1750 kam es zu einer neuen Zusammenarbeit, die bis zum frühen Tod Knobelsdorffs 1753 anhielt.

Kritik, so Manger, sei der König damals schon nicht mehr gewohnt gewesen, und daraus sei «ein ziemlicher Kaltsinn gegen

Seinen ehemaligen Lehrer» erfolgt.[6] Einmal habe der König Knobelsdorff aus Berlin nach Potsdam holen lassen und ihn zur Mittagstafel eingeladen. Gefragt, wie ihm das Berliner Tor gefalle, habe Knobelsdorff getan, als habe er die Frage nicht gehört. Als ihm Friedrich sagte, es sei von Boumann, habe Knobelsdorff lakonisch geantwortet, das müsse auch wohl der Grund sein, daß er es nicht bemerkt habe. Der König habe nur noch gesagt, Knobelsdorff könne wieder nach Berlin gehen, und Knobelsdorff sei sofort zurückgefahren. Manger weiter: «Als der König zur Tafel gehen wollte, ward gemeldet: Knobelsdorff sey auspassirt. Sogleich mußte ein Feldjäger fort, der ihn aber erst in der Gegend Zehlendorf einholte, und den Befehl brachte: er solle unverzüglich wieder zum Könige kommen. Knobelsdorff antwortete: mir hat der König Selbst befohlen, nach Berlin zu gehen, und ich weiß zu gut, ob ich Seinen oder eines Feldjägers Befehl befolgen muß. Hiermit setzte er seinen Rückweg fort.»[7]

Keinen seiner Baumeister, so Manger, habe der König glücklich gemacht, keiner habe seine Gunst lebenslang genossen. «Aber das ist wohl das allgemeine Schicksal aller Baumeister von jeher gewesen. Ihre Werke sind jedermanns Anblick ausgesetzt, und um so viel mehrerem Tadel sind sie unterworfen.» Der König hätte, da alles nach seinen Anordnungen ausgeführt wurde, durchaus mehr Nachsicht üben können, meint Manger, «aber welcher große Mann ist wohl so groß, daß er eigene Fehler nicht lieber auf Andere, als auf Sich Selbst kommen läßt». Friedrich habe einen stark ausgeprägten Eigensinn besessen, der keinen Widerspruch geduldet habe. Was er einmal angeordnet, habe er nicht wieder zurückgenommen, auch wenn er es selber in der Folge fehlerhaft gefunden habe. Alles mußte nach seiner einmal gefaßten Idee ausgeführt werden, und Knobelsdorff würde vielleicht länger in seiner Gunst geblieben sein, wenn er nicht versucht hätte «darzuthun, daß auch ein König zuweilen in einer Kunst, die nicht sein Hauptwerk ist, Unrecht haben könne».[8]

Manger selbst ist von Friedrich nie mit künstlerischen Aufgaben betraut worden. Er habe, so klagt er, als bloßer Mathematiker und allenfalls praktischer Baumeister gegolten, «dem es an genugsamen Feuer, Phantasie, Dicht- und Erfindungskunst fehle, um große architektonische Geburten hervorbringen zu können».[9] Er sei vor allem für die Ausarbeitung der Kostenvoranschläge zuständig gewesen, was immer wieder, da Friedrich zur Sparsamkeit neigte, zu großem Ärger geführt habe. Dieser Hang zur Sparsamkeit sei, so Manger, nach dem Ende des zweiten Siebenjährigen Krieges, also ab 1763, und mit zunehmendem Alter des Königs immer stärker geworden. Er habe seine Baumeister dazu angehalten, die Kostenvoranschläge von Neubauten mehrfach nachzusehen und möglichst zu kürzen.

So habe eine traurige Epoche begonnen. Es sei verschiedentlich vorgekommen, daß der König einzelne seiner Baumeister, so berichtet Manger, habe «auf die Wache bringen lassen, wenn sie Seiner Meynung nach etwas versehen hatten, oder nicht eilfertig genug gewesen waren; aber ihr Arrest hatte insgemein nur einige Tage gedauert».[10] Die Baumeister wurden auch mit Arrest bestraft, wenn die Kostenvoranschläge zu hoch waren oder wegen der vielen, meist von Friedrich selbst geforderten Änderungen nicht eingehalten werden konnten. Manger selbst wurde 1786, als wieder einmal einer seiner Kostenvoranschläge dem König zu hoch erschien, auf der Hauptwache arretiert. Er wurde beschuldigt, sich im Amt bereichert zu haben, und kam erst nach dem Tod Friedrichs wieder frei, als alle Anschuldigungen sich als ungerechtfertigt herausgestellt hatten.

Friedrich wollte, so Manger, daß seine Baumeister so bauten, daß die Gebäude ewig hielten, und habe nicht einsehen wollen, daß bereits gebaute Gebäude kontinuierlich Reparaturen bräuchten. Er habe sie vor allem bei massiven Steinbauten für unnötig gehalten und, seien sie doch einmal angefallen, für die Folge von Baumängeln. Alle, die ihm Kostenvoranschläge für Reparaturen vorgelegt hätten, seien von ihm als «Schelme und Spitzbuben» und «Erzkanaillen, die zum Teufel gejagt werden sollten», bezeichnet worden.[11] Sein ständiges Mißtrauen in Bausachen allem und jedem

gegenüber habe ihn die einzelnen Baumeister gegeneinander aus-
spielen lassen. Verfahrensart des Königs sei gewesen, «Berliner Anschläge durch Potsdamer, und hiesige durch Berliner Baumeister
revidiren und moderiren zu lassen, wobey ganz ungezweifelt die
Absicht war, diese wider jene in beständiger Aufmerksamkeit oder
Furcht zu erhalten, weil doch jedem Theile bekannt war, daß man
sich durch Heruntersetzung eines andern Anschlages eine Art von
Verdienst erwerben könne».[12]

Friedrich war wie Lothar Franz von Schönborn ein in Architek-
turfragen gebildeter und bewanderter Dilettant. Doch im Unterschied zu den Schönborns, die der Menschheit schöne Monumente
zum ewigen Gedächtnis hinterlassen wollten, waren seine Bauten –
sparsam gebaut und kaum unterhalten – in erster Linie für ihn
selbst gedacht und auf seine eigene Lebenszeit angelegt. Bauen
diente ihm der Verschönerung der eigenen Lebenswelt und dem
Zelebrieren eines hochkultivierten Lebensstils, der heiteren
Zerstreuung und dem spielerisch-künstlerischen Zeitvertreib. So
schrieb er aus dem ersten Siebenjährigen Krieg seinem Kammerdiener: «Sagen Sie Knobelsdorff, daß er mir über meine Bauten,
meine Möbel, meine Gärten und das Opernhaus schreiben soll, um
mich zu zerstreuen.»[13]

Sanssouci vor allem, sein «Lusthaus in den Weinbergen», in das
er sich immer wieder zurückzog, war sein Arkadien, ein von ihm
selbst zugeschnittenes Passepartout seiner Persönlichkeit. Friedrich liebte die Einsamkeit, das ländlich Idyllische fernab des städtischen Lebens und legte wenig Wert auf höfisches Zeremoniell und
königliche Repräsentation. «Das Landleben sagt mir tausendmal
mehr zu als das Stadt- und Hofleben. Es ist natürlicher, behag-
licher, ehrlicher und ungezwungener.»[14] Er, der *Philosophe de Sanssouci*, wie er sich in seinen Briefen ab 1747 selbst nannte, fand in
diesem kleinen Schloß Zuflucht vor den lästigen Pflichten der
Staatsgeschäfte, einen Ort, an dem er seinen persönlichen Neigun-
gen und Interessen gemäß leben konnte. Es war ein Schloß *en
miniature* mit der bescheidenen Ausstattung von neun Räumen:

vier Gasträume, ein ovales Musikzimmer, ein Arbeitszimmer, ein Schlafraum mit Alkoven, ein Eßzimmer von höchstens 50 Quadratmetern, in dem er seine Freunde um sich versammelte – ein Ort kontemplativer Zurückgezogenheit, ganz dem privaten Leben geweiht.

Leo von Klenze
– der Fürstendiener

Der berufliche Start des Architekten Leo von Klenze war alles andere als glänzend. 1784 als Amtmannssohn bei Schladen im Harz geboren, ging er 1800 zum Studium nach Berlin, schloß 1803 sein Studium mit dem Bauführerexamen ab und machte eine Reise nach Paris, die er später zum Studium an der École Polytechnique stilisierte. Einige Jahre lebte er danach wieder im Elternhaus, bis er 1806 zu der für Architekten obligaten Italienreise aufbrach. 1808 wurde er, vermittelt durch persönliche Empfehlung, Architekt in Kassel am Hof von Jérôme, dem Bruder Napoleons und König von Westfalen.

Nach anfänglich kleineren Bauaufgaben erhielt er den Auftrag zur Planung eines kleinen Hoftheaters, ein Unternehmen, das seine Fähigkeiten wohl weit überstieg; noch während des Baus wurde ihm die Bauleitung entzogen. Man strich ihn aus der Liste der königlichen Architekten, und er wurde erst 1812 rehabilitiert. 1813, als Jérôme vor den heranrückenden russischen Truppen nach Paris floh, setzte sich auch Klenze ab, der sich als Kollaborateur der Franzosen in Kassel unbeliebt gemacht hatte. Seine Kasseler Zeit erwähnt Klenze in seinen «Memorabilien» genannten Aufzeichnungen nur kurz. Er spricht davon, «fünf oder 6 Jahre an einem unordentlichen, jeder höheren Tendenz und Consequenz beraubten Hofe zugebracht» zu haben.[1]

Von Kassel ging Klenze zuerst nach München, wo er sich rasch vom Franzosenfreund zum «Germano-Klassizisten» entwickelte, und nach einer Zwischenstation in Wien 1814 nach Paris. Dort erwarb er sich durch erfolgreiche Aktien- und Grundstücksspekulationen den Grundstock eines beachtlichen Vermögens, welches ihm ermöglichte, so Klenze in seinem Tagebuch, «anständig zu leben und weitere Erwerbsquellen zu eröffnen und auszubeuten».

1814 lernte er Ludwig, den Kronprinzen und späteren König Ludwig I. von Bayern, kennen und attestierte ihm «Bedeutsamkeit des Charakters» sowie Ansichten der Kunst, die «weit über den gewöhnlichen Maßstab des Tages herausreichten», und einen «Hang zum Großen und Außerordentlichen». 1815 faßte Klenze den Entschluß, sein zukünftiges Schicksal an den Kronprinzen zu binden, trat in dessen private Dienste, folgte ihm nach München – und eine glänzende Karriere begann. 1816 wurde er zum Hofbaumeister des Königs Max I. Joseph von Bayern ernannt, und 1818 besetzte er bereits, mit tatkräftiger Unterstützung des Kronprinzen, die wichtigsten Positionen des bayrischen Bauwesens.

Ludwig, der aus einer unbedeutenden Wittelsbacher Nebenlinie stammte, beabsichtigte zur Nobilitierung seiner Herkunft und späteren Königswürde, die kleine Residenzstadt in eine königliche Hauptstadt umzuwandeln. Dafür brauchte er einen Architekten, der ehrgeizig, lenkbar und allein von seiner Gunst abhängig war und seine baukünstlerischen Ideen in Holz und Stein umsetzte. Den sah er in Klenze. Ludwig beauftragte Klenze in der Folge mit den wichtigsten Planungen und lockte ihn mit der Aussicht, sich ewigen Ruhm zu erwerben, zu immer neuen künstlerischen Zugeständnissen. Ludwig an Klenze: «Nun Gott empfohlen, mein Klenze, Arbeit gebe ich ihnen, trübe Augenblicke genug, aber auch Ruhm zu verdienen für jetzt und wenn von unserer Hülle nichts mehr bestehen dürfte!» Ludwig behandelte Klenze äußerst zuvorkommend, versicherte ihn beständig seiner Gunst und warb um ihn wie um eine Geliebte. Klenze berichtet: «Ich erfuhr, daß der letzte [der Kronprinz] in einem Tage 6 mal zu mir geschickt hatte, um nachzufragen, ob ich noch nicht angelangt sei. Ich ward durchaus wie eine Geliebte empfangen.»

Doch nachdem Ludwig 1825 den Thron bestiegen hatte, begann er, die Monopolstellung Klenzes einzuschränken und auch andere

Architekten wie Friedrich von Gärtner zu einzelnen Bauvorhaben heranzuziehen, um Klenze in seine Schranken zu weisen und seine weitere Fügsamkeit zu erzwingen. Ludwig über Klenze: «In Kunst und Technik ist er gewiß sehr ausgezeichnet, aber seine Herrschsucht ist groß, alles Bedeutende soll von ihm selbst oder doch unter seinem Protectorat im Bauwesen gemacht werden; daß er in diesem Zweige der Kunst keinen Großvezier abgebe, der er so gern in allen seyn mögte, dieses muß verhütet werden und doch dabey möglichster Nutzen aus seinem hohen Talente und seiner großen Tüchtigkeit zu ziehen, dieses ist die (nicht leichte) Aufgabe.»[2]

Klenze reagierte wie eine verschmähte Geliebte, und je angefochtener seine Stellung wurde, desto stärker zweifelte er am Kunst- und Sachverstand seines Bauherrn und an der Möglichkeit seines eigenen Ruhms. «Ja wahrlich, an trüben Stunden fehlt es nicht, wenn man in dem Fürsten, welchem man dient, solches Schwanken in der Kunst, solches gehalt- und bodenlose Detail-Einmischen in dieselbe bemerkt, welchem jeder Begriff von Poesie, Zweckmäßigkeit und Styl in architektonischen Dingen fehlt und welcher in dieser hohen Kunst nichts mehr als ein Mittel sieht, durch Dekoration im Sinne momentaner Ansichten und Eindrücke das Auge zu kitzeln. Ob aber für einen Architekten auf diesem Wege die mir verheißene Unsterblichkeit zu erlangen wäre, bleibt wohl sehr zweifelhaft.»

Enttäuschung machte sich bei Klenze breit – in den Memorabilien häufen sich trübsinnige Betrachtungen –, und die Geschichte seines Lebens wurde immer mehr die Geschichte eines Mannes, der weiß, was er hätte leisten können, «und nun in jedem Augenblicke und in jeder Art gehindert wird, das hohe Ziel, welches seines Lebens Vorwurf hätte sein sollen und können, zu verfolgen. Welche Lage, wenn derselbe Fürst uns mit einer Hand stets die schönste Gelegenheit darbietet, Ruhm und Ehre zu erwerben, und mit der anderen uns stets wieder daran hindert.»

Als Klenze erkannte, daß Ludwig dabei war, seine «verliebte Affection» zu verlieren – 1843 wurde er sogar von der Leitung der

Obersten Baubehörde entbunden –, versuchte er sich seinem Herrn durch besondere Verdienste zu empfehlen. «Wenn der König dann auch nicht mehr verliebt in mich ist, so werde ich ihn doch zwingen, die Achtung zu theilen, welche mir Europa zollt.» Und europäische Anerkennung wurde ihm durchaus zuteil. 1838 holte ihn der Zar, der von der Münchner Pinakothek begeistert war, nach Petersburg zum Bau der neuen Eremitage.

Klenze selbst, dem eine höfische Karriere im Sinne des 18. Jahrhunderts vorschwebte, nannte sich wiederholt und ohne jede Ironie einen «Fürstendiener». Nicht der Dienst fiel ihm schwer, sondern nur «einem Fürsten zu dienen, welcher nur eine vage Idee von Perfektibilität der Wirkung und des äußeren Anblicks als Richtschnur hat, statt sich durch feste Grundsätze über Kunst oder festes Vertrauen in einen Künstler leiten zu lassen». Ludwig allerdings, als Autokrat weit davon entfernt, sich von einem Künstler leiten zu lassen, entwickelte eigene künstlerische und architektonische Vorstellungen.

Klenze, der um seine Stellung fürchtete und diplomatisch jede direkte Auseinandersetzung vermied, war, glaubt man seinen Aufzeichnungen, einmal kurz davor, sein Demissionsgesuch überbringen zu lassen, «als ich meiner guten und klugen Frau begegnete, welche mir ansah, was in mir vorging, und es (so wenig ich gewohnt bin, mit ihr über Geschäfte zu sprechen) durch dringendes Bitten erfuhr. Sie überredete mich, einige Tage zu warten; meinte, eine solch unwürdige Behandlung könne bei meinem Ruf und Nahmen nicht mich beleidigen, nicht mir schaden, ich würde durch meinen Zurücktritt nur eines meiner größten Werke dem Verderben, dem Verhunzen durch Andere hingeben und vielleicht grade dem, der mich so bitter beleidigte, eine augenblickliche Freude bereiten, wenn er diese auch später bereuen würde.»

Noch hatte Klenze mit der Walhalla, die er selbst als Höhepunkt seines Schaffens sah, einen Großbau in Arbeit. Für die Walhalla (1815–1842), die als nationale Ruhmeshalle, als ein germanisches Pantheon die Büsten verdienter Deutscher beherbergen sollte, hatte sich Ludwig den Stil des dorischen Tempels gewünscht. Die Dorer, die lange als germanischer Volksstamm galten, schienen ihm das ideale Bindeglied zwischen Antike und deutscher Nationalgeschichte. Seine Vorstellungen beschrieb Ludwig im Auslobungstext des Wettbewerbs von 1814: «ein längliches Viereck, mit sich herumziehendem Säulenaufgang auf dreifachem Sockel ruhend ... Licht wie in vielen antiken Tempeln, daß es nemlich zum Theil offen wäre. Das Dach, die notwendigen Verzierungen im Innern, alle Theile überhaupt sollen wie das Ganze im reinsten antiken Geschmack gezeichnet seyn.»[3] Der Wettbewerb brachte für Ludwig kein zufriedenstellendes Ergebnis, da die Jury sich nicht für den von ihm bevorzugten Entwurf Klenzes entscheiden konnte, und so blieb das Projekt erst einmal liegen.

1819 legte Klenze zwei neue Entwürfe vor: einen Rundbau mit Pantheonkuppel und vier Portiken sowie einen Tholos mit dorischer Ringhalle. Ludwig ließ die Entwürfe von Klenzes Intimfeind Peter Cornelius beurteilen, und dessen Gutachten war vernichtend. Er führte die Entwurfsidee auf französische Quellen zurück, und Ludwig, alles andere als frankophil, lehnte den Entwurf prompt ab. Ludwig war nun völlig unentschlossen. Hadriansgrabmal oder Pantheon, ein- oder mehrgeschossig, dorische oder ionische Säulenordnung, alles schien möglich, und so schrieb er 1820 an Klenze: «Nebst einem oder einigen nach diesen Gedanken gezeichneten Entwürfen werde ich mit Freuden auch andere völlig verschiedene sehen.»[4]

1821 legte Klenze weitere Entwürfe vor, einen modifizierten Rundbau und einen achtsäuligen dorischen Peripteros nach dem Vorbild des Parthenon, und Ludwig entschied sich für den Peripteros. Um die aufdringliche Ähnlichkeit zum Parthenon etwas abzuschwächen und die Fernwirkung auf dem Bräuberg bei Donaustauf zu erhöhen, hatte Klenze den Tempel auf einen hohen, vierfach gestuften Sockel gestellt, zu dem eine zentrale Rampentreppe hinaufführte. Als Ludwig forderte, die Treppenanlage komplett entfallen zu lassen und auch auf die «Halle der Erwartung» im Un-

Walhalla, Ansicht vom Tal

terbau – hier sollten Büsten noch lebender Deutscher aufgestellt werden – zu verzichten, setzte sich Klenze erfolgreich zur Wehr. Er vermittelte Ludwig den Eindruck, daß Halle und Treppenanlage dessen eigene Idee gewesen seien, und sprach «von der ersten, ganz richtigen und mit meinen Gedanken über Zweck und Gebrauch übereinstimmenden Composition».

Die Planungsgeschichte der Walhalla zeigt einen für Ludwig und Klenze typischen Verlauf. Ludwig entwickelte immer neue Ideen, und Klenze paßte sich diesen Ideen scheinbar an. Doch fast immer gelang es ihm, seine eigenen Vorstellungen geschickt durchzusetzen, indem er sie Ludwig als eigene unterschob oder sie in endlosen Variationen immer wieder neu präsentierte, bis sie schließlich akzeptiert wurden. Das Planungsergebnis, die Walhalla, wurde verschieden bewertet. Während die öffentliche Kritik negativ ausfiel – man warf Klenze mangelnde Originalität vor –, war sein Fürst zufrieden: «Herrlich, herrlich, Klenze, prachtvoll, grandios, klassisch und schön, wie ich nur jemals etwas sah.»

Bis zu Ludwigs Abdankung 1848 zeigte sich Klenze seinem König in enttäuschter, doch devoter Haltung. Danach allerdings rechnete er mit Ludwig ab. Er klagte, ein Bauwerk, welches der König beeinflusse, könne kein Kunstwerk werden, und der Tadel, der ein Werk treffe, gebühre nicht dem Architekten, sondern dem König, da die Bildung des Königs für die Kunst so mangelhaft gewesen sei, «daß er bei großer Eitelkeit die momentane und individuelle Augenwirkung durchaus als einziges Gesetz erkennt und gelten lassen muß». So sei ein Gebäude ihm nicht mehr als eine Mätresse, die, bald blond, bald braun, wechsle nach dem augenblicklichen Geschmack. «Indem mir also bei dieser Architektonischen Arbeit aller Einfluß des Zweckes rein abgeschnitten ward, erhielt ich die oft wiederholte Weisung, nur das zu suchen, was die schönste Wirkung mache! Welch eine Basis bei einem Bauherren, den ich schon so oft wechseln sah – nachdem augenblickliche Laune, Verliebtheit oder Nichtverliebtheit, Verdauung oder Nichtverdauung das Kunstregiment führten.»

Und das Klagen nimmt kein Ende. Fast meint man, die Memorabilien seien nur geschrieben worden, um mit Ludwig abzurechnen, so sehr ähneln sie einer Auflistung der Kränkungen und Zurücksetzungen, die Klenze von ihm erfahren haben will, und er zieht das Fazit: «So geht es den unglücklichen Architekten, sie haben mit allen Hindernissen der Welt zu kämpfen; das mächtigste aber bleibt doch der Einfluß der Bauherrn selbst, deren beständiges Einreden der ewige Stein des Anstoßes in dieser Kunst ist, und diesen Stein des Anstoßes hinweg zu räumen muß man oft mehr Mühe anwenden, als das Werk selbst zu vollenden erfordert.»

Schreibt Ludwig an Klenze: «Ruhm und Ansehen verdanken Sie der Gelegenheit, die ich Ihnen gab, Ihr Talent zu zeigen»,[5] so antwortet Klenze in den Memorabilien: «O! es ist wahr, ich habe dem Herrn fast Alles zu verdanken, was ich materiell geleistet habe, und was ich bin, aber glaubt es mir, meine lieben Söhne, ich

Abb. 14:
Sitzbild Ludwigs I.
in der Walhalla

LUDWIG I.
KOENIG VON BAYERN
DAS
DANKBARE VOLK.

habe bittre! bittre Augenblicke mit ihm verlebt. Ich fühlte es und glaube es noch, daß ein tiefes Gefühl, ein erstes feuriges Wollen, in unserer Zeitperiode vielleicht keinen Künstler mehr als den trefflichen Schinkel und mich dazu geeignet gemacht hätte, etwas tiefes, Ernstes und nationelles für Kunst und namentlich Architektur zu wirken, aber Sophokles sagt wahrlich mit vollem Rechte: Ein jeder, der zu einem König geht, der wird, so frei er zu ihm kam, sein Knecht! Und so hat der König Ludwig das Beste, was in mir war (vielleicht unbewußt an mir rächen wollend, was durch Andere in Sachen der Kunst an ihm verschuldet und versehen worden), anstatt es zu erkennen, zu pflegen und organisch entwickelnd zur heilsamen Reife zu bringen, stets unterdrückt und in eine falsche Bahn gezwungen. In diesem steten Kampfe aber habe ich meine besten Kräfte verwendet und vielleicht verschwendet.»

Klenze hält mit der Wahrheit nun nicht mehr zurück. Der König habe ihn durch Launen und Inkonsequenzen innerlich und äußerlich gequält und gepeinigt, sein Leben verbraucht und überhaupt verhindert, daß er neben Schinkel, dem einzigen Kollegen, den er als ebenbürtig gelten läßt, zum großen Architekten des 19. Jahrhunderts werden konnte. Ludwigs Schuld sei es, wenn alles «namentlich in der Skulptur und Architektur noch weit höher stehen und für alle Zeiten gültiger stehen könnte, wenn eine klare und consequente Ansicht über das Wesen der Kunst ihm gestattet hätte, entweder seine Künstler auf den rechten Weg zu leiten oder ihnen darauf freie Bewegung zu lassen».

Klenze stellt sich in den Memorabilien als Opfer dar, indem er Ludwig als inkompetenten und launischen Fürsten vorführt. Doch ohne Ludwig hätte Klenze das, was er erreicht hat, niemals erreichen können. Er war der *Pontifex maximus* des Bauwesens im Königreich Bayern über nahezu zwanzig Jahre hinweg, der alles bestimmte – jedes öffentliche Bauvorhaben bedurfte seiner Zustimmung – und sich geschickt und rücksichtslos gegen seine Konkurrenten durchsetzte. Er häufte Ämter und Titel, wurde Königlicher Geheimrat und Königlicher Kammerherr, Hofbauintendant und Oberbaurat. Er wurde in den erblichen Adelsstand erhoben und ungewöhnlich reich – sein Geschäftssinn war mindestens so gut ausgeprägt wie sein Sinn für Gunst und Ruhm. Als der König einmal wünschte, daß er auf Belohnung verzichte, lamentierte er über das «Beispiel von königlicher Unverschämtheit der Begehrlichkeit». Er meinte, der König hätte wohl das Recht, ihn mit nur einem Gulden zu entlohnen, aber «Verzicht würde ich auch auf diesen nicht leisten und ihn in meiner Familie als das erste und einzige Zeichen königlicher Dankbarkeit für vierzigjährige, mit leeren Worten und Buchstaben so oft wiederholt anerkannten, treuen, eifrigen und erfolgreichen Dienste aufbewahren lassen».

Wurde Klenze von Ludwig kritisiert, zum Beispiel hinsichtlich der Terrassen der Walhalla, die unnötig Kosten verursacht hätten, reagierte er wie eine fallengelassene Mätresse. Alles früher gespendete Lob sei nun vergessen, der König setze ihn absichtlich herab, um ihm die Belohnung schuldig zu bleiben, seine Verdienste zu schmälern und «bei Anderen den Gedanken nicht aufkommen zu lassen, daß ich mehr als der König: der Baumeister mehr als der Bauherr, der wahre Träger des Ruhmes und Rufes ihrer Bauwerke wäre». Und Klenze, der Höfling und Fürstendiener, kommt in seinen Tagebüchern zu der bitteren Erkenntnis: «O elendes Los seine Existenz auf die schwankende Basis von Fürstengunst bauen zu müssen. Ich habe diesen Fehler in hohem Grade begangen, aber konnte ich anders nachdem einmal der erste Schritt geschehen war einem solchen Fürsten zu dienen?»

Karl Leberecht Immermann bezeichnet in seinem 1836 erschienenen Roman *Die Epigonen* mit diesem Begriff die Nachgeborenen eines Zeitalters, das durch die Revolution von 1789 endgültig zu Ende gegangen war, und verweist auf deren künstlerisches Unvermögen, das im Vergleich zu den großen Leistungen der Vorgänger zu unschöpferischer Nachahmung geführt habe. In diesem Sinne war auch Klenze ein Epigone – politisch durch sein anachronistisches Engagement als Hofkünstler im Dienste eines restaurativ gesinnten Fürsten zu einer Zeit, in der sich verstärkt bürgerliche Eliten etablierten, und künstlerisch als kenntnisreicher Nachahmer vermeintlich antiker, aber immer gefälliger Form- und Stilelemente. Und vielleicht waren auch seine am Ende maßlosen Angriffe auf Ludwig getragen von der Erkenntnis, daß aus restaurativer Gesinnung und Bindung keine wirklich neue Kunst entstehen kann.

Maskenball
der
Baukunst

John Nash und der königliche Pavillon

1765 schrieb Horace Walpole, englischer Politiker, Kunstsammler und Schriftsteller, einen gotischen Roman: *Die Burg von Otranto*, einen Schauerroman, dessen übernatürliche und mörderische Handlung sich in einer mittelalterlichen Szenerie mit Falltüren, dunklen Gängen und unterirdischen Labyrinthen abspielte. Dieser Roman traf offensichtlich den romantischen Zeitgeschmack, denn das Buch war innerhalb von drei Monaten ausverkauft und zog zahlreiche gotische Romane nach sich. Bereits 1747 hatte Walpole den dicht bei London an der Themse gelegenen Landsitz Strawberry Hill in Twickenham erworben und ihn durch das Kopieren und Nachahmen gotischer Details und Schmuckformen zu «gotisieren» begonnen, wobei es ihm weniger auf historische Genauigkeit, sondern mehr auf das Romantisch-pittoreske ankam. Und damit war er nicht allein.

1795–1807 baute James Wyatt mit dem Landsitz Fonthill Abbey die phantastische Neuschöpfung eines mittelalterlichen Klosters für den kunstliebenden Millionär William Beckford. Es wurde ein Kloster, das wie eine halbverfallene Ruine aussah, in der man aber wohnen konnte. «Wyatt war ein merkwürdiges Genie. Es passierte einmal, daß er sieben Jahre lang auf der Baustelle nicht erschien. Er erhielt Briefe von Beckford, der ihn aufforderte, seine Verpflichtungen wahrzunehmen, und er antwortete jedes Mal, er werde sofort kommen; aber es dauerte sieben Jahre, bis er wirklich dort erschien.»[1] Vielleicht lag es an der mangelnden Bauaufsicht, daß der hohe Mittelturm von Fonthill Abbey eines Nachts vollständig einstürzte und die komplette Anlage zerstörte. Es heißt, der Bauunternehmer habe das Fundament zwar bezahlt bekommen, aber nicht gelegt. Wyatt wurde trotz seiner Unhöflichkeit und Unzuverlässigkeit mit Aufträgen überhäuft und war der erfolgreichste Architekt seiner Zeit. Besonders bekannt wurde er für seine «Verbesserungen» gotischer Bauwerke wie der Kathedrale von Salisbury, die ihm den Spottnamen «Wyatt der Zerstörer» eintrugen.

1811–12 baute Thomas Hopper das Gewächshaus von Carlton House mit Fächergewölben aus Latten und Stuck in Gestalt einer gotischen Kathedrale mit einem Mittel- und zwei Seitenschiffen. Die Kapitelle der Säulen bestanden aus federförmigen Elementen, das Maßwerk des Daches war mit Fensterglas gefüllt, das der Seitenfenster mit Buntglas, und hinter jeder Säule stand ein gotischer Kandelaber.

Die Wiederentdeckung der Gotik und das Wiederaufgreifen ihrer Formen, anfangs nur eine Spielerei der Dichter, wurde zur beherrschenden Geschmacksrichtung der Zeit – zuerst in England, später in ganz Europa. Mit dem *Gothic Revival* begann die Abkehr vom Klassizismus, der noch die erste Hälfte des 18. Jahrhunderts bestimmt hatte. Mehr und mehr zog man der klassischen Ordnung und ihren strengen Regeln malerische Haltung und phantasiebestimmte Gestaltung vor. Der starken Sehnsucht nach Gefühlen und Empfindungen, nach dem Angenehmen und Geschmackvollen, nach dem Pittoresken und Fremdartigen dienten sowohl das Mittelalterliche der gotischen Baukunst als auch alle möglichen anderen Stile. Neben dem *Gothic Revival* gab es auch das *Greec Revival* – die Architekten Stuart und Revett hatten gerade die Bauten der Akropolis vermessen und angefangen, selbst Gebäude im griechischen Stil zu bauen –, und man begann mit allen möglichen Formen zu experimentieren. Nichts war verboten, und der Großmeister des historisierenden Eklektizismus jener Jahre war John Nash (1752–1835).

Über John Nash schreibt Nikolaus Pevsner in seinem Buch *Europäische Architektur*: «Er war anpassungsfähig und gewandt bis an die Grenze des Oberflächlichen, war erfolgreich in der Gesellschaft und konservativ in seiner Kunst.»[2] Er bediente sich, wie seine Auftraggeber es gerade wünschten, aller möglichen Motive. Er baute im Stil altenglischer Bauernhäuser mit Strohdächern und geschnitzten Giebeln oder im indischen Stil – von den Zeitgenossen «Hindu-Gotik» genannt –, wie beim königlichen Sommerpalast in Brighton mit seinen grünen Kuppeln, Minaretten und Pagodendächern. Stil und Detail waren ihm nicht wichtig, er strebte vor allem nach malerischer Wirkung, und sein Vorbild war wie das vieler Romantiker gerade Indien. Lord Byron schrieb eine *Indian Serenade* und Coleridge das Gedicht *Kubla Khan*, dessen Verse wie eine Beschreibung des königlichen Palasts klingen: «In Xanadu schuf Kubla Khan / Ein Lustschloß, stolz und kuppelschwer.»

Nash hatte, bevor er 1815 den Auftrag für den königlichen Sommerpalast bekam, schon eine bewegte Vergangenheit hinter sich. 1752 geboren, hatte er sich früh selbständig gemacht und Häuser mit Stuckfassaden – damals eine Neuheit in London – gebaut. 1777/78 hatte er am Bloomsbury Square ein großes Geschäftshaus und eine Reihe von schmalen Wohnhäusern auf eigene Rechnung errichtet und 1783, da er sie nicht verkaufen konnte, Bankrott gemacht. Er verschwand nach Wales, kehrte nach zehn Jahren, als die Geschichte vergessen war, zurück und startete eine neue Karriere.

Den Auftrag für den königlichen Sommerpalast bekam Nash von Prince George, Modedandy und erster Gentleman Europas. George, der 1783 zum ersten Mal nach Brighton gekommen war, hatte sich ein Landhaus, genannt der Pavillon, gemietet und es 1787 von Henry Holland umbauen lassen. 1805 ließ er von William Porden im indischen Stil ein Stallgebäude mit Reithalle und Tennisplatz anbauen, kaufte, nachdem er 1812 Regent für seinen geisteskranken Vater geworden war, das benachbarte Marlborough House dazu und beauftragte James Wyatt mit dem Um- und Anbau. Dieser hatte Großes vor, sein Kostenvoranschlag belief sich zumindest auf 200 000 Pfund, doch im September 1813 starb er, und John Nash wurde sein Nachfolger.

George wünschte, daß die verschiedenen bestehenden Gebäude in Brighton zu einer gestalterischen Einheit zusammengefaßt und ohne totalen Abriß und Neubau zu einer künstlerischen Gesamtwirkung finden sollten. Die Lösung, die Nash fand, war brillant. Er setzte auf den bestehenden Pavillon eine Gruppe von Kuppeln von so auffallender Gestalt, daß sie die Aufmerksamkeit auf sich zogen und von allem anderen ablenkten. Über den Salon ließ er eine große «Hindu»-Kuppel bauen, eine eiserne Rahmenkonstruktion auf Tragbalken, die auf dem bestehenden Mauerwerk aufliegen. Die Außenhaut bestand aus mit Harz überzogenem Eisenblech, die zahlreichen kleineren Kuppeln und Minarette waren aus Stein.

Nash vergrößerte den Pavillon, indem er den Nordsüdkorridor zu einer Galerie erweiterte, neue Räume anfügte und an den beiden Enden der Galerie große Treppen aus Guß- und Schmiedeeisen mit eingelegten Messingornamenten anordnete. Danach baute er eine neue Küche mit originellen Gußeisenstützen, die mit Palmblättern aus Kupfer dekoriert waren, einen Musikraum und einen Bankettsaal, beide mit kegelförmigen Dächern, die an Zelte erinnern. Die offensichtlich rein dekorativen Gewölbebögen tragen nichts, die Decken sind gebogen und nach unten durchhängend wie die Seitenbahnen eines Zeltdaches. 1819 erweiterte er den Pavillon um die königlichen Privaträume nach Norden; 1820–1822 erfolgte die Dekoration der Innenräume.

Die Kosten dieser Umbaumaßnahmen betrugen 145 000 Pfund, eine für die damalige Zeit ungeheure Summe. Nash überzog den ursprünglichen Kostenvoranschlag von 134 000 um 11 000 Pfund – nicht besonders viel, bedenkt man die Schwierigkeit der Bauaufgabe – und fiel beim König in Ungnade. Doch ohne auf sein Honorar verzichten zu müssen, was er von sich aus angeboten hatte, um die Baukosten zu reduzieren, kam die Sache bald wieder in Ordnung. 1822 allerdings bekam er erneut Probleme, denn das Dach des Pavillons war undicht. Der König verkehrte mit ihm nur noch über Dritte und warf ihm vor, mit seiner Kuppeldeckung ein unnötig großes Experiment gewagt zu haben. Nash wurde nach Brighton gerufen, um den Schaden zu beheben. Dies gelang ihm wohl, denn neun Jahre später rühmte er sich, die Dächer seines Pavillons seien immer dicht gewesen.

1830 nach weiteren Fehlern, Mißgriffen und Unstimmigkeiten fand Nashs Karriere mit dem Tod Georges ihr endgültiges Ende. Seine Gegner und Neider ergriffen die Gelegenheit «to make a hash of Nash», wie sich der Herzog von Wellington ausdrückte, und er verlor seine Ämter als leitender Architekt des Buckingham Palace und als Generalinspektor der Baubehörde. Dies traf ihn, wie es scheint, nicht besonders hart. Er zog sich als Lebemann und Privatier auf sein Schloß auf dem Lande zurück, wo er 1835 starb. Alles in allem, so der englische Architekturhistoriker John Summerson, sei der Pavillon eine geglückte Materialisierung des sorglosen, humorvollen und wagemutigen Genius seines Architekten gewesen.[3]

Als Schinkel 1826 England im Auftrag seines Königs bereiste, wollte er auch den Königspalast in Brighton sehen. Obwohl George verboten hatte, irgend jemandem den Pavillon zu zeigen, und ihn aus Zorn über die Bürger von Brighton, die ihm durch Privathäuser die Aussicht aufs Meer verbaut hatten, sogar abreißen lassen wollte, machte er für Schinkel eine Ausnahme. Schinkel interessierte sich vor allem für die fortschrittliche Technik der Küche. «Die Pracht der Ausführung ist enorm. Zuerst die Küche, alle Vorrichtungen mit Dampf zu kochen, sehr schön; Tisch mit eiserner Platte, in die der Dampf eingeleitet werden kann, worauf alles warm bleibt. Einzelne Kessel, in die der Dampf in doppelten Wänden geleitet wird, mit Hähnen zum Ablauf des kondensierten Wassers. Bratanstalten mit Steinkohle. Die Küche von 4 Palmbäumen unterstützt. Blechkuppel.» Den Stil selbst vermerkte er kommentarlos. «Der königliche Pavillon von außen im Stil maurischer Königsgräber in Indien. Große Glaskuppel.»[4]

George ließ den Pavillon nicht abreißen, er hatte völlig das Interesse an ihm verloren und ihn nur noch zweimal nach seiner Fertigstellung besucht. Der Pavillon fiel durch Erbschaft an Queen Victoria, die ihn offensichtlich als Erblast empfand und für 50 000 Pfund an die Stadt Brighton quasi verschenkte – für Brighton ein Glücksfall. Der Palast hat sich bezahlt gemacht, denn von den jährlich sieben Millionen Besuchern des beliebten Seebads versäumen nur wenige einen Besuch des kuriosen Gebäudes, dieses Sammelsuriums der Ornamente, Stilblüten und Imitationen mit seinen Lotusblüten und Wasserliliengaslaternen, Sphinx- und Delphinmöbeln, Uhrenpagoden und Lianentapeten, Palmen- und Schlangensäulen, Bambusgeländern aus Gußeisen, Bambusmöbeln aus Mahagoni und Palisander.

Die Schlösser des Märchenkönigs

Die bayrische Variante im Maskenball des romantischen Eklektizismus hat uns rund fünfzig Jahre später Ludwig II. von Bayern (1845–1886) mit seinen Bauten hinterlassen. Auch diese Bauten sind heute weltweit bekannt und für den bayerischen Staat einträgliche Attraktionen. Anderthalb Millionen Touristen besichtigen jährlich die Schlösser und Burgen des Königs mit dem, wie sein Freund Richard Wagner meinte, «poetischen Gemüt»: die Spiegelgalerie von Herrenchiemsee, den Sängersaal von Neuschwanstein, die Venusgrotte und den Maurischen Kiosk von Linderhof, die Hundinghütte, die orientalische Berghütte auf dem Schachen.

Ludwigs poetisches Gemüt beschäftigte sich gern mit Inszenierungen, Bühnenbildern und Kostümen. Besonders nah standen ihm die Musik und die Opern seines hochverehrten Meisters und heißgeliebten Freundes Richard Wagner, den er 1864 nach München berief, finanziell unterstützte und dessen Uraufführung von *Tristan und Isolde* er zu seinem persönlichen Anliegen machte. Auch als Wagner, der sich in die bayerische Politik einzumischen versuchte, München verlassen mußte, unterstützte ihn Ludwig weiterhin großzügig – beim Bau des Festspielhauses und bei der Aufführung seiner Werke in Bayreuth.

Ludwigs Bauten waren der Welt des Theaters verpflichtet, und die Inszenierung von Wagner-Opern und die Planung von Bauten entsprangen bei ihm der gleichen künstlerischen Tendenz. Die Hundinghütte, 1876 in der Nähe von Linderhof gebaut, war eine kleine Blockhütte, die dem Bühnenbild des ersten Aufzugs der *Walküre* nachempfunden war. Beim Bau der Burg Neuschwanstein ließ sich Ludwig von der Neuinszenierung des *Lohengrin* inspirieren, und die ersten Ansichten für Neuschwanstein schuf bezeichnenderweise mit Christian Jank ein Bühnenbildner. Ludwig an Wagner am 13. Mai 1868: «Ich habe die Absicht, die alte Burgruine Hohenschwangau bei der Pöllatschlucht neu aufbauen zu lassen im echten Styl der alten deutschen Ritterburgen, und muß Ihnen gestehen, daß ich mich sehr darauf freue, dort einst (in 3 Jahren) zu hausen … Auch Reminiscenzen aus Tannhäuser (Sängersaal mit Aussicht auf die Berge im Hintergrund) und Lohengrin (Burghof, offener Gang, Weg zur Kapelle) werden sie dort finden.»[5]

Der Neuaufbau mittelalterlicher Burgruinen war zu jener Zeit nicht ungewöhnlich. Als Ludwig 1867 die Weltausstellung in Paris besuchte, hatte er Viollet-le-Duc kennengelernt, der für Napoleon III. gerade die Burgruine Pierrefonds restaurierte, und sich von ihm vermutlich beraten lassen. Auf Originaltreue legte man beim Wiederaufbau allgemein wenig Wert, und um sein Bauprogramm in Neuschwanstein unterzubringen, ließ Ludwig die Ruinen von Hohenschwangau abtragen und acht Meter gewachsenen Fels absprengen. So wurde die Burg Neuschwanstein weniger ein Wiederaufbau, vielmehr eine originäre Neuschöpfung mit historischen Reminiszenzen.

Mittelpunkt der ganzen Anlage war der Sängersaal, im vierten Geschoß der «mittelalterlichen» Wohnburg gelegen, mit bühnenartiger Laube und Waldprospekt. Daneben gab es noch Burghof, Kemenate und Ritterhaus, ein neugotisches Schlafzimmer, eine Grotte, farbig zu beleuchten, mit kleinem Wasserfall und mit einem Wintergarten verbunden, einen Thronsaal im byzantinischen Stil mit Mosaikfußboden, kräftig blauen Stuckmarmorsäulen,

Wandgemälden auf Goldgrund und einem riesigen Kronleuchter aus vergoldetem Messing. Und über allem schwebte das Schwan-Motiv – für Ludwig das Symbol der Welt des Mittelalters: Schwäne in goldenen Stickereien und Applikationen auf hellblauer Seide, Schwäne als Blumenvasen aus Majolika, Schwäne in Form eines Brunnens als Wasserspender.

Alles mußte schnell gebaut werden, und alles war wichtig. Am 28. November 1868 schrieb Ludwig an den Hofsekretär Düfflipp: «Ich möchte nun in der Nähe der am Linderhof zu errichtenden Kapelle ebenfalls einen kleinen Pavillon mir erbauen und einen nicht zu großen Garten im Renaissance-Stil mir anlegen lassen, alles nach bescheidenen Dimensionen. Für mich brauche ich nur drei etwas reicher und eleganter ausgestattete Zimmer, die nötigen Dienstwohnungen sollen natürlich ganz einfach werden. Das Ganze wird allerliebst sich ausnehmen; der Plan ist fertig, und wie Minerva fix und fertig aus Jupiters Haupt sprang, so kann sogleich, wenn ich Ihnen alles genau angegeben haben werde, zur Zeichnung der Pläne geschritten werden. Dann soll man sogleich mit den Vorarbeiten beginnen und viele Menschen auf einmal beschäftigen. Denn gerade diesen Plan möchte ich betrieben wissen.»[6]

Ludwig entwarf seine Bauten selbst und ließ sie nach meist minutiösen Vorgaben von seinen Künstlern und Architekten umsetzen. Für den byzantinischen Thronsaal beispielsweise schrieb er vor: «Die Münchner Allerheiligen-Kirche ist als Vorlage zu nehmen ... Das Kuppelgewölbe selbst soll den Himmel, besät mit goldenen Sternen darstellen, das Blau des Himmels ist so glänzend als möglich zu behandeln. Alle Marmorsorten, die der Architekt Salzenberg in seiner Beschreibung der Sophienkirche in Constantinopel aufzählt, sind zur Verwendung in diesem Thronsaale gedacht. An der Rückseite des Saales ist eine große Nische, in welcher auf einer hohen Marmor-Estrade der Thron zu stehen kommt. Die Nische ist ganz vergoldet und werden auf diesem Grund gemalt und durch Palmen abgetheilt 6 Könige, die heilig gesprochen wurden, darüber Christus, segnend, als König des Himmels.»[7]

Seine in einsamer Überlegung gefaßten Konzeptionen ließ Ludwig über seine Kammerdiener und Lakaien an die Künstler weiterreichen, die für ihre getreue Umsetzung zu sorgen hatten und sich keine eigene Willkürlichkeit zuschulden kommen lassen durften. Ludwig war zwar wenig gereist, er war nie in Griechenland, nie in Italien gewesen, und außer Paris hatte er keine der europäischen Hauptstädte besucht, aber er kannte die einschlägige Literatur. Er prüfte alle Pläne und Modelle eingehend auf korrekte Wiedergabe des vorgegebenen Stils und bemängelte formale Fehler, falsche Perspektiven, mangelhafte Illuminationen und allzu blasse Farben. Da er seine Architekten, Maler und Bildhauer zu bloßen Erfüllungsgehilfen degradierte, fand er nur solche Künstler, die sich problemlos auf jede Kunstrichtung und königliche Geschmackslaune einzustellen wußten. Seine Architekten waren Baurat Riedel, 1874 gefolgt von Georg Dollmann, einem Klenze-Schüler, von dem es hieß, seine Wandlungsfähigkeit kenne keine Grenzen. 1884 trat Julius Hofmann an dessen Stelle, ein bislang von Dollmann protegierter Mitarbeiter, der als virtuoser Entwurfskünstler galt.

In seinen Entwürfen und Bauten verwendete Ludwig die unterschiedlichsten historischen Stile und Motive. Sie sollten seinem Königtum Ausdruck verleihen, das er, obwohl im Zeitalter der konstitutionellen Monarchie lebend, als absolutes Königtum verstand, und die verschiedenen Welten und Zeiten beschwören, in denen er, fern der nüchternen Gegenwart, zu leben wünschte. Auf jede Störung der illusionistischen Darstellung dieser Welten reagierte er empfindlich, Täuschungen lehnte er ab, etwa einen in Gips ausgeführten Konsoltisch oder ein Jagdhorn aus Pappmaché. Zwar gab es Schwächen im Detail und Mittelmäßigkeit in der Ausführung, doch seine baulichen Inszenierungen gingen immer ins Große und zielten auf perfekte Illusion und romantische Wirkung.

Ludwigs große Bauleidenschaft wurde später, zur Zeit seiner Absetzung, als eines der Symptome seines krankhaften Zustands bezeichnet.[8] Doch umfangreiche Bautätigkeit hatte im Hause Wittelsbach durchaus Tradition – man denke an seinen Großvater Ludwig I. –, und Ludwig II. zeigte schon als Kind eine besondere Neigung zum Baukastenspiel, wie sein Großvater selbst berichtet: «Bei der Christbescherung 1852 bekam Ludwig das Siegestor aus Baustein-Holzen, das er errichten kann. Zu bauen liebt er, vorzüglich, überraschend, mit gutem Gechmack sah ich Gebäude von ihm ausgeführt.»[9]

Im Unterschied zu seinem Großvater allerdings, der Repräsentationsbauten in der Hauptstadt errichten ließ, baute Ludwig abgelegen in der bayerischen Berg- und Seenlandschaft Gebäude ohne praktischen Zweck und öffentlichen Nutzen – ausschließlich für sich selbst. Seine Bauwerke, von ihm wenige Wochen im Jahr bewohnt und ansonsten nur von einigen Kammerdienern und Lakaien bevölkert, waren seine «Paradiese» und «poetischen Zufluchtsorte, wo man auf einige Zeit die schauderhafte Zeit, in der wir leben, vergessen kann».[10] Sie waren «geweihte Stätten», heilig und unnahbar, die er den Blicken des Volkes zu entziehen wünschte, die sie nur besudeln und entweihen würden, und er dachte daran, sie nach seinem Tod in die Luft sprengen zu lassen.

Diese Zufluchtsorte schuf sich Ludwig nicht nur mit historischen Stilen und Motiven, sondern mit dem Einsatz modernster technischer Mittel. Diese erst ermöglichten ihm, die gewünschten illusionistischen Wirkungen und romantischen Stimmungen zu erzielen, deren er für das Leben in seinen Scheinwelten bedurfte. So gab es Pläne für eine Dampftrambahn auf der Insel Herrenchiemsee, wobei der Bahnhof im Schloß unterirdisch angelegt werden sollte – es wäre der erste U-Bahnhof Bayerns geworden –, und Pläne für eine Flugseilbahn zum Schloß Neuschwanstein mit Gondeln in Pfauenform. Im Schloß Linderhof wurde mit Dampfkesseltechnik geheizt, und Ludwig war der erste Kunde des «Dampfkessel-Revisions-Vereins», aus dem später der TÜV entstand. In des Königs Pferdeschlitten leuchteten Glühbirnen mit Platinfäden, und im Linderhof befand sich ein magischer Tisch, ein Tischlein-

Das «Tischlein-
deck-dich» in
Schloß Linderhof,
Heliogravüre nach
einem Aquarell von
Heinrich Breling,
1886

deck-dich, das herabgelassen wurde und mit einem vollständigen
Diner besetzt wieder erschien, damit Ludwig ohne Diener in völli-
ger Einsamkeit speisen konnte.

1884, das Schloß Linderhof war vollendet, die Schlösser Neuschwanstein und Herrenchiemsee befanden sich im Bau, befaßte
sich Ludwig bereits mit einem neuen Projekt. Er hatte die Burgruine Falkenstein bei Pfronten gekauft und mit der Planung begonnen. Hier sollte eine Burg entstehen, die im wesentlichen, von
einigen wenigen Wohn- und Diensträumen abgesehen, aus einem
mächtigen Kuppelraum bestand, der einer byzantinischen Kirche
glich. In der Kirchenapsis führten vier Stufen auf ein großes
Podest, über dem sich ein auf Säulen ruhender Baldachin wölbte
und unter dem statt des Altars das Bett des Königs stand. Geplant
waren zudem ein orientalischer Saal in Neuschwanstein und ein

chinesisches Schloß am Plansee im Stil des Kaiserlichen Winter-palastes in Peking.

Doch die weitere Ausführung der königlichen Bauten stockte, die finanziellen Mittel waren erschöpft. Die Baukosten, die nicht aus der Staatskasse, sondern aus der Kabinettskasse, die der per-sönlichen Verwendung des Königs zur Verfügung stand, bestritten werden mußten, waren enorm gestiegen. Als 1884 die Kabinetts-kasse bereits ein Defizit von 7,5 Millionen Mark aufwies, umge-rechnet 75 Millionen Euro,[11] und der König seinen Finanzminister zur Bereinigung des Schuldenstands aufforderte, vermittelte dieser eine Bankanleihe in voller Höhe, mit der die Gläubiger bezahlt werden sollten.

Da aber mit den neuen Mitteln statt rigoroser Schuldentilgung der weitere Ausbau der königlichen Bauten finanziert wurde, mußte im Sommer 1885 ein neuer Schuldenstand in Höhe von 6 Millionen Mark festgestellt werden, und Ludwig wandte sich wieder an seinen Finanzminister: «Mein königlicher Wille ist es, daß die von Mir unternommenen Bauten nach Maßgabe Meiner getroffenen Anord-nungen angemessene Fortsetzung und Vollendung finden. Dieses Mein Vorhaben erleidet aber eine wesentliche Hemmung infolge des ungünstigen Standes Meiner Kabinettskasse. Ich beauftrage Sie, Herr Minister, die nötigen Schritte zur Regelung der Finanzen zu tun und so Meine Unternehmungen zu fördern.»[12]

Der Auftrag wurde diesmal nicht erfüllt. Dem Minister schien es aussichtslos, den Landtag zu einer Bewilligung zusätzlicher Mittel für die königliche Kasse zu bewegen, und er hielt den Versuch einer weiteren Kreditaufnahme ohne hypothekarische Absicherungen, die Ludwig strikt ablehnte, für aussichtslos. Da er andererseits ge-richtliche Schritte der Gläubiger gegen die Kabinettskasse befürch-tete, bis hin zu einer Beschlagnahmung der königlichen Bauten, bat er den König, seine Bautätigkeiten vorübergehend einzustellen und seine Finanzen durch Sparmaßnahmen zu sanieren.

Der König lehnte ab und drohte in einem Brief am 28. Januar 1886 mit Selbstmord oder Flucht, sollte es zum Äußersten einer

Beschlagnahmung kommen: «Wenn dies nicht verhindert wird, werde ich mich entweder sofort töten oder jedenfalls das verfluchte Land, in welchem so Schandhaftes geschah, sofort und für immer verlassen.»[13] Ohne seine Bauten verlor für Ludwig das Leben seinen Sinn, und er schrieb am 26. Januar 1886 an den Innenminister: «Seit der beklagenswerte Zustand der Kabinettskasse herbeigeführt wurde und die Stockung bei meinen Bauten, an welchen mir so unendlich viel gelegen ist, eingetreten ist, ist mir die Haupt-Lebensfreude genommen, alles andere ist gegen diese verschwindend ... Ich fordere Sie daher noch einmal dringend auf, alles aufzubieten, um zur Erfüllung meines sehnlichsten Wunsches beizutragen und widerstrebende Elemente zum Schweigen zu bringen. Sie würden mir geradezu das Leben aufs Neue geben.»[14]

Ludwig war der Ansicht, wie er einem seiner Vertrauten schrieb: «Geld ist in der Welt in Hülle und Fülle vorhanden, folglich muß es her um jeden Preis, man muß nur geschickt zu Werke gehen.»[15] Er griff, um seine Schulden loszuwerden und neue Gelder für seine Bauten aufzutreiben, der Realität weitgehend entfremdet, zu ungewöhnlichen Maßnahmen. Er schickte seine Kammerdiener und Lakaien zu den Fürsten und Bankiers ganz Europas, zum Sultan in Konstantinopel, zum Schah von Persien und sogar zu einem indischen Maharadscha. Graf Lerchenfeld, damals bayerischer Gesandter in Berlin, berichtet: «Ludwig II. hat in jener Zeit immer wieder selbst gesagt, er müsse zugrunde gehen, wenn er nicht mehr bauen könnte. Diese Vorstellung war bei ihm so sehr zur fixen Idee geworden, daß er im Winter 1886 einige seiner vertrauten Bediensteten nach Frankfurt a. M. mit dem Auftrag sandte, bei Rothschild einzubrechen und die für Bauten nötigen Millionen zu rauben. Die Leute fuhren auch nach Frankfurt, unterhielten sich dort einige Tage und fuhren dann wieder nach Hause ... Sie berichteten dann, alles sei vortrefflich vorbereitet gewesen, nur ein unglücklicher Zufall habe das Unternehmen vereitelt, das nächste Mal werde es gelingen.»[16]

Der bevorstehende Bankrott der königlichen Finanzen ließ die Staatsminister aktiv werden. Sie streuten Zweifel an Ludwigs Zurechnungs- und Regierungsfähigkeit und gaben bei Dr. Gudden, dem berühmtesten Psychiater des Landes, ein Gutachten über seinen Geisteszustand in Auftrag. Guddens Diagnose, die er, ohne Ludwig persönlich untersucht zu haben, nur auf Grund schriftlicher Zeugenaussagen erstellte, lautete auf Paranoia im fortgeschrittenen Stadium. Ludwig wurde am 9. Juni 1886 entmündigt und unter ärztliche Aufsicht gestellt. Am 13. Juni fand er zusammen mit Dr. Gudden im Starnberger See den Tod. Die näheren Umstände blieben unaufgeklärt; sein Tod erschütterte ganz Europa. Der Dichter Paul Verlaine widmete ihm ein Gedicht und nannte ihn «des Jahrhunderts einziger König», der mit reinem Glauben die Künste gegen den nüchternen Zeitgeist verteidigt habe.

Haussmann
und das
neue Paris

Zwischen 1853 und 1869 wurde Paris durch Napoleon III., seinen Finanzminister Persigny und seinen Präfekten Baron Haussmann grundlegend umgestaltet. Sie schufen zusammen das neue Paris, das von Haussmann selbst gern verglichen wurde mit dem neuen Rom unter Augustus. So wie Rom von Augustus und seinen Ädilen umgebaut worden sei, so verdanke Paris Napoleon III. und seinen obersten Staatsbeamten seine neue Gestalt, die dem historischen Vorbild gemäß in großer Geste Pracht, Ordnung und Sauberkeit in Stein verwirkliche. «Eine Großstadt», betonte Haussmann in seinen Memoiren, «erst recht eine Hauptstadt, muß der Rolle gerecht werden, die sie in ihrem Lande spielt; wenn dieses Land Frankreich ist und der Zentralismus sie zur entscheidenden Kraftquelle des Ganzen gemacht hat, dann würde die Hauptstadt ihre ruhmreiche Aufgabe verfehlen, bliebe sie gleichwohl überholten Gewohnheiten verhaftet.»[1]

Eine so umfassende Neugestaltung, eine der größten, die je begonnen und durchgeführt worden waren, ließ sich nur mit autoritären Maßnahmen und unaufhaltsamer Tatkraft durchsetzen, und so kommen wir zwangsläufig zu der Person von Georges Eugène Haussmann (1809–1891), dem Präfekten des Departements Seine. Haussmann war kein Stadtplaner, kein Architekt oder Ingenieur, sondern Verwaltungsbeamter von Beruf, und ein Biograf nennt ihn den vielleicht berühmtesten und erfolgreichsten Bürokraten in der Geschichte des Städtebaus. Er war für diese Aufgabe prädestiniert. Er war selbstbewußt, ehrgeizig und entschlossen – «Ich bin nur ein Pariser Emporkömmling, aber fest entschlossen, mir in meiner geliebten Geburtsstadt einen und sei es umstrittenen Namen zu machen»[2] – und genoß das persönliche Vertrauen und die weitgehende Unterstützung des Kaisers, dem er loyal diente. Persigny, der sich rühmt, ihn entdeckt und für den Präfektenposten vorgeschlagen zu haben, schildert ihn in seinen Memoiren wie folgt:

«Ich hatte einen der außergewöhnlichsten Typen unserer Zeit vor mir. Groß, stattlich, kraftvoll, energisch und zugleich geistreich, schlau, einfallsreich; dieser kühne Mann scheute sich nicht, sich so zu zeigen, wie er war. Mit sichtbarer Selbstgefälligkeit legte er mir die besonderen Ereignisse seiner Verwaltungskarriere dar und schenkte mir nichts; er hätte auch sechs Stunden ununterbrochen geredet, vorausgesetzt, er hätte über sein Lieblingsthema sprechen können, über sich selbst. Ich war übrigens weit davon entfernt, diese Veranlagung zu bedauern. Sie enthüllte mir alle Facetten seiner seltsamen Persönlichkeit. Während sie sich vor mir mit einer Art von brutalem Zynismus darstellte, konnte ich meine lebhafte Genugtuung kaum verbergen. Um, so sagte ich mir, gegen die Ideen, die Vorurteile einer ganzen ökonomischen Schule, gegen schlaue, skeptische, skrupulöse Männer zu kämpfen, ist er gerade der rechte Mann. Da, wo ein Edelmann von überlegenerem und fähigerem Geist, von edlerem, rechtschaffenerem Charakter unfehlbar scheitern würde, wäre diesem robusten und unbeugsamen, kühnen und fähigen Athleten, der imstande ist, Trick gegen Trick, List gegen List auszuspielen, zweifellos Erfolg beschieden. Ich spielte im voraus mit der Idee, diese große Raubkatze mitten unter die Füchse und Wölfe, die sich gegen alle großartigen Bestrebungen des Königreichs zusammengerottet hatten, zu werfen. Niemals schien mir der Lehrsatz ‹Gleiches wird durch Gleiches geheilt›, so passend.»[3] Haussmann wiederum schrieb in seinen Memoiren über seine Unterredung mit Persigny: «Er kannte sich mit Menschen aus und erkannte folglich in mir

einen zuverlässigen Charakter, einen ebenso ruhigen wie ent-
schlossenen Geist, der die Umstände wie die Notwendigkeiten des
Augenblicks zu nutzen weiß.»[4]

Die Erinnerungen an die Große Revolution und die Ereignisse
von 1830 und 1848 ließen es Napoleon III. ratsam erscheinen, die
Kontrolle über Paris zu bekommen. Um künftigen Aufständen
und Barrikadenkämpfen vorzubeugen, sollten die engen mittelalterlichen Gassen – immer war der Aufruhr von den Vierteln des
alten Paris ausgegangen – durch geradlinige breite Straßen ersetzt
werden. Auch das Wachstum der Stadt erforderte dringend eine
durchgreifende Umgestaltung; Paris zählte bei seiner Thronbesteigung bereits eine Million Einwohner und wuchs bis 1870 auf zwei
Millionen an.

Das neue Straßennetz mit seinen großen Nord-Süd- und Ost-
West-Achsen hat Napoleon III. selbst erdacht. Es gibt einen
Plan von ihm, auf dem die einzelnen Straßen farbig markiert und
die Reihenfolge der Baumaßnahmen festgelegt sind, und Haussmann betonte immer wieder, daß er lediglich die kaiserlichen
Pläne umgesetzt habe: «Darüber hinaus hatte der Kaiser es eilig,
mir einen Plan von Paris zu zeigen, auf dem man von ihm selbst in
blau, rot, gelb und grün, entsprechend ihrem Dringlichkeitsgrad,
die verschiedenen neuen Straßen eingezeichnet sah, die er sich
ausführen zu lassen vorgenommen hatte.»[5]

Für Napoleon III. war es ein Glücksfall, daß er den Mann, den
er für eine so gewaltige Aufgabe brauchte, in Haussmann fand.
Dies sieht Haussmann in seinen Memoiren ganz unbescheiden
ebenso. Nichts sei zu machen mit dem jetzigen Präfekten oder
einem ähnlichen Mann, aber «alles mit einem Manne, der auf
Grund seiner Stellung und seiner der Regierung erwiesenen Dienste mit einer Autorität ausgestattet ist, die stark genug ist, große
Arbeiten in Angriff zu nehmen und durchzuführen, der genügend
physische und geistige Kraft besitzt, um die in Frankreich so tief
eingewurzelten Gewohnheiten zu bekämpfen und sich persönlich
mit vielen verschiedenartigen und schwierigen Aufgaben zu befas-

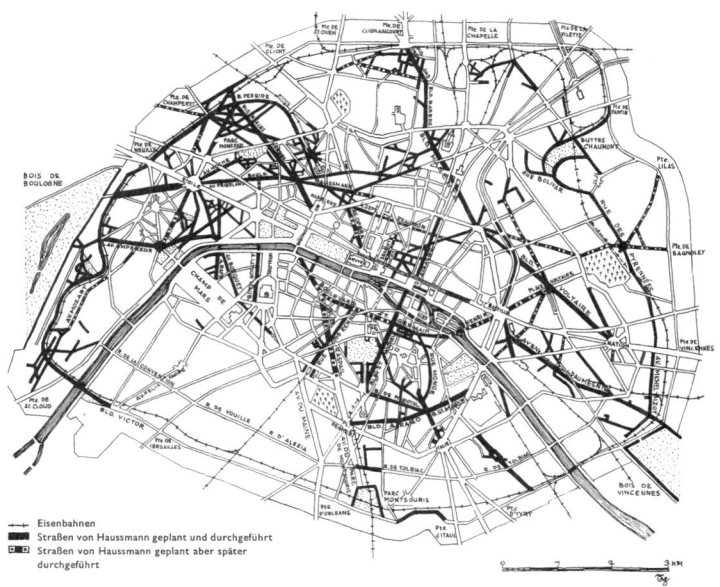

Gesamtplan der Haussmannschen Straßenanlagen

sen, ganz zu schweigen von den Repräsentationspflichten, die der
wichtigen Position, welche er sich schaffen könnte, angemessen
wären ... Seit Napoleon hat keine Regierung, ohne Ausnahme, jemals daran gedacht, im Pariser Rathaus einen wirklichen Präfekten
des Seine-Departements einzusetzen, der imstande gewesen wäre,
alle Register dieses furchteinflößenden Instruments zu spielen.
Niemand hat begriffen, welche Vorteile sich aus diesem Posten hätten ziehen lassen, der einzig und allein von der Wahl der Zentral-
gewalt abhängt, wenn sein Inhaber die nötige Autorität besessen
hätte, indem er persönlich mit dem Vertrauen des Staatsoberhaup-
tes beehrt gewesen wäre.»[6]

Am 22. Juli 1853 zum Präfekten ernannt, verschaffte sich Haussmann in kurzer Zeit einen fähigen und technisch versierten Mitar-
beiterstab und ordnete sich mit Unterstützung des Kaisers weitere,

für den zügigen Umbau der Stadt erforderliche Verwaltungsbehörden unter. Für das Amt «Plan de Paris» holte er sich den Architekten Deschamps, für das Amt «Wasserversorgung und Kanalisation» den Ingenieur Belgrand und für das Amt «Parks und Grünanlagen» den Ingenieur Alphand. Haussmann war autoritär, unermüdlich und unaufhaltsam. Sein Personal bezeichnete er als Armee mit dem Marschbefehl, Paris einzunehmen und das Stadtzentrum zu öffnen. Haussmann war ein Bürokrat, der selten sein Büro verließ und fast nie Baustellen besuchte. Was entstand, sah er nur gelegentlich bei offiziellen Einweihungen. Für ihn war die Stadt kein lebender Organismus, sondern Budget, Generalplan und Infrastruktur – ein Komplex dringlicher Probleme, die es strategisch und verwaltungstechnisch zu lösen galt.

Der Kaiser wünschte schnelle und spektakuläre Erfolge, und die bekam er. Es ist enorm, was Haussmann in den siebzehn Jahren seiner Präfektur erreicht hat. Er errichtete neue Stadtviertel an der Peripherie, überzog den alten Stadtgrundriß mit einem neuen Straßennetz, das die Hauptzentren des städtischen Lebens und die Bahnhöfe miteinander verband. Er stellte durch Abriß wichtige Baudenkmäler frei und verwendete sie als Fluchtpunkte neuer Straßenperspektiven. Er schaffte neue öffentliche Parkanlagen, den Bois de Boulogne, den Bois de Vincennes, die Buttes Chamont und den Parc de Montsouris.

Haussmann modernisierte die Kanalisation von Paris, vervierfachte die Länge des Kanalnetzes und baute neue Pumpwerke. Die neue Kanalisation wurde sogar zur touristischen Attraktion. Bei der Weltausstellung 1867 begann man, Rundfahrten durch das unterirdische Paris anzubieten, das durch die in den Kanälen herrschende Sauberkeit und Ordnung beeindruckte. Haussmann verdreifachte die Anzahl der Straßenlampen, faßte die öffentlichen Verkehrsbetriebe zu einer Gesellschaft zusammen und richtete 1855 einen regelmäßigen Droschkendienst ein. Er ließ neue Verwaltungsgebäude für die Stadt und die elf Umlandgemeinden, die 1859 eingemeindet worden waren, errichten, neue Krankenhäuser und Märkte, darunter Les Halles. Dreizehn große Seinebrücken und die neue Oper wurden unter seiner Ägide gebaut und der Louvre vollendet. Seinen städtebaulichen Maßnahmen mußten 20 000 Häuser im alten Stadtbezirk und 8000 im Erweiterungsgebiet weichen.

Die Grundlagen dieser *Grands Traveaux* waren das Gesetz von 1841, das Enteignung gegen Entschädigung legalisierte, sofern Belange des öffentlichen Wohls dies erforderten, und die Zusatzverfügung von 1852, die Enteignungen aufgrund eines einfachen Verwaltungsbeschlusses ermöglichte. Die Erfordernisse des öffentlichen Wohls definierte Haussmann in der Folge ebenso selbst wie den Umfang der Enteignungen. Durch die Enteignungen gingen die Grundstücke, deren Wert durch den Straßenbau stieg, komplett in öffentliches Eigentum über, und die nicht zum Straßenbau benötigten Parzellen konnten, so sah es zumindest Haussmann, von der Stadt zum neuen Marktwert verkauft und der Mehrerlös für weitere Infrastrukturmaßnahmen verwandt werden.

1858 allerdings entschied der Staatsrat, daß Eigentümern nach ihrer Enteignung eine Frist von acht Tagen zustand, die nicht benötigten Flächen von der Stadt zurückzufordern. Dies war ein schwerer Rückschlag für Haussmann, der den Wertzuwachs der Grundstücke zum weiteren Umbau der Stadt benötigte und mit dem Dekret des Staatsrats seine wichtigste Geldquelle verlor. Haussmann protestierte noch in seinen Memoiren: «Das neue Dekret gab den Eigentümern das Recht an den Grundstücken, die nicht zum öffentlichen Boden gehörten, zurück, nachdem die Stadt den Wert der ehemaligen Gebäude ersetzt und eine Entschädigung an die vormaligen Hausbewohner geleistet hatte. Damit floß den enteigneten Besitzern der Grundstücksmehrwert gratis zu, und die Stadt hatte keine Möglichkeit, einen gewissen Ersatz für ihre Aufwendungen für die Infrastruktur zu erlangen.»

Die Lobby der Grundbesitzer stellte sich gegen ihn, und auch der Kaiser unterstützte ihn nicht. «Im übrigen zeigte Seine Majestät nur beiläufiges Interesse an den Problemen der Verwaltung, solange sie noch keine sichtbaren Auswirkungen hatte.»[7] Napoleon III. überließ Haussmann fast alle konkreten Entscheidungen, vor allem die wichtigsten hinsichtlich der Finanzierung: «Die Finanzierungsfragen überließ er mir ... Nicht, daß sie ihn nicht interessiert hätten, doch er überließ allmählich immer mehr mir selbst.»[8]

«Gebaut, immer frisch gebaut!» soll Ludwig XIV. zu seinem Architekten Mansart gesagt haben. «Wir werden gestalten, das Bezahlen überlassen wir anderen.» Diese Anekdote erzählte Haussmann gern, und sie beschreibt ganz gut seine eigene Einstellung zur Finanzierung der riesigen Summen, die er für den großangelegten Stadtumbau brauchte. Er glaubte an die belebende Wirkung «produktiver Ausgaben». Produktive Ausgaben, auch wenn sie schuldenfinanziert seien, zögen Wachstum nach sich und führten zu vermehrten Steuereinnahmen des Staates. Mit diesem Überschuß ließen sich Zinsen und Kosten der ursprünglichen und der folgenden Anleihen decken. Diese Theorie verführte Haussmann zu der Überzeugung, daß die ersten von ihm begonnenen öffentlichen Bauprojekte schnell Früchte tragen würden und die geplanten weiteren finanzieren könnten.

Dieses Modell der «Defizitfinanzierung» funktionierte in den ersten Jahren gut. Doch als die Umbaumaßnahmen und die Kredite 1868/69 ihren Höhepunkt erreicht hatten und die Verschuldung der Stadt gewaltig angewachsen war, wurden Parlament und Öffentlichkeit immer mißtrauischer, stieg der allgemeine Unmut über die als unsolide empfundenen Finanzpraktiken. Waren die ersten Anleihen mit 50 Millionen Francs noch bescheiden gewesen, lagen sie 1869 bereits bei 250 Millionen, machte Paris ab 1860 schon so hohe Schulden wie ganz Frankreich. Während Haussmanns Amtszeit stieg die Gesamtverschuldung von 163 Millionen auf 2500 Millionen Francs, und 1870 verschlangen die Zinsen mehr als 44 Prozent der Haushaltsmittel. Haussmann hinterließ nach Schätzungen einen gigantischen Schuldenberg, der erst 1929 ganz abgetragen war.

Man nannte Haussmann zeitweise den *roi de Paris*, der, bewaffnet mit Feder und Kompaß, die Straßen der Stadt erfaßte, ohne sich um die Menschen und Monumente zu scheren, immer nach dem Motto *pour cause d'utilité publique*, aus Gründen der öffentlichen Nützlichkeit. Er hatte große Bewunderer wie den österreichischen Botschafter Hübner: «Monsieur Haussmann ist Herz und Seele aller zeitgemäßen öffentlichen Einrichtungen in Paris. Nichts ist so interessant, als ihn mit großer Klarheit seine Projekte vorstellen zu hören, seine Methode, sie zu entwickeln, und die Mittel, sie zu verwirklichen. Er ist auf seinem Gebiet ein Mann ohne Vergleich und, meiner Meinung nach, die größte Gestalt, die das Zweite Königreich hervorgebracht hat.»[9]

Auch er selbst sah sich uneingeschränkt positiv als Inkarnation des Mannes, den sich Voltaire wünschte, als er 1749 gefordert habe, Paris zum Wunder der Welt zu machen. Und immer wieder zitierte er seinen großen Landsmann: «Es ist Zeit, daß diejenigen, die die wohlhabenste Hauptstadt Europas leiten, sie zur bequemsten und großartigsten machen. Gebe der Himmel, daß sich ein Mann findet, der ehrgeizig genug ist, solche Projekte anzupacken, stark genug, sie zu verfolgen, weitblickend genug, sie klug zu planen, und angesehen genug, sie erfolgreich durchzuführen.»[10]

Gleichwohl hatte Haussmann mehr Gegner und Kritiker als Bewunderer und war siebzehn Jahre lang das Ziel heftiger Angriffe. Man nannte ihn «Osman-Pascha», «Haussmannoff I.» und beklagte sein *demolirium tremens*.[11] Zwar unterstellte man ihm nie, sich persönlich bereichert zu haben – seine Rechtschaffenheit blieb in einer Ära des Spekulantentums, der allgemeinen Verschwendung und Doppelmoral unangefochten –, doch man warf ihm bürokratische Arroganz, Verschwendung öffentlicher Gelder und Vernichtung der Schönheiten des alten Paris vor.

Viele zeitgenössische Schriftsteller und Intellektuelle kritisierten die Gleichförmigkeit, die Symmetrie und die undurchschaubare Technik der neuen Stadt, nannten sie vulgär und widerwärtig. Andere beunruhigte die Geschwindigkeit, mit der die Arbeiten voranschritten. Die Stadt, so Baudelaire in seinem Buch *Fleurs du mal*, verändere sich schneller als das Herz eines Sterblichen und wirke nicht mehr beruhigend im Strom der wechselnden Ereignisse. Die Brüder Goncourt meinten, die unerbittlich geraden neuen Boulevards ohne Windungen und überraschende Ausblicke zeugten nicht mehr von der Welt Balzacs, sondern ließen an ein künftiges amerikanisches Babylon denken. Ganz besonders verurteilt wurde von den vielfach historisch orientierten Zeitgenossen Haussmanns als brutal empfundener Umgang mit der Wiege von Paris, der Île de la Cité. Von dem ganzen dichtbebauten mittelalterlichen Viertel ließ er nur Nôtre Dame, die Conciergerie, den Palais de Justice und Sainte Chapelle stehen. 15 000 Bewohner wurden durch Enteignung und Abriß ihrer Wohnungen vertrieben. Gegen Ende des Jahrhunderts lebten auf der Île nur noch 5000 Menschen. Aus dem lebendigen mittelalterlichen Stadtkern machte er ein Rechts- und Behördenzentrum, in dem nun Ordnung und Sauberkeit herrschten und aus dem die «nomadisierenden Massen», wie Haussmann die verarmte Arbeiterschicht gern nannte, endgültig verbannt waren.

Als er dann noch einen Teil des Jardin de Luxembourg zerstörte, brach ein Sturm der Entrüstung los. Sein Argument, die vielen neuen Parks und Plätze würden Paris mehr als angemessen entschädigen für den Verlust von ein paar Hektar Jardin de Luxembourg, kam nicht an. Flugschriften, Petitionen und politische Debatten brandmarkten seine Zerstörung als Schändung der Stadt, und noch lange dachte man an seinen Übergriff, wie eine ihm gewidmete anonyme Todesanzeige zeigt. «Völlig grundlos zerstörte er die künstlerisch wirklich wertvollen Monumente von Alt-Paris. Diese mutwillige Form von Vandalismus war gelegentlich nicht einmal durch geplante Neubauten zu rechtfertigen – man denke nur an seine Verstümmelung des Jardin de Luxembourg.»[12]

Haussmann verwahrte sich, selbstgerecht und arrogant, gegen alle Anfeindungen. Kritik an seinem Werk und seiner Person sei getragen von engstirnigen, persönlichen Motiven wie Neid und

Haussmann mit Maurerkelle, Spitzhacke und Geldschrank

Uneinsichtigkeit, und noch in seinen Memoiren beklagte er mit der Rechtschaffenheit des selbsternannten Reformers die Undankbarkeit der Pariser: «Könnte Voltaire heute den Anblick von Paris genießen und sehen, daß alle seine Wünsche noch übertroffen wurden, er verstünde gewiß nicht, warum die Pariser – seine Söhne und geistigen Erben – die Stadtverwaltung keineswegs unterstützen, sondern nach Kräften kritisieren, bekämpfen und behindern, als ob sie kaum zu schätzen wüßten, was für sie getan wurde.»[13] Noch gegen Ende seines Lebens konnte Haussmann den Lesern seiner Memoiren versichern: «Nach einer aufrichtigen Gewissensprüfung bin ich fest davon überzeugt, weder in diesen Memoiren noch sonst in meinem Leben bewußt anderen geschadet oder Anwandlungen nachgegeben zu haben, deren ich mich schämen müßte.»[14]

Haussmann gehörte am Ende seiner Präfektur zu den meistkritisierten und -verleumdeten Männern Frankreichs und stand ganz allein. Der Kaiser, von dem allein er abhing, ließ ihn fallen, obwohl viele Angriffe gegen Haussmann eigentlich gegen ihn selbst zielten. «Ich verstehe Sie», schrieb er an Haussmann, «denn Sie leiden nicht als einziger unter der Ungerechtigkeit, dem Undank und der Niedertracht der Menschen! Im übrigen bin ich es, den man in Ihnen treffen will, der mir mit seltener, absoluter Treue dient, ohne eine andere Bestätigung als die meine anzustreben. Aber auch ich bin treu und werde mich bis zuletzt an mein Freundschaftsversprechen halten, das ich Ihnen in Bordeaux gab.»[15]

Doch das Versprechen des Kaisers war vergessen, als es um dessen eigenes politisches Überleben ging. Da er «Kaiser der Franzosen durch die Gnade Gottes und den Willen der Nation» war – er hatte seine Kaiserkrone durch einen Staatsstreich und ein Plebiszit bekommen –, konnte er vom Volk auch wieder abgesetzt werden. Am 2. Januar 1870 wurde Haussmann, der einen freiwilligen Rücktritt abgelehnt hatte, als Bauernopfer entlassen. Er schied nach eigener Einschätzung «mit weißer Weste und leeren Taschen» aus dem Amt. Auch wenn die Welt seinen Namen weitgehend vergessen hat, wurde doch das meiste von ihm Geplante weitergeführt und sein Werk, das neue Paris, vollendet.

Wallot
und das
Reichstagsgebäude

Das Reichstagsgebäude in Berlin hat eine wechselvolle Geschichte. Gebaut in den Jahren 1884–1894, wurde es 1933 durch Brandstiftung teilweise und während der Endkämpfe im Mai 1945 erheblich beschädigt. Nach seinem Wiederaufbau 1963 war es Sitz des Deutschen Bundestags für seine Berliner Sitzungen, wurde 1994 von Christo eingepackt, 1995–1998 von Norman Foster zum ständigen Sitz des Deutschen Bundestags umgebaut und erneut mit einer Kuppel gekrönt.

Bereits 1871, im Jahr der Gründung des Zweiten Deutschen Kaiserreichs, hatte man für den Bau des Deutschen Reichstags in Berlin einen Wettbewerb ausgeschrieben. 102 Entwürfe waren eingereicht worden, etwa ein Drittel davon aus dem Ausland. Gewinner wurde mit dem knappen Ergebnis von zehn zu neun Stimmen Ludwig Bohnstedt – der kleinste gemeinsame Nenner, auf den sich die rivalisierenden Klassizisten und Neogoten einigen konnten. Nach Bekanntgabe der Entscheidung begann in den deutschen Zeitungen eine Hetzkampagne sowohl gegen das Ergebnis als auch gegen die Person Bohnstedts, dem man seine deutsch-russische Abstammung vorhielt.

Das eigentliche Problem aber war, daß auf dem vorgesehenen Baugelände an der Ostseite des Königsplatzes direkt am Brandenburger Tor das Palais Raczynski stand, dessen Eigentümer Graf Raczynski erst aus der Zeitung von dem geplanten Standort erfahren hatte und, durch ein solches Vorgehen brüskiert, jede Zusammenarbeit ablehnte. Da Kaiser Wilhelm I. keine Enteignung wünschte, konnte erst nach dem Tod des Eigentümers mit dessen Sohn eine Einigung herbeigeführt werden. So kam es zehn Jahre später zu einer Neuauflage des Wettbewerbs, an dem diesmal nur deutschsprachige Architekten teilnehmen durften.

194 Entwürfe wurden eingereicht, und die Jury entschied sich mit neunzehn zu zwei Stimmen für den Entwurf von Paul Wallot. Wallot, seit 1868 Architekt in Frankfurt am Main, wurde durch den Gewinn dieses Wettbewerbs über Nacht der bekannteste Architekt Deutschlands und siedelte in Erwartung eines Auftrags 1882 nach Berlin um. Noch im gleichen Jahr wurde mit dem Abriß des Palais Raczynski begonnen und Wallot mit der Überarbeitung seines Wettbewerbsentwurfs beauftragt. Damit begann für Wallot eine schier endlose Reihe von Überarbeitungen seines Entwurfs und ein ebenso langwieriger wie konfliktreicher Bauprozeß. Die Anforderungen und Wünsche des Bauherrn waren – wenn man drei Kaiser, mehrere Staatssekretäre und einige Dutzend untereinander verfeindete Parlamentarier überhaupt als Bauherrn bezeichnen kann – nicht einfach umzusetzen. Sie waren disparat, wechselten ständig und verlangten Wallot ein Höchstmaß an Geduld und Standvermögen ab.

Die erste Änderung im Oktober 1882 behielt die Grundzüge des Wettbewerbsentwurfs bei: die vier Innenhöfe, die Lage und Dimension des Sitzungssaales, die geschwungene Freitreppe. Die nächste Änderung im April 1883 war einschneidender. Wallot legte den Sitzungssaal, dessen Höhenlage in seinem Entwurf am meisten kritisiert worden war – er lag mehr als zehn Meter über dem Straßenniveau –, etwa fünf Meter tiefer. Er berichtete seinem Freund Friedrich Bluntschli nach Zürich:

«Die Tieferlegung des Saalgeschosses und zwar um die Hälfte der Höhe, ging leichter als ich glaubte. Ich habe einfach die große Halle, welche bisher in der Mitte und längs der Hauptfassade lag, mit Cassirung des großen Treppenhauses, der Tiefe nach gelegt und aus diesem Raum dann eine gewaltige, großartige Halle gemacht, in directem Anschluß an das Foyer ... Die bisher 2-läufige Treppe vom Brandenburger Thor her ist ersetzt durch eine breite einläufige Mitteltreppe im Anschluß an ein großes, das Erd- und Hauptgeschoß durchschneidende Vestibule. Correspondirend mit dieser Treppe und symmetrisch auf der anderen Seite des Foyers liegt die nach den nun oben liegenden Fractionssälen führende Treppe. Die Bibliothek liegt wieder an der alten Stelle. Die Architectur ist großartiger geworden. Eine bedeutende Gesamthöhe des Gebäudes, bei dem großen Platze eine erste Bedingung, ist nun außerdem leichter zu erreichen gewesen.»[1]

Wallot berichtete seinem Freund weiter, daß von seiten seiner Berliner Kollegen unermüdlich gewühlt und gearbeitet würde, um ihn, den süddeutschen Eindringling, von der Bildfläche wieder verschwinden zu lassen. Einer dieser Kollegen war Heinrich Seeling, der ebenfalls am Wettbewerb teilgenommen und einen der drei zweiten Preise bekommen hatte. Seeling, so schrieb Wallot, sei zu ihm gekommen und habe gesagt:

«Es sei jetzt für Architecten eine Saure Gurkenzeit u. habe er sich desshalb auch noch in letzter Zeit mit seinen, respect. der Verbesserungsfähigkeit seines prämiirten Projectes beschäftigt. Vielleicht dürfte es mich interessieren, dasselbe kennenzulernen ... Soviel interesseloses Interesse für die Sache glaube ich, besonders da mir umgekehrt Thiersch auch von Seeling in warmen Worten gesprochen hatte, vergelten zu sollen u. fragte Seeling, ob er vielleicht auch meinen neuen Entwurf mit Tieferlegung der Hauptetage sehen wolle. ‹Gewiß, sehr›. Ich zeigt also Seeling denselben, der ihn seiner Einfachheit wegen augenscheinlich verblüffte. Es fiel mir dies auch ganz besonders auf – doch erklärte ich mir die Sache so, daß er einigermaßen betrübt sei, hier eine Lösung zu sehen, die die seinige überträfe, trotz der gegentheiligen Ueberzeugung, mit der er bei mir in die Stube getreten sei. Wir freuten uns darauf sehr, uns gegenseitig kennengelernt zu haben.»[2]

Einige Tage später habe Seeling ihn erneut besucht und zum Abendessen eingeladen, was er gerne angenommen habe, von so viel Freundlichkeit bei einem Berliner Kollegen und Konkurrenten gerührt. Vor dem Essen habe ihm Seeling beiläufig seinen überarbeiteten Entwurf gezeigt und darauf hingewiesen, daß sein Grundriß hervorragend zu Wallots Fassade passen würde, sogar eine Kuppel habe sich in seinen Zeichnungen gefunden. Bereits am nächsten Tag habe Seeling wieder bei ihm vorsprechen wollen, doch er habe sich, mißtrauisch geworden, anfangs verleugnen lassen. Da Seeling es allerdings immer wieder versucht habe, sei es zum Gespräch gekommen. Seeling habe ihm in aller Offenheit erklärt, da er noch jung sei und sich mühe, hinaufzukommen und sein Grundriß so gut zu Wallots Fassade passe, habe er sich gedacht, daß er mit ihm als eine Art Juniorpartner zusammenarbeiten könnte. Doch er, Wallot, habe ihm auf das allerbestimmteste erklärt, daß von irgendeiner Zusammenarbeit absolut keine Rede sein könne.

Seeling verfaßte daraufhin im April 1883 eine Denkschrift mit dem Titel *Neue Grundrissdisposition zu den Wallotschen Fassaden des Reichstagsgebäudes von Heinrich Seeling*, die er an die Mitglieder der Reichstagsbaukommission sowie den Reichskanzler verteilte und in Berliner Buchhandlungen auslegte. In dieser Denkschrift behauptete er, der preisgekrönte Grundriß werde der gestellten Aufgabe nicht gerecht. «Die höchsten Würdenträger des Reiches, event. sogar Se. Majestät der Kaiser, auch die Botschafter fremder Reiche sind genöthigt, durch eine sich in nichts von dem Eingange der Hausinspektion und der Bureaus unterscheidende willkürlich in die Front des Hauses einschneidende Öffnung in das die Gesamtheit des Reiches verkörpernde Gebäude einzutreten. Das ganze eminente Können des Hrn. Wallot ist nicht im Stande, diese Schwierigkeit zu überwinden. Seine Grundriß-Disposition wird an diesem Punkte, ganz abgesehen von den übrigen sich ergebenden Schwächen, scheitern.»[3] Passend zu Wallots preisgekrönter Fassade, bot er seinen Grundriß als ideale Lösung an – ein unverblümter Angriff auf Wallots Entwurf und eine dreiste Agitation in eigener Sache.

Diese Vorgehensweise verurteilte die Deutsche Bauzeitung am 2. Juni 1883: «Die Art, in welcher dagegen Seeling sowohl gegenüber den Reichsbehörden, wie im Text seiner Broschüre für seine Ueberzeugung eingetreten ist, kann nicht wohl mehr sachlich genannt werden; sie sucht Propaganda zu machen auf Kosten des in heftigster Weise angegriffenen, der Oeffentlichkeit zudem noch nicht einmal übergebenen Wallot'schen Projekts und verfolgt augenscheinlich als Hauptzweck: das Vertrauen, welches die Reichsbehörden in den von ihnen ausersehenen Architekten gesetzt haben, zu erschüttern – eine Absicht, welche Herr Seeling in seiner Broschüre zwar bestritten hat, die er jedoch in den letzten Sätzen seiner oben abgedruckten Erwiderung unwillkürlich entschleiert.»[4]

Nicht nur die Fachpresse, auch viele der Abgeordneten stellten sich hinter Wallot. August Reichensperger beispielsweise forderte in einer Rede vor dem Reichstag im Juni 1883, «daß man dem durch das allseitige Vertrauen erwählten Baumeister das Leben nicht mehr so sauer möge machen lassen, wie es ihm bisher gemacht worden sei».[5] Der Architektenverein, dem Seeling angehörte, sah zwar von einer Verfolgung der Sache ab, meldete aber im Juli 1883 mit großer Genugtuung seinen freiwilligen Austritt.

Ohnehin erreichte Seeling wenig. Während die Affäre noch Wellen schlug, beschloß der Reichstag, Wallot die Ausführung endgültig zu übertragen. Am 13. Juni 1883 wurde Wallot zum Architekten des Reichtagsgebäudes bestellt mit einem jährlichen Gehalt von 30 000 Mark auf acht Jahre und Prämien von insgesamt 120 000 Mark. Wallot erhielt, wie der Deutschen Bauzeitung vom 4. August 1883 zu entnehmen ist, 300 Anfragen von Architekten, die bei ihm arbeiten wollten. Doch er holte sich, mißtrauisch geworden, die ersten Mitarbeiter aus seinem Frankfurter Kollegenkreis.

Und wieder mußte Wallot seinen Entwurf umarbeiten. Im Oktober 1883 schrieb er an seinen Freund Bluntschli: «Die Zeit, in welcher dieser Grundriß entstand, war die aufregendste meines Lebens. Ich stieg mit einigen Grundrissen ausgerüstet in mein Bett;

ich fuhr des Nachts aus dem Schlaf; zentnerschwere Grundrisse belasteten meine Brust und verursachten mir Alpdrücken und wenn ich dann aufstieg und in die Nacht hinaussah, kam mir selbst der alte Mond wie ein Grundriß vor.»[6] Der neue Plan wies viele und einschneidende Änderungen auf. Es wurde ein dem östlichen gleichwertiger westlicher Zugang geschaffen und die Anzahl der Höfe auf zwei reduziert. Die dicken Mauern um den Sitzungssaal entfielen, da die Kuppel nicht mehr über ihm, sondern über der Halle, die auf quadratischem Grundriß ein Achteck bildete, liegen sollte. Fast alle Räume waren nun bereits so, wie sie später ausgeführt wurden.

Am 9. Juni 1884 – es war kein Kaiserwetter, es regnete – erfolgte die Grundsteinlegung, und der Bau ging zügig voran. Als im Dreikaiserjahr 1888 Wilhelm II. den Thron bestieg, war der Rohbau bereits weit fortgeschritten. Wilhelm, der gern höchstpersönlich und eigenhändig, als hätte er sich seinen Vorfahren Friedrich den Großen zum Vorbild genommen, Einfluß auf sämtliche Bauten des Reiches und Preußens nahm, wollte eines Tages auch Wallots Baupläne verbessern. Der Architekt Eugen Bracht berichtete: «Nachdem Wallot S. M. die Pläne dargelegt und die bestehenden Schwierigkeiten gestreift hatte, war Jener mit seiner Meinung bereits fertig und Wallot mit der Hand auf die Schulter klopfend sagte er siegesbewußt: ‹Mein Sohn – das machen wir so› und wollte loszeichnen oder hatte bereits damit begonnen – worauf Wallot in seiner entschiedenen Art, sich groß aufrichtend, erwiderte: ‹Majestät, das geht nicht!›»[7]

Indem er sich standhaft einer fügsamen Zusammenarbeit widersetzte, hatte sich Wallot einen unversöhnlichen Feind geschaffen, und Wilhelm äußerte sich in der Folge ziemlich abschätzig über ihn und seinen Bau. Seiner Mutter schrieb er im Februar 1893: «Der Reichstagsbau vor dem Brandenburger Tor wird von Tag zu Tag scheußlicher, wo das Baugerüst nun verschwunden ist.»[8] Einige Wochen später im April erklärte er während eines Rombesuchs öffentlich den Reichstagsbau als «Gipfel der Geschmacklosigkeit» und löste damit europaweit Entrüstung unter den Künstlern und Architekten aus, die sich spontan mit Wallot solidarisierten. Wallot wiederum bezeichnete Wilhelm in einem Brief an seinen Freund Bluntschli als «kaiserlichen Schreier», der in Leutnantsmanier Gemeinheiten herauspoltere, als einen gewöhnlichen, niederträchtigen Hund, «für den auf anderem Gebiet Deutschland die Zeche wird bezahlen müssen».[8]

Am 5. Dezember 1894 wurde das «Reichsaffenhaus», wie Wilhelm es öffentlich nannte, eingeweiht, und Wilhelm schrieb an seinen Freund Philipp Eulenburg: «Die Einweihung des Reichsaffenhauses ging sehr feierlich und glänzend ohne einen Mißton von Statten. Wallot schwamm in Seligkeit und wich nicht von meiner Seite, als er merkte, daß ich ihm weder den Zylinder eintreiben tat, noch Grobheiten sagte.»[9] Wilhelm betrat nach der Schlußsteinlegung den Reichstag nur noch einmal, im April 1906, als der Reichskanzler Bülow einen Schwächeanfall erlitt.

Wallot, mit ausländischen Ehren überhäuft, wurde von Wilhelm systematisch von jeglicher Ehrung ausgeschlossen und nach Fertigstellung des Reichstags lediglich zum Geheimen Baurat ernannt. Für Wallot war klar, daß seine Berliner Zeit zu Ende war, und er schrieb im Juni 1894 an seinen Freund Bluntschli: «Die Zukunft ist mir hier vernagelt. Es würde kein Beamter, keine nur irgendwie und leise abhängige Körperschaft mich in Vorschlag bringen für irgendeinen Ausschuß etc. etc. oder was für mich wichtiger ist, für irgend einen öffentlichen Bau.»[10] Als er 1894 einen Ruf an die Kunstakademie Dresden bekam, folgte er ihm.

Leopold II. von Belgien
– der Inhaber des Kongo und seine Bauten

Leopold II. war von 1865 bis 1909 König der Belgier und starb als der vermutlich reichste Mann Europas. Seinen sagenhaften Reichtum hatte er als Geschäftsmann, Finanzier und Spekulant erworben, vor allem aber als alleiniger «Inhaber» des Kongo, eines Landes, das 80mal so groß war wie sein Königreich Belgien und dessen schier unerschöpfliche Ressourcen er bestens auszuschöpfen verstand.

Mit Hilfe der 1876 gegründeten «Association Internationale du Congo», deren einziger Gesellschafter Leopold war, hatte er sich im Kongo unter dem humanitären Deckmantel der Bekämpfung des Sklavenhandels, der Verbreitung des Christentums und der Zivilisierung der Wilden nach und nach in den Besitz riesiger Ländereien gebracht. 1879 hatte Leopold den berühmten Afrikaforscher Henry M. Stanley in seine Dienste genommen. Stanley sollte in seinem Auftrag den Kongo flußaufwärts befahren und das Land für ihn und seine Gesellschaft in Besitz nehmen. Er schrieb ihm: «Es ist unerläßlich, daß Sie ... soviel Land kaufen, wie Sie erlangen können, und daß Sie so bald wie möglich und ungesäumt alle die Häuptlinge von der Mündung des Kongo bis zu den Stanley Falls einen nach dem anderen ... der Oberhoheit ... unterwerfen.»[1] Stanley ließ sich mit Gewalt und List von den einheimischen Häuptlingen das Besitzrecht über ihre Gebiete gegen eine kleine jährliche Zahlung in Form von Stoffen und Geld abtreten. Innerhalb von fünf Jahren erwarb er so 2,5 Millionen Quadratkilometer

Land. Er baute eine Straße durch das Kongobecken, legte Stationen an und organisierte die wirtschaftliche Ausbeutung.

Auf der Kongo-Konferenz in Berlin 1885 wurde der «État Indépendant du Congo» gegründet und von den anderen europäischen Mächten, denen Zoll-, Handels- und Missionsfreiheit garantiert wurde, offiziell als Privateigentum Leopolds anerkannt. Auf der Anti-Sklaverei-Konferenz in Brüssel 1889 erreichte Leopold eine Einschränkung dieser Freiheiten, indem ihm zur Finanzierung des Kampfes gegen die Sklaverei die Erhebung von Zöllen auf alle Handelsgüter gestattet wurde. So konnte der Handel mit Elfenbein, bislang fest in den Händen fremder Handelsgesellschaften, nach und nach von seinen eigenen Gesellschaften übernommen werden, die schließlich eine Monopolstellung erlangten. Das Geld floß nun reichlich in Leopolds Taschen – ohne daß er angeblich Gewinne machte. 1891 schrieb er an den belgischen Ministerpräsidenten: «Der Kongo-Staat ist durchaus kein Geschäftsunternehmen. Wenn auf gewissen Ländereien Elfenbein gesammelt wird, so nur, um das Staatsdefizit zu mindern.»[2]

Zur optimalen Ausbeutung der Schätze des Kongos hatte er ein System der Zwangsarbeit eingeführt, das die Eingeborenen unter Strafe zur Arbeit zwang und sie für ihre Arbeit nicht oder nur geringfügig entlohnte. Für die Durchführung der Zwangsmaßnahmen – Geiselnahme, Prügelstrafe, Erschießung – sorgte die *Force Publique*, eine Söldnertruppe aus schwarzen Untergebenen und weißen Anführern. Die Spezialität dieser Truppe waren die «abgehackten Hände»: Da Munition gespart werden sollte, verlangten die Offiziere von ihren Männern, daß sie als Beweis für die sinnvolle Verwendung ihrer Patronen die abgeschnittenen Hände der Opfer vorlegten.

Durch Zölle, Gebühren und Abgaben, durch den Handel mit Elfenbein und ab 1895 mit Kautschuk – der Weltbedarf an Gummi stieg rasant an – verdiente Leopold ein Vermögen. Schätzungen zufolge zog er aus der kolonialen Ausbeutung des Kongos 1,1 Milliarden Dollar heutiger Währung und dezimierte die Bevölke-

Leopolds Faible
für das Köpfe- und
Couponschneiden,
Karikatur

rung von 20 auf 10 Millionen Menschen. Dieses Geld steckte er
in seine privaten Liebhabereien – junge Frauen und grandiose Bauten.

Fotografien dieser Zeit zeigen Leopold als älteren Mann mit
einem langen, weißen Bart, als einen leutseligen und gütigen Lan-
desvater, und zahlreiche Denkmäler sind ihm in Brüssel errichtet
worden – allerdings erst posthum. Zu seinen Lebzeiten war Leopold beim Volk nicht sehr beliebt, der Mythos vom volksnahen
Landesfürsten entstand erst nach seinem Tod. Doch die wenn auch
späte Dankbarkeit Brüssels hatte ihren Grund. Leopold erst hat
die Stadt, die 1830 Haupt- und Residenzstadt des neugegründeten
Königreichs Belgien geworden war, zu einer modernen Metropole
nach Pariser Vorbild gemacht.

192

Zusammen mit dem Bürgermeister Jules Anspach, einem Anhänger radikaler Stadtplanung à la Haussmann, ließ er von 1867
bis 1874 den Flußlauf der Senne, der das Stadtinnere durchzog,
kanalisieren und ganze Häuserblocks abreißen. Die alteingesessene
Bevölkerung der Innenstadt – Arbeiter, kleine Handwerker und
Händler – wurde zwangsenteignet und in die Randgemeinden
umgesiedelt. Auf der damit gewonnenen Nord-Süd-Schneise entstanden die Boulevards du Centre, die gesäumt waren mit gehobe-
nen Wohn- und Geschäftshäusern in verschiedenen Neo-Stilen,
für deren gute Fassadengestaltung die Stadt Preise verlieh. Ein ehe-
mals von einer stinkenden Kloake durchzogenes Quartier kleiner
Leute wurde zu einem Treffpunkt emsiger Geschäftsleute und fla-
nierender Müßiggänger. Seine einschneidenden Pläne für Brüssel
rechtfertigte Leopold vor dem Senat der Stadt mit dem seit den
90er Jahren stark gewachsenen nationalen Wohlstand und dessen
weiterer Zunahme, die zu erwarten sei, wenn in Zukunft dem
belgischen Handel und der Industrie neue Handlungsfelder eröffnet würden.

Kurz zuvor schon hatte Brüssel eine erste bauliche Heim-
suchung erfahren. Um dem gestiegenen allgemeinen Wohlstand
und dem mit ihm gewachsenen belgischen Nationalbewußtsein
baulichen Ausdruck zu verleihen, hatte die Regierung den Bau
eines Justizpalastes beschlossen und 1860 einen internationalen
Wettbewerb dafür ausgeschrieben. An diesem Wettbewerb beteiligten sich 28 Architekten. Als keiner der Wettbewerbsentwürfe
von der Jury akzeptiert wurde, zog ein Jurymitglied, Joseph Poelaert, eine eigene Skizze aus der Tasche, die überzeugte und angenommen wurde. Er bekam, wie es heißt, ohne weitere Pläne oder
Kostenvoranschläge vorgelegt zu haben, den Auftrag und begann
1862 mit dem Bau.

Poelaert (1817–1879) war in Brüssel ein bekannter Architekt
und hatte bereits die Kongreßsäule, das Théâtre de la Monnaie und
mehrere Kirchen in verschiedenen Neo-Stilen gebaut. Der Justizpalast sollte nun die Krönung seines Lebenswerks werden. Poe-

laert baute ihn als ein gigantisches Gebäude, das die Silhouette der Oberstadt völlig beherrscht, mit 25 000 Quadratmeter Fläche, 665 000 Kubikmeter Rauminhalt, mit Seitenlängen von 180 auf 160 Metern, einer Kuppelhöhe von 97 Metern, 27 Sitzungssälen und 245 Amtszimmern. Säulen, Galerien, Friese, Figuren griechischer Redner, Allegorien von Recht und Gerechtigkeit – das Gebäude ist bestückt mit allem, was die Geschichte an mit Pathos aufgeladenen Versatzstücken zu bieten hat. Die Nordfassade ist verkleidet mit mächtigen dorischen Säulen- und Pilasterordnungen. An den beiden Seitenfassaden mischt sich der dorische mit dem ionischen und korinthischen Stil, und der Südfassade ist eine ionische Säulenhalle vorgelagert. Umgeben von vielfältigen Terrassenanlagen wird der Justizpalast durch Freitreppen und Auffahrtrampen mit den benachbarten Straßenzügen verbunden.

Vielleicht haben Poelaert neben den griechischen Tempeln die babylonischen Bauten der Frühzeit oder die kolossalen Terrassenbauten Indiens inspiriert, jedenfalls entwickelte er eine besondere Vorliebe für die große Form und ließ sich, als genialischer Künstler, nicht allzusehr von praktischen Erwägungen leiten. So kam es, daß kaum ein Fünftel des riesigen Bauwerks für die eigentlichen Zwecke der Justizverwaltung nutzbar war und die Kosten sich auf umgerechnet 250 Millionen Euro beliefen. Poelaert erlebte die Vollendung seines Lebenswerks nicht. Er starb bereits 1879, wie man sagt, in geistiger Umnachtung. Sein Traum, den Justizpalast auch noch mit einer Pyramide zu krönen, erfüllte sich nicht. 1883 wurde der Bau von seinen Nachfolgern mit einer Kuppel bedeckt, die Leopold II. spöttisch als «Melone» bezeichnete.

Justizpalast und Stadtumbau waren nur die ersten Manifestationen eines rigorosen Bauwillens. Als das Kongogeld zu fließen begann, kamen weitere großartige Bauten hinzu. Einer davon war der riesige, mit vielen Bildwerken geschmückte Triumphbogen im Parc du Cinquantenaire in Brüssel, in dessen provisorischem Vorgängerbau 1880 das Volksfest zum 50jährigen Bestehen des belgischen Staates gefeiert worden war. Zum 75. Geburtstag des Staates wurde er, nachdem Leopold sich bereit erklärt hatte, den Bau aus eigener Tasche zu bezahlen, in Stein ausgeführt.

Der Triumphbogen ist 58 Meter lang, 20 Meter tief und 42 Meter hoch. Die drei großen Toröffnungen werden von kolossalen ionischen Säulen flankiert und von einer Gebälkauflage nebst wuchtiger Attika überdacht. Bekrönt wird das Ganze von mächtigen bronzenen Siegesgöttinnen und einer Siegesquadriga. Er wurde in weniger als einem Jahr gebaut, 500 Arbeiter haben in wechselnden Schichten bei elektrisch erleuchtetem Baugerüst Tag und Nacht daran gearbeitet. Der Arc du Cinquantenaire, entworfen von Charles Girault, Leopolds französischem Lieblingsarchitekten und Schöpfer des Pariser Petit Palais, wurde eine Mischung aus Arc de Triomphe und Brandenburger Tor, erweitert um beidseitig ausschwingende Kolonnaden.

Der Parc du Cinquantenaire bildet den Auftakt zu einer der schönsten Straßen Brüssels, der Avenue de Tervuren. Sie wurde für die Weltausstellung 1897 als Alleestraße angelegt und verband die Ausstellungshallen am Parc mit der Kolonialausstellung in Tervuren, einem Städtchen am Rande Brüssels. Die Kolonialausstellung lockte mit der Zurschaustellung von 267 «originalen» Kongolesen, darunter zwei Pygmäen, für die man am Ufer eines Teichs ein kongolesisches Dorf aufgebaut hatte. In wenigen Monaten kamen mehr als zwei Millionen Besucher, und der Erfolg bewog Leopold, ein ständiges Museum einzurichten.

Das Kongomuseum wurde 1904–1910 von Charles Girault gebaut als langgestrecktes, säulengeschmücktes Gebäude mit überkuppelter Rotunde, dem Petit Palais ähnlich, aber viel größer. Das Museum beschäftigte sich mit der Geschichte der Erforschung des afrikanischen Kontinents und der Kolonialisierung Zentralafrikas seit 1868 im Geist des Kolonialismus. Man fand darin eine Ehrentafel für einen belgischen Kolonialbeamten, der sich einst gebrüstet hatte, er zahle seinen schwarzen Soldaten fünf Messingstäbe für jeden Menschenkopf, und in der Rotunde standen vergoldete Skulpturen mit Titeln wie «Belgien bringt die Zivilisation nach Afrika».

Das Kongomuseum war nur ein Teil des Programms, das Leopold für Tervuren vorgesehen hatte. Er dachte daran, in Anbauten an beiden Seiten die Wirtschaftskraft Chinas und Japans, Ländern, denen er eine große Zukunft voraussagte, auszustellen und ein großes Konferenzzentrum zu bauen. Doch bald wurde diese Idee zugunsten einer anderen, noch größeren aufgegeben, der Errichtung einer Internationalen Hochschule des Kolonialismus zur spezialisierten Ausbildung der Kolonialbeamten. Girault entwarf dafür östlich des Museums ein Gebäudeviereck, das flankiert wird von Verwaltungsgebäuden und Laboratorien. Zum Baubeginn 1905 hatte Leopold eine kleine Rede vorbereitet, doch der überschwengliche Beifall nahm ihn emotional so mit, daß er sie nicht halten konnte.

Ein weiteres großes Bauprojekt war das bei Brüssel gelegene Schloß Laeken, die Privatresidenz Leopolds. Bald nach seiner Thronbesteigung hatte er durch Aufkäufe und Enteignungen die Grundstücksfläche des königlichen Anwesens stark erweitert und mit Um- und Anbauten begonnen. Nach einem Brand 1890 ließ er das Schloß zuerst von Balat, dann nach dessen Tod 1895 von Girault, um zwei Seitenflügel erweitert, wieder aufbauen. Der rechte Flügel enthielt große Empfangssäle, der linke Appartements, eine Kapelle im Stil von Versailles und Pferdeställe. Der Umbau diente weniger dem Komfort der königlichen Familie als der Repräsentation. Als «Palais des Nations» sollte der Bau zum Ort für internationale Konferenzen werden. Girault und seine Entwürfe standen für die architektonische Vorliebe Leopolds, die dem französischen Klassizismus galt, obwohl Brüssel zu dieser Zeit eine Hochburg des Jugendstils war.

Bereits 1876 hatte der erste Architekt für Laeken, Alphonse Balat, für Leopold einen kreisrunden Wintergarten entworfen, eine gewaltige Glaskuppel mit reichverziertem Strebewerk, 30 Meter hoch und 60 Meter im Durchmesser. 1886 kam das «Kongohaus» mit fünf kleinen Kuppeln dazu, 1894 ein Palmenhaus und eine neogotisch inspirierte eiserne Kirche, die Leopold selbst entworfen haben soll, und alle Bauten wurden durch verglaste Galerien miteinander verbunden. In drei Jahrzehnten entstand so der größte Garten- und Gewächshauskomplex der damaligen Zeit. Leopold war ein Blumen- und Pflanzenfreund und besaß bei seinem Tod die bedeutendste botanische Privatsammlung der Welt.

In späteren Jahren, als der König seinem Neffen Prinz Albert einige im Bau befindliche Bauten zeigte, sagte dieser – man hatte ihm nahegelegt, sich für die Projekte seines Onkels zu interessieren: «Onkel, das wird ja ein kleines Versailles!», und Leopold soll gefragt haben: «Ein kleines?»[3] Girault wollte in Laeken für Leopold ein prächtiges Schlafzimmer à la Ludwig XIV. bauen, wo man die berühmten *levers* und *couchers* hätte wiederbeleben können. Doch Leopold lehnte ab: «Ich bin am Ende meiner Karriere angelangt», erklärte er seinem Architekten, «und mein Nachfolger schläft im gleichen Zimmer wie seine Frau.»[4]

Wenn Leopold sich ausnahmsweise, die meiste Zeit verbrachte er in Südfrankreich, in seinem kleinen Königreich Belgien aufhielt, pendelte er oft zwischen seinen verschiedenen Schlössern hin und her. Handwerkertrupps waren ständig mit der Renovierung der Gebäude beschäftigt und dem Bau neuer Räume, Nebengebäude und Fassaden. In Laeken installierten sie einen Aufzug in italienischem Renaissancestil und errichteten einen für das Publikum zugänglichen «Chinesischen Pavillon», den ersten von mehreren Bauten, die die einzelnen Weltgegenden repräsentieren sollten.

In Ostende, seinem Lieblingsbadeort, ließ Leopold für die Allgemeinheit eine Promenade, mehrere Parkanlagen und eine mit Türmchen versehene Zuschauertribüne für die Pferderennbahn bauen und für sich ein Chalet am Strand. Um Ostende zum schönsten Badeort der Welt zu machen, ließ er den Stadtkern mit attraktiven Fassaden verschönern. Einen Eigentümer, der es trotz des königlichen Angebots von 25 000 Francs ablehnte, sich eine von Girault entworfene Fassade vor sein Haus setzen zu lassen, habe er, so wird kolportiert, enteignen lassen.

Seinen Lieblingsarchitekten Girault besuchte der König häufig in Paris. Er setzte sich dann immer an einen Tisch und vertiefte sich in alle möglichen Pläne und Detailskizzen. Gern besuchte er auch Baustellen, am liebsten unangemeldet um 6 Uhr morgens. «Bitten Sie den Minister für Bauwesen am Mittwoch um neun ins Brüsseler Stadtschloß», teilte er einmal im Jahr 1908 seinem Privatsekretär mit, «ich möchte mit ihm zum Park St. Gilles fahren und dort um neun Uhr dreißig eintreffen. Dann um elf zum Triumphbogen. Dann um etwa zwölf Uhr dreißig Mittagessen im Schloß. Dann um zwei nach Laeken. Halt an der Brücke über den Kanal, gegenüber der Avenue Veste. Um drei Avenue Van Praet und Japanischer Turm. Um vier an den Landstraßen nach Meise und Heysel.»[5] Den Fortschritt von Bauarbeiten in der Nähe seines Brüsseler Stadtschlosses pflegte er von einem eigens dafür errichteten hölzernen Gerüstturm aus zu beobachten.

Das größte Bauprojekt Leopolds aber lag im Kongo: der Bau der Eisenbahnlinie von Matadi bis Stanley Pool. Dieser Bau, 1890 begonnen und acht Jahre später in Betrieb genommen, zählt noch heute zu den schlimmsten Bauvorhaben der Geschichte. Für die 387 Kilometer lange Eisenbahntrasse brauchte man 60 000 Arbeiter und für die ersten 23 Kilometer drei Jahre. Die topografische Beschaffenheit des Geländes war extrem, das Klima mörderisch, und immer wieder kam es zu Epidemien. Die Bauarbeiter holte man aus Westafrika, Hongkong, Macao und Britisch-Westindien. Adam Hochschild berichtet in seinem Buch *Schatten über dem Kongo*:

«Die Männer wurden Opfer von Unfällen, sie erlagen der Ruhr, den Pocken, der Beriberi-Krankheit und der Malaria, Krankheiten, die durch schlechte Ernährung und unablässiges Prügeln von seiten der 200 Mann starken Eisenbahnmiliz noch verschlimmert wurden. Die Lokomotiven entgleisten, Güterwagen voller Dynamit explodierten und rissen die Arbeiter, schwarze wie weiße, in Stücke. Manchmal gab es keine Schlafunterkünfte, und störrische Arbeiter wurden in Ketten zur Arbeit geschickt. Die Vorarbeiter und Ingenieure aus Europa konnten ihre Verträge kündigen und nach Hause fahren, und es gab immer welche, die das auch taten. Schwarze und asiatische Arbeiter konnten das nicht. Wenn morgens die Signalhörner ertönten, dann legten Trupps zorniger Arbeiter die Leichen ihrer während der Nacht verstorbenen Kameraden den europäischen Aufsehern vor die Füße.»[6] Längs der Strecke lag ein Friedhof neben dem anderen, und jede Eisenbahnschwelle, so sagt man, stehe für einen Toten.

1906 begann Leopold, mit der belgischen Regierung erste Verhandlungen über die Übergabe des Kongo an den Staat zu führen, und 1908 einigte man sich. Der belgische Staat verpflichtete sich nicht nur, 50 Millionen Francs als besonderes Zeichen der Dankbarkeit zu zahlen, sondern auch, die Schulden Leopolds in Höhe von 110 Millionen Francs zu übernehmen – darunter viele Staatsobligationen, die er rechtzeitig an Günstlinge verteilt hatte – und weitere 45 Millionen Francs für die Fertigstellung von Bauvorhaben bereitzustellen, die Leopold besonders am Herzen lagen. Ein Drittel davon für das Schloß Laeken, das ohnehin schon zu den luxuriösesten Schlössern Europas gehörte.

Kurz vor seinem Tod gründete Leopold eine Stiftung mit Sitz in Deutschland, der er ein Vermögen von 45 Millionen Francs vermachte. Die Stiftungseinnahmen sollten für große prunkvolle Projekte verwendet werden, die Leopold so liebte: Paläste, Denkmäler und öffentliche Gebäude. Er gründete auch eine «Haus- und Garten-Immobiliengesellschaft der Côte d'Azur», in deren Besitz sich alle königlichen Riviera-Grundstücke befanden – er war dort einer der größten Grundstücksbesitzer. Hochschild berichtet: «Einige dieser Villen waren als ständige Urlaubssitze für künftige belgische Könige ausgewiesen, andere als Bestandteile eines gigantischen Erholungszentrums vorgesehen, das mit seinen Parks und Gärten, Sportanlagen und Ferienhäuschen den von ihrer schweren Arbeit im Kongo heimkehrenden weißen Beamten einen kostenlosen Urlaub gewähren sollte.»[7] Doch die Erholungsstätte wurde nie gebaut, und die Internationale Hochschule des Kolonialismus kam über die Grundmauern nicht hinaus. Nach dem Tod des Königs

beeilte sich die belgische Regierung, die Verträge mit den Architekten und den Baufirmen unter Zahlung hoher Abfindungen zu kündigen und die angefangenen Bauten abzuwickeln.

Die
Nutzlosigkeit
des Eiffelturms

Die Regierung der Dritten Republik, die der Hundertjahrfeier der Großen Revolution einen besonderen Glanz verleihen und nach dem verlorenen Krieg von 1870/71 die Kraft des wiedererstarkten Frankreichs demonstrieren wollte, beschloß, im Rahmen der Pariser Weltausstellung von 1889 ein bauliches Zeichen zu setzen. Sie schrieb einen Wettbewerb aus für ein großes Monument und entschied sich unter den zahlreich eingereichten Vorschlägen für das Projekt des Ingenieurs Alexandre Gustave Eiffel, einen 300 Meter hohen Turm in Eisenkonstruktion auf dem Champs de Mars.

Eiffel hatte seit 1855 bereits eine ganze Reihe spektakulärer Eisenbauten errichtet wie die Maschinenhalle der 1. Pariser Weltausstellung von 1867, Brücken und Warenhäuser und war auch am Bau des Panamakanals beteiligt. Am 8. Januar 1887 schloß der französische Staat mit Eiffel einen Vertrag, der in 18 Paragrafen Art und Umfang der Leistung, Bauzeit, Finanzierung und die Nutzungskonditionen festlegte. Eiffel verpflichtete sich, den Bau selbst zu finanzieren – der Staat zahlte lediglich einen Zuschuß von 1,5 Millionen Francs –, und erhielt als Ausgleich das alleinige Nutzungsrecht für die Dauer von 20 Jahren. Der staatliche Zuschuß deckte nur knapp ein Viertel der veranschlagten Kosten in Höhe von 6,5 Millionen Francs. Den Rest finanzierte Eiffel über eine Aktiengesellschaft mit fünf Millionen Grundkapital, von dem er selbst eine Hälfte zeichnete und die andere bei zwei Pariser Großbanken unterbrachte. Ein Geschäft, das sich lohnte. Zwei Millionen Besucher kamen schon während der Weltausstellung, und auch danach riß der Strom nicht ab, so daß der Turm bereits im ersten Jahr Gewinn abwarf.

Der Turm besaß auf 57 Meter Höhe eine Plattform, 65 Meter im Quadrat, mit vier Restaurants, zwölf Verkaufsständen und Platz für 6000 Personen. Eine zweite Plattform, 30 Meter im Quadrat, befand sich auf 115 Meter Höhe und besaß ein kleines Buffet. Die dritte Plattform, 16 Meter im Quadrat, lag 276 Meter hoch und wurde durch vier vorkragende Balkons gebildet. Von hier führte eine Wendeltreppe zu den astronomischen und meteorologischen Laboratorien, die für die Öffentlichkeit nicht mehr zugänglich waren. Darüber stand ein Leuchtturm, der die Farben der Trikolore in den nächtlichen Himmel strahlte. Erschlossen wurde der Turm von 1710 Treppenstufen und acht Aufzügen der Firma Otis, und täglich konnten 4200 Personen auf die höchstgelegene Plattform befördert werden.

Die Realisierung des Turmprojekts verlief nicht ohne Probleme. Zahlreiche Techniker waren der Ansicht, der Turm werde einstürzen, da das eiserne Fachwerk und die Fundamente nachgeben würden. Ein Anlieger des Champs de Mars strengte aus Angst, der Turm könne auf sein Haus stürzen, einen Prozeß gegen den Staat und die Stadt an, und Eiffel durfte die Bauarbeiten nur unter der Bedingung, sie auf eigene Kosten und Gefahr zu betreiben, fortsetzen. Doch die Befürchtungen waren unbegründet.

Die Konstruktion war von Eiffel und seinen Mitarbeitern Nougier und Koechlin bis in alle Einzelheiten durchdacht und auf den Millimeter genau berechnet worden. Für den Turm, er wurde in nur zweijähriger Bauzeit erstellt, wurden 5300 Zeichnungen angefertigt. Jedes Einzelteil und jede Verbindung wurden dargestellt, Lage und Größe der Nietlöcher und deren Toleranzen berechnet, um eine Vorfertigung im Werk und eine einfache Montage vor Ort zu ermöglichen. Die Präzision, die man in der Fertigung erreichte, war hoch. Erst in einer Höhe von 57 Meter mußte das erste Nietloch geändert werden.

Der Eiffelturm, Schnitt durch die Kabinen des Fahrstuhls
der Firma Otis

Doch unbeeindruckt von technischer Präzision und wissen-
schaftlicher Akribie protestierten zahlreiche führende Intellektuelle und Künstler Frankreichs heftig gegen den Bau des Turms. Sie
nannten ihn unnütz und abgrundtief häßlich, fanden ihn von bar-

barischer Masse und sahen in ihm eine Schande für Paris. Sie schrieben in ihrem am 14. Februar 1887 in *Le Temps* veröffentlichten «Protest der Künstler» an Alphand, den leitenden Kommissar der Ausstellung und früheren Mitarbeiter Haussmanns:

«Wir Schriftsteller, Maler, Bildhauer, Architekten und leidenschaftlichen Liebhaber der bisher unangetasteten Schönheit von Paris protestieren im Namen des verkannten französischen Geschmacks mit aller Kraft gegen die Errichtung des unnötigen und ungeheuerlichen Eiffelturms im Herzen unserer Hauptstadt, den die oft von gesundem Menschenverstand und Gerechtigkeitsgefühl inspirierte Spottlust der Volksseele schon den Turm zu Babel getauft hat. Wird die Stadt Paris sich wirklich den überspannten, den geschäftstüchtigen Phantastereien einer Maschinenkonstruktion – oder eines Konstrukteurs – anschließen, um sich für immer zu schänden und zu entehren? Denn zweifelt nicht daran, der Eiffelturm, den nicht einmal das kommerzielle Amerika für sich haben möchte, ist die Schande für Paris. Um zu begreifen, was wir kommen sehen, muß man sich einen Augenblick einen schwindelerregenden, lächerlichen Turm vorstellen, der wie ein riesiger, düsterer Fabrikschlot Paris überragt, muß sich vorstellen, wie alle unsere Monumente gedemütigt, alle unsere Bauten verkleinert werden, bis sie in diesem Alptraum verschwinden. Und zwanzig Jahre lang werden wir den verhaßten Schatten dieser verhaßten Säule aus zusammengeschraubten Eisen sich wie einen Tintenfleck ausdehnen sehen. Ihnen, Monsieur et cher compatriote, Ihnen, der Sie Paris so sehr lieben, der Sie es verschönert haben, gebührt die Ehre, es noch einmal zu verteidigen. Und wenn unser Warnruf nicht vernommen wird, wenn unseren Vorstellungen kein Gehör geschenkt wird, wenn Paris darauf besteht, Paris zu entehren, dann haben wenigstens Sie und wir einen ehrenvollen Protest laut werden lassen.»[1]

Neben zahlreichen anderen bekannten Persönlichkeiten gehörte auch Maupassant zu den Unterzeichnern dieses Aufrufs, der in *La vie errante* erzählte, er habe nach der Fertigstellung Paris und sogar Frankreich verlassen, weil der Eiffelturm ihn zu sehr geärgert habe: «Nicht genug, daß man ihn von überall sieht, nein er ist auch überall und in jedem erdenklichen Material erhältlich, in jedem Schaufenster ausgestellt, ein unentrinnbares, ein quälendes Alpdrücken.» Er bezeichnete den Eiffelturm als «magere Pyramide aus eisernen Leitern», als ein scheußliches Riesenskelett, von dem er hoffe, daß es, um vor den Augen der Nachwelt bestehen zu können, in Kürze wieder abgerissen würde.[2] Auch der berühmte Kunst- und Kulturhistoriker Jakob Burckhardt fand in seinen *Briefen an einen Architekten* 1889 keine lobenden Worte: «Mein spezieller Abscheu bei dieser Entreprise ist der Riesenturm, welcher offenbar als Reklame für die gedankenlosesten Tagdiebe von ganz Europa, Amerika etc. zu wirken bestimmt ist.»[3]

Die Kulturträger und feinsinnigen Ästheten lehnten mit der Baumasse und der Konstruktionsweise des Turms vor allem sein Baumaterial ab. Eisen als Baustoff galt ihnen als häßlich und schrecklich, mehr dem Bereich der Fabriken als dem des öffentlichen Bauens zugehörig. So schrieben die Brüder Goncourt in ihrem berühmten *Journal*: «Der Eiffelturm bringt mich auf den Gedanken, daß eiserne Bauten keine menschlichen Bauten sind, das heißt Bauten der alten Menschheit, die nur Holz und Stein kannte, um ihre Behausungen zu bauen. Außerdem sind die glatten Flächen der Eisenbauten schrecklich; man sehe sich nur die erste Plattform des Eiffelturms mit ihrer Reihe von Doppelkäfigen an; gibt es etwas Häßlicheres für das Auge eines Menschen alter Kultur.»[4]

Nach der Fertigstellung des Turms am 15. April 1889 verwandelte sich, vor allem beim Mann auf der Straße und bei der Presse, die Ablehnung fast durchweg in begeisterte Zustimmung. Ein Pressemann schrieb: «Vor der vollendeten Tatsache – und was für einer Tatsache! – müssen wir uns beugen. Auch ich, wie viele andere, habe gesagt und geglaubt, der Eiffelturm sei ein Wahnsinn, aber es ist ein großartiger und stolzer Wahnsinn. Gewiß, diese ungeheure Masse erdrückt die übrige Ausstellung, und wenn man wieder aufs Marsfeld hinaustritt, scheinen einem die riesigen Kuppeln und Galerien winzig klein. Aber was wollt ihr? Der Eiffelturm spricht die Phantasie an, er ist etwas Unerwartetes, etwas Phantastisches, das unserer Kleinheit schmeichelt. Als er kaum in Angriff genommen war, unterzeichneten die berühmtesten Künstler und Schriftsteller, von Meissonier bis Zola, einen flammenden Protest gegen den Turm als ein furchtbares Verbrechen gegen die Kunst. Würden sie ihn heute noch unterzeichnen? Nein, gewiß nicht, und es wäre ihnen lieber, dieses Dokument ihres Zorns existierte nicht. Und was das Volk, was die guten Bürger betrifft, so läßt sich ihr Empfinden in einen Satz zusammenfassen, den ich aus dem Munde eines braven Mannes vernommen habe, nachdem er fünf Minuten lang mit offenem Munde vor dem Turm gestanden hatte: ‹Enfoncé l'Europe› [Europa kann einpacken!].»[5]

Einer der ersten, der den Eiffelturm noch vor der Eröffnung bestieg, war der Troja-Ausgräber Heinrich Schliemann. Schliemann pries den Turm und seinen Erbauer in einem Brief an Virchow am 24. Mai 1889 als ein Werk des technischen Fortschritts: «Zu meiner Freude sehen jetzt auch *The Times*, die früher den Eiffelturm mit Schimpfreden übergossen, ein, daß die Ausstellung ohne ihn nicht den vierten Teil ihres Reizes haben würde und daß er ein weiteres Wunderwerk ‹of engineering skill› ist.»[6]

Der Turm fand, viele Beispiele ließen sich noch anführen, rege Anteilnahme – enthusiastischen Beifall von seiten der Bürger und Technikbegeisterten und unversöhnliche Kritik von seiten der Intellektuellen und Künstler. Man sah ihn teils als Ausdruck gelungener nationaler Selbstdarstellung und technischen Fortschritts, teils als Resultat eines kulturzerstörenden Machbarkeitswahns, und man empfand ihn in einer Zeit, die den Nutzen verabsolutierte, als nutzlos: «Die Nutzlosigkeit des Eiffelturms», schrieb Roland Barthes, «ist immer dunkel als ein Skandal empfunden worden ... Es lag nicht im Geist einer im allgemeinen der Rationalität und der Empirie der großen bürgerlichen Unternehmungen verpflichteten Epoche, die Idee eines nutzlosen Objektes zu ertragen (es sei denn, es handle sich erklärtermaßen um ein Objekt der Kunst, was man vom Eiffelturm auch wiederum nicht annehmen konnte).»[7]

Diese Nutzlosigkeit war auch für den Ingenieur und Brückenbauer Gustave Eiffel ein Problem. Er versuchte, zur Verteidigung seines Turms alle zukünftigen Verwendungsmöglichkeiten minutiös aufzuzeigen, und führte unter anderem meteorologische Messungen, Studien zur Materialprüfung und radioelektrische Forschungen an. Eiffel selbst betrieb auf dem Turm aerodynamische Studien und berechnete den Luftwiderstand von Flächen, die aus unterschiedlichen Höhen vom Turm fielen.

Auch wenn dem Turm eine gewisse Nützlichkeit somit nicht abgesprochen werden konnte, schienen doch die Nützlichkeiten gegenüber der gewaltigen Masse und aufstrebenden Höhe gering, und seine eigentliche Funktion konnte nicht verborgen bleiben – ein Symbol der Modernität zu sein. Die Neuheit des Materials, die nicht auf Schönheit zielende Form und die Nutzlosigkeit, das alles machte ihn zu einer Chiffre des neuen Zeitalters und als solche begegnet er uns in den Werken vieler moderner Künstler. Für Robert Delaunay beispielsweise, der den Eiffelturm als «Barometer seiner Kunst» bezeichnete, war er das Thema, das in den Jahren von 1909 bis 1911 seine Malerei beherrschte. Sein Freund, der Dichter Blaise Cendrars, schrieb in *Aujourd'hui*:

«Sobald ich hinausgehen konnte, begleitete ich Delaunay zum Turm. Hier unsere Reise um und in den Eiffelturm. Keine bis heute bekannte Kunstformel könnte Anspruch darauf erheben, den Fall Eiffelturm bildnerisch gelöst zu haben. Der Realismus verkleinerte ihn; die alten Gesetze der italienischen Perspektive machten ihn dünner. Der Turm streckte sich über Paris fein wie eine Hutnadel. Wenn wir uns von ihm entfernten, dominierte er über Paris, steif und senkrecht; wenn wir uns ihm näherten, neigte er sich und beugte sich über uns. Gesehen von der ersten Plattform, schraubte er sich nach oben, gesehen von der Spitze, fiel er in sich zusammen, die Beine gespreizt, den Hals eingezogen. Delaunay wollte gleichzeitig Paris um ihn herum wiedergeben, ihn einbauen. Wir haben alle Standpunkte versucht, wir haben ihn betrachtet unter verschiedenen Winkeln, in allen Ansichten; sein schärfstes Profil entdeckt man von der Höhe der Passerelle de Passy. Und diese Tausende von Tonnen Eisen, diese dreihundert Meter Höhe aus verhalfterten Trägern und Trägerchen, diese vier Bögen von hundert Meter Spannweite, diese ganze schwindelerregende Masse kokettierte mit uns … Und wie wir so um ihn herumstrichen, stellten wir fest, daß er eine merkwürdige Anziehungskraft auf eine Menge Menschen ausübte.»[8]

Tradition
contra Moderne
– die Weißenhofsiedlung

1927 wurde in Stuttgart auf dem Killesberg eine ungewöhnliche Siedlung der Öffentlichkeit präsentiert: der Weißenhof. Die international führenden Architekten des Neuen Bauens hatten im Rahmen der Ausstellung «Die Wohnung» verwirklicht, was sie für die Zukunft des Bauens und Wohnens hielten, und das Publikum kam in Scharen. Mehr als 500 000 Menschen besuchten in knapp drei Monaten die Ausstellung, und die gesamte internationale Presse berichtete darüber. Die von 17 Architekten entworfenen 21 Gebäude mit 63 Wohnungen, von Innenarchitekten beispielhaft eingerichtet, waren schmucklos, mit neuen Materialien und Konstruktionsmethoden erbaut und hatten, dies war verbindlich vorgeschrieben, ein flaches Dach.

Initiator dieser ungewöhnlichen Ausstellung war der Berliner Vorstand des Deutschen Werkbunds, der am 30. März 1925 die Württembergische Arbeitsgemeinschaft des Werkbunds mit der Durchführung im Rahmen des Stuttgarter Wohnungsbauprogramms beauftragt hatte. Am 27. Juni veröffentlichte der Deutsche Werkbund eine Broschüre über die Ziele der Ausstellung, und am 24. Juli stimmte der Bauausschuß des Stuttgarter Gemeinderats diesen Zielen zu, man forderte lediglich einen stärkeren Einfluß der Stadt. Am 8. Oktober teilte der Werkbund der Stadt mit, daß sie den Architekten Mies van der Rohe, der damals Vizepräsident des Deutschen Werkbunds war, mit der künstlerischen Leitung der Ausstellung betraut habe.

Am 16. Oktober diskutierte der Bauausschuß über den ersten von Mies entwickelten Bebauungsplan. Die zwei Vertreter des Stadterweiterungsamts und der Bürgermeister Sigloch sprachen sich für den Plan aus und meinten: «Man müsse sich dessen bewußt sein, daß hier etwas ganz Neues, vom Hergebrachten Abweichendes erstrebt werde.»[1] Die Gemeinderäte allerdings hatten Bedenken. Einige wandten sich gegen den neuen Baustil und gegen das Abweichen von der Stuttgarter Bauweise, andere bezweifelten die Zweckmäßigkeit der vorgeschlagenen Bebauungsstruktur. Sie befürchteten, daß hier ein Experiment gewagt würde, das Unsummen verschlingen und letztlich doch scheitern würde. Am 25. November 1925 wurde der Plan vom Gemeinderat bei Stimmengleichheit abgelehnt. Der Gemeinderat forderte, die Baukosten zu reduzieren oder den Werkbund die Mehrkosten zu vergleichbaren Bauten des Stuttgarter Wohnungsbauprogramms tragen zu lassen.

Am 24. Juni 1926 stellte Mies dem Bauausschuß des Gemeinderats eine überarbeitete Fassung seines Bebauungsplans vor. Da er den vom Gesamtprogramm des Wohnungsbaus vorgegebenen Kostenrahmen nach wie vor überschritt, lehnte der Bauausschuß auch diesen Entwurf ab. In der gleichen Sitzung wurde die Frage der zu beauftragenden Architekten diskutiert. Der Werkbund hatte eine Auswahl von fünfzehn Architekten vorgeschlagen, die der Bauausschuß im wesentlichen akzeptierte. Le Corbusier allerdings sollte durch einen anderen Schweizer ersetzt und zusätzlich zwei Stuttgarter Architekten in die Liste aufgenommen werden.

Das war die Lage, als die bislang bei der Auswahl des Werkbunds übergangenen Architekten der «Stuttgarter Schule» versuchten, mehr Einfluß auf die Planung der Ausstellung zu bekommen. Am 5. Mai holten sie zum großen Schlag aus. Paul Bonatz und Paul Schmitthenner, beides bekennende Traditionalisten, Verfechter handwerklichen Bauens und ausgesprochene Gegner des modernen Bauens, veröffentlichten in der Tagespresse zeitgleich kritische Stellungnahmen zum vorliegenden Plan Mies van der Rohes. Bonatz schrieb am 5. Mai 1926 im *Schwäbischen Merkur*:

«Man hat das Gefühl, als stürze sich die Stadt mit der Werk-bundsiedlung am Weißenhof in ein Abenteuer. Diese Befürchtung wird verstärkt, wenn man den ersten Plan von Mies van der Rohe für die Werkbundsiedlung sieht. Der Plan ist unsachlich, kunst-gewerblich und dilettantisch ... In vielfältigen horizontalen Terras-sierungen drängt sich in unwohnlicher Enge eine Häufung von flachen Kuben am Abhang hinauf, eher an eine Vorstadt Jerusalems erinnernd als an Wohnungen für Stuttgart ... Die Ausführung wird mehr als doppelt so teuer als bei vernünftiger Bauweise. Es ist sicher nicht die Meinung des Gemeinderats, daß hier öffentliche Mittel verschwendet werden sollen ... Von der Stadt Stuttgart kann erwartet werden, daß sie das, was der Werkbund bisher für völlig überflüssig gehalten hat, nachholt und einige Stuttgarter Architek-ten zu Vergleichsvorschlägen auffordert ... In diesem Sinne wäre es von Anfang an vernünftiger gewesen, die bescheidene Siedlung von 60 kleinen Wohneinheiten als eine württembergische interne Angelegenheit zu behandeln.»

Schmitthenner schrieb am selben Tag in der *Süddeutschen Zei-tung*: «Dieser Plan ist geradezu schlecht und spricht so ziemlich jeder Erfahrung hohn ... Die Zusammenfügung der Häusermassen zeigt die Absicht zum kubischen Bauen, d. h. zum Haus ohne Dach. Die Siedlung so gebaut, farbig geschmackvoll gestrichen, kann un-ter Umständen eine recht interessante Kulisse werden, die vielleicht an italienische Bergnester erinnert.» «Der Württembergischen Ar-beitsgemeinschaft des Deutschen Werkbundes war es wohl nicht bekannt, daß es unter ihren Mitgliedern Architekten gibt wie Bonatz, Jost, Wetzel, Wagner u. a., die gerade in solchen Bau-aufgaben wie den vorliegenden reiche, lebendige Erfahrungen be-sitzen ... Um den Gedanken der Werkbundsiedlung im Rahmen der Werkbundausstellung 1927 in Stuttgart zu verwirklichen, wird es notwendig sein, daß für das in Aussicht genommene Gelände ein Plan von einem erfahrenen Baumeister aufgestellt wird.»

Parallel zur Veröffentlichung der Zeitungsartikel schrieb Bonatz einen offenen Brief an den Bürgermeister Sigloch, indem er die vorliegende Planung kritisierte und vor den Folgen eines solchen Abenteuers für die Stadt warnte. In Folge dieser massiven Kampagne fand am 7. Mai eine Besprechung zwischen Paul Bonatz und Peter Bruckmann, dem Vorsitzenden des Deutschen Werkbunds, statt, bei der man folgenden Kompromißvorschlag diskutierte: Drei Architekten sollten in einer Art beschränktem Wettbewerb zur Ausarbeitung eines Gesamtentwurfs aufgefordert werden – Mies, Döcker und Schmitthenner. Bonatz würde auf eine eigene Teilnahme verzichten, dafür aber zusammen mit Vertretern der Stadt und des Werkbunds bei der Auswahl des auszuführenden Entwurfs mitwirken. Die Auswahl der Architekten für die einzelnen Häuser sollte erst erfolgen, wenn der Gesamtplan feststand, da nur solche Architekten in Frage kämen, die mit der Auffassung des ausgewählten Planverfassers harmonierten.

Dieser Kompromiß wurde vom Werkbund und von Mies abgelehnt, doch Bürgermeister Sigloch fürchtete um den Erfolg des Projekts, wenn kein Platz für die Vertreter der Stuttgarter Schule gefunden würde. Ihr Ansehen in Stuttgart war groß, und der Gemeinderat mußte gewonnen werden, da das Baugelände städtisch war und die Siedlung in das städtische Bauprogramm aufgenommen werden sollte. Der Bürgermeister forderte, daß Mies und Bruckmann Bonatz aufsuchen und mit ihm über die Möglichkeit einer Zusammenarbeit verhandeln sollten. Dieses Gespräch kam zustande, und Bonatz wiederholte seine Forderung nach einem Wettbewerb. Gleichzeitig beantragte Schmitthenner die Abhaltung einer Vorstandssitzung der Württembergischen Arbeitsgemeinschaft des Werkbunds, die am 14. Mai 1926 stattfand.

In dieser Sitzung wiederholte Bonatz abermals seine Forderung nach einem Wettbewerb. Er unterstellte den Werkbundkollegen ein unehrliches Spiel und blieb bei seiner Ablehnung des Miesschen Entwurfs: «Wir haben unsere Zweifel in uns herumgetragen und hätten es weiter in der Stille getan, wenn nicht der Plan mit Mies van der Rohe gekommen wäre. Dieser Plan übertrifft alle Befürchtungen ... Das Ganze ist so unsachlich, nur von dekorativen Erwägungen ausgehend, aber praktisch undurchführbar ... Die Sache ist in Bezug auf künstlerische Auffassung so dilettantisch, daß Stuttgart auf gar keinen Fall ohne weiteres zuschauen dürfte, wenn Mies van der Rohe als künstlerischer Leiter aufgestellt wird. Er brächte damit einen Fehlschlag stärkster Art ... Ich kann mir nicht vorstellen, daß in einer Stadt, wo Leute sind, die doch auch etwas Gutes können, nun ein anderer kommt, der die Arbeit der anderen einfach ablehnt.»[2]

Als ein Werkbundkollege erklärte, Stuttgart könne durch eine solche Ausstellung nur gewinnen und die Stuttgarter Architekten sollten sich zurückhalten, da sie in Stuttgart sowieso Gelegenheit genug hätten zu zeigen, was sie könnten, antwortete Paul Bonatz: «Ich bin nicht der Meinung ..., daß Stuttgart mit der Sache nur gewinnen könne. Es kann sehr viel verlieren, wenn eine ruhige angebahnte Entwicklung gestört wird, und ich glaube, daß es sehr viel verlieren würde. Der Rat erscheint mir sehr schön, daß die Stuttgarter beiseite stehen und die andern zeigen lassen sollen, was sie können ... Aber wenn ich die Überzeugung habe, daß nur Dilettantismus gezeigt wird von einem Mann, von dem ich nichts kenne als eine Zeichnung von einem Wolkenkratzer, wenn ich den Eindruck habe, daß der Plan absolut unsachlich angefaßt ist, so halte ich mich als Lehrer an der Hochschule für verpflichtet, dagegen zu protestieren und mit allem Nachdruck zu kämpfen.»[3]

Bruckmann plädierte dafür, den Jungen und Modernen hier einmal eine Chance zu geben, ihnen die Tür zu öffnen und somit für eine Erneuerung zu sorgen, in der allein die Zukunft des Werkbunds liegen könne. Man dürfe in einer ruhigen und ungestörten Entwicklung nicht den einzig erstrebenswerten Zustand sehen, sondern müsse auch bereit sein, etwas Neues zu wagen. Er erinnerte Bonatz und Schmitthenner daran, daß auch sie vor zwanzig Jahren sich hätten durchsetzen müssen gegen ältere Kollegen, die in Amt und Würden saßen und das Feld beherrschten. Darauf antwortete Bonatz:

«Wir wollen den Nachdruck nicht auf das Wort des ‹Beruhigen›
legen. Wir sind keineswegs so einfältig, daß wir vom Werkbund
verlangen, er solle einen Schutzzoll zum Schutz unserer Arbeit
einführen. Ich muß noch einmal auf den Plan zu sprechen kommen und bitte Sie, den Plan einmal anzusehen. Die ganze Sache ist
nicht aus dem Gegenstand heraus angepackt ... Es ist das Gegenteil von dem, was ein vernünftiger Mensch macht, wenn er eine
Siedlung errichtet. Sie können die Sache ansehen, wie Sie wollen: Sie machen Bankrott damit. Der Werkbund darf doch nicht
seine Augen verschließen und sagen: Ich habe mich mit allem
Mies van der Rohe verschrieben. Dieser Plan müßte mit andern
Plänen in Konkurrenz treten. Wenn Sie die Augen verschließen
wollen, dann arbeiten Sie nicht im Interesse des Werkbunds. Der
Gedanke, daß verschiedene Vorschläge gemacht werden müssen,
muß von der Württembergischen Arbeitsgemeinschaft aufs wärmste befürwortet werden. Auch der andere Flügel kann noch einen
Vorschlag machen.»[4]

Das Ergebnis der Sitzung war, daß dem Antrag von Schmitthenner, zwei weitere Vorschläge durch die Stuttgarter Architekten
Döcker und Jost ausarbeiten zu lassen, mehrheitlich zugestimmt
wurde. Dieser Antrag wurde dem Werkbundvorstand in Berlin zur
Abstimmung vorgelegt und von diesem mit folgender Begründung
abgelehnt: «Der Vorstand des Deutschen Werkbundes hält daran
fest, daß er keine künstlerische Richtung bekämpfen und keine
als die einzig wahre gelten lassen will, daß er vielmehr bemüht bleiben muß, die gute, wertvolle Leistung, wo sie auch auftaucht, zu
erkennen und ihr den Weg frei zu machen. Er hat es mit Freuden
begrüßt, daß hier einmal Gelegenheit geboten ist, den Trägern ganz
bestimmter Anschauungen die Möglichkeit zu geben, ihre Gedanken in die Tat umzusetzen und zu erproben. Er ist weit davon
entfernt, darum die in langsamer und stetiger Arbeit gesammelten
Erfahrungen anderer Architekten zu mißachten.»[5]

Der von Schmitthenner vorgeschlagene Döcker teilte Mies brieflich mit, daß er den Auftrag, einen alternativen Entwurf vorzule-

gen, sollte er an ihn herangetragen werden, aus Solidarität ablehnen würde. Er bot statt dessen an, den Miesschen Entwurf, den auch er im wesentlichen für verfehlt hielt, zum Wohl der gemeinsamen Sache zu überarbeiten – ein Angebot, das Mies selbstverständlich ablehnte. Döcker, der später örtlicher Bauleiter der Siedlung wurde, hat bis kurz vor Eröffnung der Ausstellung immer wieder versucht, Mies von seinem Posten des künstlerischen Leiters der Ausstellung zu verdrängen, allerdings ohne Erfolg.

Bei der nächsten Mitgliederversammlung der Württembergischen Arbeitsgemeinschaft des Werkbundes wurde der Vorstand ausgewechselt. Bonatz blieb, doch die Bonatz-Fraktion wurde entscheidend geschwächt. Schmitthenner und vier weitere Architekten wurden durch Döcker und andere, modern Gesinnte, ersetzt. Nach weiteren Querelen forderte der Berliner Vorstand die Stadt Stuttgart auf, nun endgültig eine Entscheidung zu fällen. Der Bebauungsplan, die Berechnungen und die Liste der vorgeschlagenen Architekten lägen vor, und sollte sich Stuttgart nicht bald entscheiden können, würde man eine andere Stadt als Ausstellungsort wählen.

Am 28. Juli 1926 stimmte der Bauausschuß schließlich in einer erneuten Abstimmung – mit 25 zu elf Stimmen bei sechs Enthaltungen – dem Bebauungsplanentwurf von Mies zu. Am 21. Dezember 1926 wurde zwischen der Stadt Stuttgart und Mies als künstlerischem Leiter und Döcker als örtlichem Bauleiter ein Vertrag geschlossen. Wenig später traten Bonatz und Schmitthenner aus dem Deutschen Werkbund aus.

Die große Resonanz, die die Ausstellung bei Presse und Publikum fand, verbuchten die Stadtoberen Stuttgarts als Erfolg – auch wenn das Urteil vorwiegend negativ ausfiel. Vor allem an den verbindlich vorgeschriebenen Flachdächern entzündete sich eine Diskussion über den richtigen Baustil. Man sprach, die Diktion von Bonatz aufnehmend, von «Klein-Jerusalem», von «Einfamilienhäusern im Quetschsystem», von «zivilisiertem Stall» und «Araberdorf». Selbst im Amtsblatt der Stadt Stuttgart war zu lesen,

In diesem Spottbild wurde 1934 die Weißenhofsiedlung als
ein «Araberdorf» dargestellt

»dass die Weißenhofsiedlung, für welche der Deutsche Werkbund
verantwortlich zeichnet, der deutlichste Beweis für den Nieder-
gang der deutschen Baugesinnung während der Nachkriegszeit
ist. Es besteht ein öffentliches Interesse aller Deutschgesinnten,
solche weltbürgerlichen Versuche zu verhindern.» Der Kunstkriti-
ker Werner Hegemann schrieb 1930 in Wasmuths *Monatsheften
für Baukunst*: «Es ist drollig anzusehen, wie eine Provinzstadt, die
sich gerne einmal international gebärden möchte, verständige
Maßstäbe vergessen und ins Närrische verfallen kann.»[6]

Bonatz und Schmitthenner nutzten die Gelegenheit, sich von
Weißenhof und Werkbund zu distanzieren. Sie gründeten 1928
eine neue Architektenvereinigung, genannt «Der Block», und errichteten ebenfalls eine Mustersiedlung, diesmal in traditioneller
Bauweise, die Siedlung am Kochenhof. 1933 erklärten die Nazis
die Weißenhofsiedlung zum Schandfleck, der beseitigt werden
müsse, und nur durch Zufall blieb der größte Teil der Häuser erhalten. Im Krieg teilweise zerstört und in stark veränderter Form wie-

deraufgebaut, nach dem Krieg teilweise «modernisiert», bewirkte erst der von Bodo Rasch, Frei Otto und Berthold Burkhardt 1977 ins Leben gerufene Verein «Freunde der Weißenhofsiedlung», daß ein großer Teil der Bauten zumindest in Kubatur und äußerer Erscheinung durch Bund und Stadt wiederhergestellt wurde.

Friede und Eintracht
– Le Corbusier
und das Völkerbundprojekt

Der neue Sitz des 1919 als Weltorganisation der freien Völker gegründeten Völkerbundes in Genf sollte ein Symbol für die menschliche Eintracht und den Willen zum Frieden werden. Doch der für den Bau 1926 ausgelobte internationale Wettbewerb, als friedlicher Wettstreit unter den Nationen gedacht, führte zu internationalen Zwischenfällen und Verwicklungen. Zuerst entschied man sich gar nicht, dann für das Alte und Bewährte. Die Institution, die vorgab, im Sinne des vernunftgemäßen Fortschritts für den Weltfrieden und die Brüderlichkeit unter den Nationen zu stehen, verband sich nicht mit dem neuen Bauen der Moderne, sondern mit dem alten historisierenden Geist der Akademien. «Noch einmal siegte Palazzo über Zweckbau», schrieb Adolf Behne in einem Nachtrag zu seinem Buch *Der moderne Zweckbau* zum Ergebnis dieses Wettbewerbs, der zur letzten Parade des Historismus und zum internationalen Skandalfall wurde.

Die Auslober des Wettbewerbs wünschten, wie dem Programm zu entnehmen ist, als Sitz des Völkerbunds einen «Palast», der die Würde der jungen Institution repräsentieren und ein Symbol für die friedlichen Ideale des 20. Jahrhunderts sein sollte: «Der Völkerbund ladet die Architekten zur Beteiligung am Wettbewerb ein und weist diese darauf hin, daß es für die Entwurfsbearbeitung des Völkerbundpalastes nicht allein darauf ankommt, alle Arbeitsvorgänge, die eine zielbewußte Tätigkeit des Völkerbundes sicherstellen können, neuzeitlich und im höchsten Grade praktisch zu organisieren, sondern daß es darauf ankommt, mit dem Völkerbundpalast ein Bauwerk zu schaffen, das schon durch die Reinheit seines Charakters und die Harmonie seiner Formen berufen erscheint, die friedlichen Ideale des 20. Jahrhunderts zu symbolisieren.»[1]

Insgesamt verschickten die Auslober 2400 Wettbewerbsprogramme in Form von großformatigen, luxuriösen Mappen nach einem genauen Zeitplan, damit sie bei allen Teilnehmern am selben Tag eintreffen sollten. In allen Ländern wurde dem Wettbewerb große Bedeutung beigemessen und die Architekten aufgefordert, bei diesem großen Wettstreit ihr Land würdig zu repräsentieren. Es waren zehn abgestufte Preise und zehn Ankäufe vorgesehen, alles in allem eine Preissumme von 165 000 Franken. Sollte der erste Preisträger nicht beauftragt werden, wurde ihm eine Abfindung in Höhe von 50 000 Franken zugesichert. Die maximale Bausumme war mit 13 Millionen Franken festgelegt, Abgabetermin war der 25. Januar 1927.

Nach sechswöchiger Tagung, am 5. Mai 1927, fällte das Preisgericht, das sich aus neun europäischen Architekten zusammensetzte, in seiner vierundsechzigsten Sitzung das Urteil. Keines der fristgerecht eingereichten 377 Projekte wurde zur Ausführung empfohlen. Es wurden neun erste Preise, neun erste Ankäufe und neun zweite Ankäufe vergeben; jeder der neun Preisrichter wählte einen ersten Preisträger und zwei Ankäufe aus. Den Preisrichtern war es nicht gelungen, gemeinsame Kriterien für die Beurteilung der eingereichten Arbeiten zu finden, und allen war klar, daß für die Ausführung ein völlig neues Projekt auszuarbeiten wäre. Die Jury entschuldigte sich für ihre Unentschlossenheit: «Die Entwürfe zeigen grundsätzliche Abweichungen in der Umsetzung dieser anspruchsvollen Aufgabe, was darauf zurückzuführen ist, daß sich die zeitgenössische Architektur momentan in einer Phase der Entwicklung und Neuorientierung befindet.»[2]

Dieses Urteil, oder besser Nicht-Urteil, löste einen Sturm der Entrüstung aus. In Architektenkreisen sah man das Wettbewerbswesen in Frage gestellt. Der Völkerbund sah sich bloßgestellt, da er den Anspruch erhebe, den Weltfrieden durch Verhandeln zu sichern, selbst aber offensichtlich nicht in der Lage sei, beim Bau des eigenen Hauses eine klare Entscheidung herbeizuführen. Die beiden Teilnehmerlager, das modern gesinnte um den Preisträger Le Corbusier und das traditionalistisch-akademische um den Preisträger Nénot, fühlten sich desavouiert und mobilisierten zahlreiche Anhänger und Sympathisanten. Es begann eine «Schlacht der Interessen», und der Völkerbund wurde mit Noten, Bittschriften, Telegrammen, Angeboten und Stellungnahmen überhäuft.

Als bereits Rufe nach einem zweiten Wettbewerb aufkamen, berief der Völkerbundrat am 10. September 1927 ein Komitee, das aus fünf Diplomaten bestand, die alle aus nicht mit Preisen bedachten Ländern kamen. Da sich diese zu Recht für nicht kompetent hielten, beriefen sie ihrerseits zwei technische Experten, die die Vor- und Nachteile der ausgezeichneten Projekte prüfen sollten. Die Experten attestierten dem Entwurf von Le Corbusier, über die beste Grundrißorganisation zu verfügen, bautechnisch durchführbar und vor allem kostengünstig zu sein. Im Gegensatz zu den anderen ersten Preisträgern, die auf Bausummen von 27 oder sogar 50 Millionen Franken kamen, blieb sein Projekt im vorgesehenen Kostenrahmen.

Das Komitee allerdings entschied sich, entgegen dem Expertenrat, aus politischen Gründen mit einer knappen Mehrheit von drei zu zwei Stimmen für eine historisierende Lösung mit der Begründung, Le Corbusiers Entwurf erinnere zu sehr an eine Fabrik und sei nicht repräsentativ genug. Im Dezember 1927 wurde Nénot beauftragt, mit drei anderen ersten Preisträgern zusammen einen neuen Entwurf auf der Grundlage seines Wettbewerbsentwurfs auszuarbeiten, der den Veränderungswünschen des Komitees Rechnung tragen sollte.

Doch die Schlacht ging weiter. Nénot kommentierte in einem Interview mit der Zeitschrift *L'Intransigeant* am 24. Dezember 1927 triumphierend die Entscheidung des Komitees: «Ich freue mich für die Kunst. Die französische Mannschaft hatte zum Ziel, als sie sich dem Wettbewerb gestellt hat, die Barbarei scheitern zu lassen. Wir nennen Barbarei eine bestimmte Architektur oder genauer eine bestimmte Anti-Architektur, die seit einigen Jahren im östlichen und nördlichen Europa Furore macht und nicht weniger schrecklich ist als der Stil des ‹Peitschenschlags›, den wir glücklicherweise vor ungefähr zwanzig Jahren besiegt haben. Diese Architektur leugnet alle schönen Epochen der Geschichte, und sie beleidigt in jeder Hinsicht den gesunden Menschenverstand und guten Geschmack. Sie ist unterlegen, und das ist gut so. Der Kampf war hart, und er kam uns teuer zu stehen.»³ Nénot sah den Wettbewerb offensichtlich weniger unter künstlerischen als vielmehr sportlichen Gesichtspunkten, weniger als Kampf der Konzepte denn als Kampf der Schulen.

Sein Gegenspieler Le Corbusier, der sich für den eigentlichen Gewinner des Wettbewerbs hielt, versuchte in verschiedenen Offensiven, die Jury und den Völkerbund doch noch für sich zu gewinnen. Er schrieb – von ihm gibt es im Völkerbundarchiv das umfangreichste Dossier – an alle wichtigen Persönlichkeiten und veröffentlichte zahlreiche Skizzen, um seine Konzeption minutiös zu erläutern. Le Corbusier war ein hervorragender Propagandist in eigener Sache, und es gelang ihm, viele Mitstreiter zu gewinnen und für seine Interessen nützlich zu machen. Er entwickelte sich in dieser Schlacht um den Völkerbundpalast zur Gallionsfigur der Modernen, die ihn mit vereinten Kräften unterstützten, da sie die einmalige Chance für einen Durchbruch der modernen Bauauffassung bei öffentlichen Bauten sahen, falls sein Projekt zum Zug käme.

Le Corbusier kämpfte um den Erfolg seines Entwurfs von Anfang an mit allen Mitteln. Kurz vor Abgabe der Wettbewerbspläne, die anonym eingereicht wurden, ließ er ein Gruppenbild von sich und seinen jungen Mitarbeitern vor dem Hintergrund der fertigen Plantafeln aufnehmen. Er bat dann einen dieser Mitarbeiter, Alfred Roth, einen Schüler von Karl Moser, seinem verehrten Professor einen Abzug des Fotos nach Zürich zu schicken, «und bemerkte,

Team des Völkerbundwettbewerbs, Aufnahme 24. Januar 1927. Von links nach rechts: Ernst Schindler, Hans Neiße, Walter Schaad, Alfred Roth, J. J. DuPasquier, Zvonimir Kavouric, Pierre Jeanneret, Le Corbusier

daß dieser sich bestimmt sehr freuen würde, auf dem Bilde seine ehemaligen, so fleißig arbeitenden Schüler vereint zu sehen. Ohne mir über diese Bitte irgendwelche Gedanken zu machen, sandte ich das Bild mit einigen begeisterten Worten über das Projekt noch am selben Abend ab. Zu meiner großen Bestürzung kam jedoch die Photographie mit einem Handschreiben Mosers postwendend per Expreß wieder zurück. Er hatte die geheime Absicht Le Corbusiers, ihm als Mitglied des Preisgerichts eine leise Vorahnung von dem Projekt vermitteln zu wollen, sofort erkannt, denn auf den Tafeln des Bildhintergrunds waren ja einige charakteristische Merkmale des Vorschlags deutlich erkennbar. Voller Entrüstung äußerte sich Professor Moser im Begleitschreiben über den verbotenen und geradezu gefährlichen Beeinflussungsversuch eines Preisrichters und verurteilte meine als völlig gedankenlos bezeichnete Handlungsweise schärfstens.»[4]

Am 28. Februar 1928 verfaßte Le Corbusier, beraten durch den bekannten Pariser Anwalt Prudhomme, eine siebzehnseitige *Re-*

quête, eine Anklageschrift, in der er die organisatorischen, technischen und architektonischen Vorzüge seines Projekts aufzeigte, das fragwürdige Prozedere der Urteilsfindung kritisierte und die wohlmeinenden, internationalen Stimmen zu seinem Projekt aufzählte. Le Corbusier behauptete, die Mehrheit der Fachpreisrichter in der Jury habe von Anfang an seinen Entwurf aufgrund der niedrigen Baukosten zum ersten Preis und zur Ausführung bestimmt. Erst in der 63. Sitzung sei es dem von der Akademie entsandten Jurymitglied Charles Lemaresquier gelungen, sein Projekt zu Fall zu bringen mit der spitzfindigen Begründung, es sei nicht, wie die Ausschreibung dies gefordert hatte, als Original, sondern als Kopie eingereicht worden. Er behauptete weiter, der Wettbewerb sei ein abgekartetes Spiel und Architekten der Akademie von Anfang an zur Ausführung bestimmt gewesen. Da sich unerwarteterweise die nationalen Interessen massiv manifestiert hätten, habe man zuletzt den Kompromiß mit den vier Architekten aus verschiedenen Ländern gefunden. Man habe Länder und Architekten der Akademie, aber nicht einen Entwurf gewählt, und diese Komödie eines Wettbewerbs habe die 337 Teilnehmer mehr als 20 Millionen Francs gekostet.[5]

Er forderte in der *Requête* vom Rat des Völkerbunds, die Entscheidung des Komitees zurückzuweisen und unter Berücksichtigung der Grundsätze der Wettbewerbsausschreibung eine Lösung zu suchen, die seine legitimen Rechte und Interessen wahren würde, und behielt sich die spätere Ausübung seiner Rechte vor.[6] Er schickte diese Anklageschrift an den Präsidenten und die Mitglieder des Völkerbundrates, an das Komitee und an alle wichtigen Leute in Europa und Übersee – selbst Charlie Chaplin soll eine Ausfertigung bekommen haben. Doch weder der Präsident noch die Mitglieder des Völkerbundrates nahmen die Anklageschrift entgegen, sie sandten sie zurück mit der Bemerkung, der Völkerbund könne keine Anträge von Privatpersonen annehmen und behandeln. In einer Parallelaktion bot Le Corbusier seinem stärksten Kritiker unter den Jurymitgliedern, dem Architekten Lemaresquier, den er für den Anstifter der gegen ihn gerichteten Verschwörung hielt, die Projektaufsicht über den Bau an, sollten sein Projekt und er zum Zug kommen – doch offensichtlich ging der gestandene Akademieprofessor auf diesen Vorschlag nicht ein.

Le Corbusier war nicht der einzige der nicht berücksichtigten ersten Preisträger, der seiner Enttäuschung Ausdruck verlieh. In einem Brief an den Generalsekretär des Völkerbundes verwies der Architekt Labro auf die Wettbewerbsausschreibung und erhob einen anteiligen Anspruch auf die darin genannte Entschädigung in Höhe von 50 000 Franken, da er einen ersten Preis bekommen habe, sein Entwurf aber nicht zur Ausführung gelangt sei. Er rechtfertigte dies einerseits «mit der Höhe der sonstigen durch den Wettbewerb verursachten Kosten, andererseits mit der Enttäuschung und dem moralischen und materiellen Schaden, der entstand, weil die von der Jury an erster Stelle genannten Projekte in der Folge dann doch ausgeschieden wurden».[7] Doch alle Initiativen waren vergeblich – am 5. März 1928 genehmigte der Rat des Völkerbunds den Antrag des Komitees, die Architektengruppe um Nénot mit der definitiven Ausführung zu beauftragen.

Als der amerikanische Millionär Rockefeller im selben Jahr einen großen Geldbetrag für den zusätzlichen Bau einer Bibliothek spendete, mußte für den Völkerbund ein größeres Baugelände in Genf gefunden werden. Man entschied sich für den Arianapark, der Hélène de Mandrot gehörte. Hélène de Mandrot, 1927 Gastgeberin eines Kongresses der Modernen auf ihrer Burg La Sarraz, versuchte nun Einfluß zu nehmen und Le Corbusier zu unterstützen. Sie machte für den Verkauf des Grundstücks zur Bedingung, daß alle Preisträger der ersten Runde eine Chance zur Entwicklung neuer Entwürfe für das neue Gelände bekämen, auch Le Corbusier. So lud der Völkerbund Ende Januar 1929 die fünf ausgeschiedenen Preisträger ein, parallel zur Nénot-Gruppe Entwürfe abzugeben. Nur Le Corbusier und ein deutsches Team folgten dieser Einladung – doch ohne Erfolg, es blieb bei der Entscheidung für Nénot. Hélène de Mandrot verlangte nun, daß die Jury Le Corbusier persönlich empfangen und ihm die Gelegenheit geben sollte, seinen Entwurf zu erläutern. Doch auch diese Mühe blieb vergeblich.

Wieder ein Jahr später, 1930, bezichtigte Le Corbusier den beauftragten Nénot und seine Partner des Plagiats. Er unterstellte ihnen, Grundrißideen von ihm übernommen zu haben, und schrieb an den Präsidenten des Völkerbundes: «Nachdem die Architekten des Völkerbundpalastes unsere Lösungen so schlecht und recht übernommen haben, frage ich mich, weshalb ich nicht beigezogen werde, um diese Lösungsvorschläge im Detail auszuarbeiten, damit sie korrekt und nicht bloß so ungefähr umgesetzt werden.»[7]

Da er auf diesen Brief keine Antwort bekam, reichte er ein Jahr später, von einer Pressekampagne begleitet, eine zweite Anklageschrift ein, in der er wegen Plagiats Schadensersatz in Höhe von einer Million Franken forderte. Er reiste mit seinem Anwalt nach Genf, um seiner Klage persönlich Nachdruck zu verleihen. Als die beschuldigten Kollegen mit einer Gegenklage drohten, fand die Geschichte langsam ihr Ende. Die Öffentlichkeit, des Themas bereits überdrüssig, war nicht weiter interessiert. 1932 wurde nach den Plänen der Nénot-Gruppe mit dem Bau begonnen. Im Februar 1936 bezog das Sekretariat die neuen Räumlichkeiten, und im September 1937 wurde der Plenarsaal eingeweiht. Zwei Jahre später begann der Zweite Weltkrieg, und 1946 wurde der Völkerbund, dessen Scheitern offenkundig geworden war, durch Beschluß der Völkerbundversammlung aufgelöst.

Die letztlich gebaute Lösung überzeugte niemanden, es wurde ein farbloses, uninteressantes Gebäude, und der Architekturhistoriker Benevolo schreibt: «Wenn der Wettbewerb des Völkerbundes auch mit einer materiellen Niederlage der modernen Architektur endete, so hat er doch moralisch dem Ansehen der Akademie den Todesstoß versetzt. Einem konkreten Problem gegenübergestellt, dessen technische und finanzielle Gegebenheiten ziemlich eng bemessen waren, haben sich die akademischen Architekten als unfähig erwiesen, ihm eine befriedigende Lösung zu geben.»[8]

Le Corbusier, der große Kämpfer in eigener Sache, fand für seinen Entwurf doch noch eine Verwendung – 1929 baute er in Anlehnung an den Völkerbundpalast das Gebäude für den Centrosojus in Moskau. Außerdem verarbeitete er die aus dem Projekt und dem Kampf gewonnenen Erkenntnisse unverzüglich zu einem Buch, *Une maison – Un palais*, erschienen 1928, in dem er noch einmal sein Völkerbundprojekt in aller Ausführlichkeit in Wort und Bild darlegte, die dramatische Geschichte der Preisfindung und der Auftragsvergabe aufrollte und sich endgültig zum Vorkämpfer der Moderne stilisierte, der um einen ihm zustehenden Auftrag gebracht wurde.

Albert Speers
Bauten
für die Ewigkeit

Ein zweiter Schinkel wollte er werden und in die Baugeschichte eingehen. Nach dem Untergang des tausendjährigen Reiches, das zwölf Jahre gedauert hat und dessen führender Architekt er war, ging er für zwanzig Jahre ins Gefängnis. Von seinen «Bauten für die Ewigkeit» haben wir nur Pläne und wenige bauliche Rudimente. Was blieb, sind seine in den zwanzig Jahren der Gefangenschaft geschriebenen *Erinnerungen* und *Spandauer Tagebücher*, die der Historiker Golo Mann zu den Spitzen der politischen Memoirenliteratur rechnete.

Albert Speer war, wie viele junge Architekten, nach den arbeits- und auftragslosen Zeiten der Weltwirtschaftskrise voller Tatendrang: «Für einen großen Bau hätte ich wie Faust meine Seele verkauft.»[1] Doch im Unterschied zu vielen anderen jungen Architekten fand Speer seinen Mephisto. Anfang 1933 lernte er Hitler kennen, gehörte schon im Winter des gleichen Jahres zu dessen persönlichem Kreis und sah bereits mit 28 Jahren die Chance, seinen Karrieretraum zu verwirklichen. Denn Hitler suchte, wie er Speer später immer wieder versicherte, einen Architekten, dem er einmal seine Baupläne anvertrauen könnte. Jung, begabt und formbar sollte er sein, und Bauten sollte er für ihn errichten, wie sie seit vier Jahrtausenden nicht mehr entstanden waren. «Hitler liebte zu erklären, daß er baue, um seine Zeit und ihren Geist der Nachwelt zu überliefern, letztlich würden an die großen Epochen der Geschichte doch nur noch deren monumentale Bauwerke erinnern.»[2]

Speer war begeistert, und seine Chance kam bald. Als Paul Ludwig Troost, Hitlers bis dahin bevorzugter Architekt, am 21. Januar 1934 in München starb, wurde Speer sein Nachfolger.

Speer plante für Hitler die Bauten des Nürnberger Reichsparteitaggeländes, die Neue Reichskanzlei in Berlin und – der größte Auftrag – die Umgestaltung Berlins zur «Welthauptstadt Germania». 1937 übergab ihm Hitler zwei kleine von ihm selbst für die Umplanung der Reichshauptstadt gezeichnete Skizzen mit der Bemerkung: «Diese Zeichnungen machte ich vor zehn Jahren. Ich habe sie immer aufgehoben, da ich nie daran zweifelte, daß ich sie eines Tages bauen werde.»[3] Berlin sollte Weltstadt werden, und Hitlers Vorbilder waren die Wiener Ringstraße und die Champs-Élysées. Hitler hielt Haussmann, den Umgestalter von Paris, für den größten Städtebauer der Geschichte und war von seinen Pariser Boulevards begeistert.

Berliner Bedenken bezüglich der Übergröße der Planung wurden schnell ausgeräumt. Hitler drohte, die deutsche Hauptstadt notfalls zu verlegen, und ließ den opponierenden Oberbürgermeister, obwohl Parteigenosse, absetzen. Speer bekam weitgehende Vollmachten. Er war Hitler unmittelbar unterstellt und weder Stadt noch Partei rechenschaftspflichtig. Er wurde am 30. Januar 1937 zum «Generalbauinspektor für die Neugestaltung der Reichshauptstadt» ernannt, bekam den Rang eines Staatssekretärs und eine eigene Dienststelle. Die Akademie der Künste mußte ihr Domizil am Pariser Platz für Speers Dienststelle räumen, damit Hitler durch die Ministergärten, von der Öffentlichkeit unbemerkt, dorthin gelangen und den aktuellen Stand der Planung begutachten konnte.

Hitlers Skizzen sahen die Anlage einer großen Prachtstraße von 120 Meter Breite vor, die Nord-Süd-Achse, an deren nördlichem Ende die Große Halle und am südlichen der Triumphbogen plaziert waren, ergänzt von einer nicht ganz so breiten Ost-West-Achse, jeweils gesäumt von hohen Büro- und Geschäftsbauten. Aus Hitlers Idee einer Prachtstraße wurde bei Speer eine totale Umgestaltung Berlins. Er schreibt: «Seine Ausgangsidee nahm sich, verglichen mit dieser umfassenden Neuplanung, belanglos aus. Ich hatte Hitlers Größenvorstellungen – zumindest was die Ausdehnung der städtebaulichen Planung anging – um ein Vielfaches übertroffen; das dürfte ihm in seinem Leben selten vorgekommen sein.»[4] Speer plante ebenfalls ein Achsenkreuz, dessen Straßen in Nord-Süd-Richtung und Ost-West-Richtung verliefen. Die Achsen schnitten sich im Bereich des Brandenburger Tors und endeten am geplanten Autobahnring. Vier konzentrische Ringe und eine Vielzahl von Radialstraßen ergänzten das Hauptgerüst, und auch der Bahnverkehr wurde neu geordnet. Die Neuplanung erforderte allein für das Zentrum den Abriß von rund 50 000 Wohnungen und Geschäftsräumen.

An Hitlers Geburtstag, am 20. April 1937, übergab ihm Speer die Pläne für die Große Halle mit dem Vermerk: «Ausgearbeitet nach den Ideen des Führers». Speer schrieb: «Die größte bis dahin erdachte Versammlungshalle der Welt bestand aus einem einzigen Raum, der 150 000 bis 180 000 stehende Zuhörer fassen konnte ... Der runde Innenraum hatte den fast unvorstellbaren Durchmesser von 250 Metern; in einer Höhe von 220 Metern hätte man den Abschluß einer riesigen Kuppel gesehen, die 98 Meter über dem Fußboden zu ihrer leicht parabolischen Kurve ansetzte. In gewissem Sinne war das Pantheon in Rom für uns das Vorbild gewesen. Auch die Berliner Kuppel sollte eine runde Lichtöffnung erhalten; aber allein diese Lichtöffnung hatte sechsundvierzig Meter Durchmesser und übertraf damit den der gesamten Kuppel des Pantheon (dreiundvierzig Meter) und der Peterskirche (vierundvierzig Meter). Das Innere des Raumes umfaßte das Siebzehnfache des Inhaltes der Peterskirche ... Das Äußere dieses Baues erreichte einen Umfang von mehr als einundzwanzig Millionen Kubikmetern; das Washingtoner Capitol wäre viele Male in dieser Masse versunken.»[5]

An anderer Stelle verglich Speer weitere Planungen für Berlin wie das Märzfeld mit dem Palastbezirk in Persepolis, das Große Stadion mit dem Circus Maximus in Rom, das Stadion der 400 000

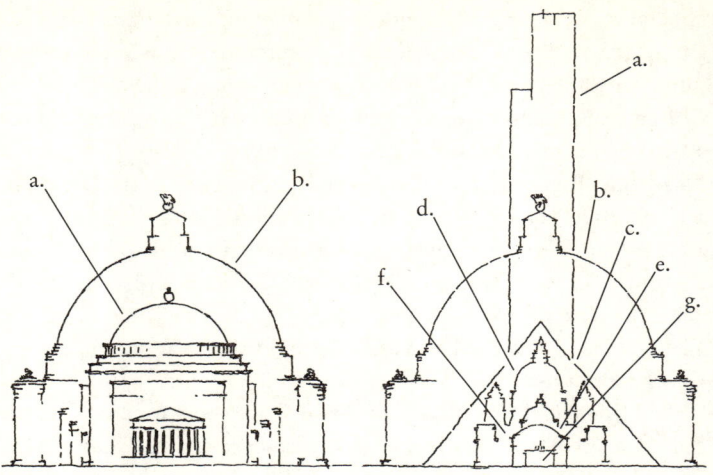

links: Größenvergleich der ursprünglichen Hitler-Skizze (a.)
mit dem Speer-Entwurf der Kuppelhalle (b). Skizze Wolters
rechts: Größenvergleich:

a. Chicago Sears   e. Reichstag
b. Kuppelhalle   f. Pantheon
c. Cheops Pyramide   g. Brandenburger Tor
d. St. Peter Rom

mit der Cheopspyramide – Hauptsache, so scheint es, lang, breit
und hoch. Diese Vergleiche zeigen, worauf es Speer und Hitler ankam. Sie wollten bedeutend bauen, indem sie geschichtlich bedeutende Bauwerke in der Größe übertrumpften. Hitler begründete
das so: «Warum immer das Größte? Ich tue es, um dem einzelnen
Deutschen wieder das Selbstbewußtsein zurückzugeben. Um auf
hundert Gebieten dem Einzelnen zu sagen: Wir sind gar nicht unterlegen, sondern im Gegenteil, wir sind jedem anderen Volk absolut ebenbürtig.»[6] Und: «Lassen Sie nur so einen kleinen Bauern in
unsere große Kuppelhalle in Berlin treten. Da bleibt ihm nicht nur
der Atem weg. Der Mann weiß von da an, wohin er gehört.»[7]

Speer fand, Größe sei schon immer ein wichtiges Kriterium
beim Bauen gewesen, wie zum Beispiel die Sieben Weltwunder

zeigten, die ihre Popularität vor allem ihrer Größe verdankten. Vom Altertum bis in die Zeit der Französischen Revolution ziehe sich eine Tradition megalomanen Bauens, die als Vorläufer der nationalsozialistischen Planungen gelten könne. Anläßlich einer Italienreise fühlte er sich bestätigt. «Beim Anblick der Tempelbauten von Selinunt und Agrigent stellte ich erneut und nicht ohne innere Befriedigung fest: auch die Antike war nicht frei von megalomanischen Anwandlungen; die Griechen der Kolonien verließen hier sichtlich die im Mutterland gerühmten Grundsätze des Maßes.»[8]

Unweit der Großen Halle plante Speer den Palast des Führers. Er war nach dem Vorbild des Palazzo Pitti in Florenz als festungsartiger Bau auf schwerem Rustica-Sockel entworfen und konnte sich durchaus mit Neros sagenhaftem Palastbezirk, der *domus aurea*, messen. Und wieder Speer: «Mitten im Zentrum Berlins sollte er, mit den dazugehörenden Gärten, zwei Millionen Quadratmeter einnehmen. Empfangsräume führten über mehrere Saalfluchten in einen Speisesaal, in dem Tausende gleichzeitig hätten tafeln können. Acht riesige Gesellschaftssäle standen bei Galaempfängen zur Verfügung. Für ein Theater mit vierhundert Plätzen, Nachahmung der fürstlichen Schloßtheater des Barock und Rokoko, waren die modernsten Bühnenmittel vorgesehen.»[9] Zahlreiche Wandelgänge und ein riesiger Arbeitssaal für Hitler mit 960 Quadratmeter Fläche rundeten das Raumprogramm ab.

Zum Großen Platz hin zeigte sich der Palast verschlossen. Er hatte keine Fenster, nur zwei Säulenreihen vor geschlossener Wand und eine mit schußsicheren Schiebeläden aus Stahl versehene Eingangstür – das Zentrum des Reiches sollte wie eine Festung verteidigt werden können. Speer spricht von einem Stimmungsumschwung, der mit Kriegsbeginn 1939 in ganz Deutschland stattgefunden habe. In der Bevölkerung habe sich Ernüchterung breitgemacht, und von spontanem Jubel, noch einige Jahre früher an der Tagesordnung, konnte nicht mehr die Rede sein, Jubelaufgebote mußten organisiert werden. Hitler selbst habe sich, so schreibt

Speer, von der ihn bewundernden Masse immer stärker abgesetzt: «Unbewußt gab ich dieser Trennung Hitlers von seinem Volk ... in der Fassade seines Palastes Ausdruck. Keine Öffnung war in sie eingeschnitten, außer dem großen stählernen Eingangstor und einer Tür zu einem Balkon, von dem aus sich Hitler der Menge zeigen konnte; nur daß dieser Balkon nun vierzehn Meter, also fünf Wohngeschosse hoch, über der Menge hing.»[10]

Speer sah sich in der Nachfolge Schinkels als letzten Klassizisten, als einen historischen Schlußpunkt, und reihte sich damit in eine Traditionkette ein, die von der Antike über die Renaissance und den Klassizismus direkt zu ihm führte. Noch im Spandauer Gefängnis fiel es ihm schwer, «über allgemeine Wendungen hinweg den Unterschied zu begreifen zwischen der Antike, der Renaissance, dem europäischen Klassizismus und meinen eigenen Bestrebungen».[11] Erst die Beschäftigung im Gefängnis mit Büchern über die Renaissance machte ihm klar, «daß etwas groß sein kann, ohne massiv zu sein und daß die Wirkung gerade dieses Klassizismus im Verzicht auf Effekte liegt».[12]

Nicht der Stil unterschied die geplanten Bauten des Regimes von denen der demokratisch regierten Länder dieser Zeit – auch Frankreich, England und die USA bauten neoklassizistisch oder was sie dafür hielten. Der Unterschied lag in ihrer Übergröße, die dem auftrumpfenden Anspruch auf Weltbeherrschung Ausdruck verleihen sollte und sie damit desavouierte.

Zwischen Hitler und Speer bestand, wie Zeitgenossen übereinstimmend berichtet haben, ein besonderes Verhältnis, und Speer besaß in ungewöhnlichem Maß Hitlers Vertrauen und seine wärmste Sympathie. Hitler wollte, wie so viele mächtige Potentaten vor ihm, ursprünglich selbst Architekt werden und projizierte, so heißt es, auf den jungen Speer seinen unerfüllten Jugendtraum. Hitler habe Speer eine ihm verwandte Seele genannt und in ihm einen Freund, vielleicht sogar seinen einzigen, gesehen.

Doch Speer war auch Hitlers unglückliche Liebe, denn er hielt Distanz, eine Distanz, die Speer selbst eine «Spielart der Schüchternheit» nennt, die zeige, daß er sich von der Größe der Verantwortung, Bauten für Jahrtausende zu errichten, erdrückt gefühlt habe. Gerne hätte er Hitler seine «unbegrenzte Verehrung gezeigt; aber ich habe Gefühle nie frei ausdrücken können. Selbst in diesem Fall nicht, wo es mir doch nicht selten so vorkam, als stehe er weit über allen Menschen, die ich kannte, wahrscheinlich sogar über meinem Vater, den ich sehr verehrte.»[13] Doch nicht nur Hitlers Persönlichkeit und die Größe der historischen Aufgabe hätten einschüchternd gewirkt. «Es war auch Unfreiheit im allerbanalsten Sinne, nicht nur im sublim-psychologischen. Schließlich war die Erfüllung meines Ehrgeizes allein von Hitlers Laune abhängig. Gestern noch konnte Hitler mich einen genialen Architekten nennen, aber wer garantierte schon, dass er nicht morgen schon sagen würde: ‹Dieser Giesler gefällt mir besser.›»[14]

Seine Haltung zu Hitler habe sich, so schrieb Speer in seinen Erinnerungen, im Lauf der Zeit geändert. Habe am Anfang Faszination, dann Anhänglichkeit gestanden, habe er immer mehr Distanz und zuweilen auch schon die Fähigkeit zu kritischer Beobachtung gewonnen. Seine enge Bindung habe immer mehr dem Bauherrn, weniger der Person gegolten. Habe er anfangs in ihm den großen Mann gesehen, habe er später sein wahres Wesen erkannt. Vulgär sei er gewesen, ein Genie des Dilettantismus. Nach Herkommen und Schule sei ihm selbst, Speer, die «schwülstige» Welt Hitlers eigentlich fremd gewesen.

Hitler habe ihn von seinem Weg abgebracht und in die Irre geleitet: «Meine Entwürfe dieser Zeit hatten immer weniger mit dem zu tun, was ich als ‹meinen Stil› ansah. Diese Abwendung von meinen Anfängen zeigte sich nicht nur in der repräsentativen Übergröße meiner Bauten. Sie hatten auch nichts mehr vom ursprünglich angestrebten dorischen Charakter, sie waren zur reinen ‹Verfallskunst› geworden. Der Reichtum, die unerschöpflich mir zur Verfügung stehenden Mittel, aber auch die Parteiideologie Hitlers hatten mich auf den Weg zu einem Stil gebracht, der eher auf die Prunkpaläste orientalischer Despoten zurückgriff.»[15]

Hitler, der große Verführer, und Speer, der Verführte, eine verlockend einfache Erklärung. Doch Speer erkannte in seinen Erinnerungen selbst, daß seine Haltung wie seine Bauten dem Ressentiment gegen die eigene, die moderne Zeit entsprangen: «Wenn ich einmal neu auf meine Architekturvorstellungen sehe: Was ich in den dreißiger Jahren bauen wollte, kam ja im Grunde genau aus jener Verweigerung der Moderne, die mich als Assistent zu Tessenow geführt hatte. Es kann kein Zufall sein, daß es nicht Gropius oder Mies van der Rohe waren, die mich als jungen Architekten faszinierten, sondern eben Tessenow mit seinem Sinn fürs Gediegene, Schlichte, Handwerkliche. Hitler hat mich nicht von mir selbst abgebracht. Mein Widerwille gegen die Großstadt, den Menschentypus, den sie hervorbrachte, und selbst mein Unverständnis für die Vergnügungen meiner Kommilitonen, dazu meine Leidenschaft für das Rudern, Wandern und Bergsteigen: das alles waren ja schon romantische Protesthaltungen gegen die Zivilisation. In Hitler sah ich vor allem anderen den Bewahrer der Welt des neunzehnten Jahrhunderts gegen jene beunruhigende großstädtische Welt, die ich als unser aller Zukunft fürchtete. So gesehen, muß ich auf Hitler geradezu gewartet haben. Darüber hat er dann – und dies rechtfertigt ihn noch mehr – mir eine Kraft vermittelt, die mich über die Grenzen meiner Möglichkeiten weit hinaustrug. Also wäre das Gegenteil richtig: durch ihn erst habe ich eine gesteigerte Identität gefunden.»[16]

Seine späte Kritik an Hitler verdankte sich erst der enttäuschenden Erkenntnis, daß er seine Seele an den Falschen verkauft hatte, und Distanz hat er erst gewonnen, als klar war, daß Hitler in seinem Spiel mit Krieg und Katastrophen die Durchführung des Speerschen Lebenswerks verspielt hatte. Die Bauten für die Ewigkeit konnten nicht mehr errichtet werden – 1950 sollte der erste Bauabschnitt der neuen Welthauptstadt Germania fertiggestellt sein –, und die wenigen errichteten Bauten waren zerstört.

Speer hat sich im Gefängnis oft gefragt, was er getan hätte, wenn er Hitlers wirkliches Gesicht und die wahre Natur seiner Herrschaft erkannt hätte – eine erstaunliche Frage für einen Mann, der bereits Ende 1933 zum engsten Kreis um Hitler gehörte. «Die Antwort war banal und deprimierend zugleich: Meine Stellung als Hitlers Architekt war mir bald unentbehrlich geworden. Noch nicht einmal dreißig, sah ich die erregendsten Aussichten vor mir, die ein Architekt sich erträumen kann.»[17] Diese erregenden Aussichten erklären Speers auffallende Abstinenz, unliebsame Beobachtungen zu machen und sich unbequeme Wahrheiten einzugestehen. Er habe sich immer nur als Hitlers Architekt gefühlt, Ereignisse der Politik seien ihn nichts angegangen. So habe ihn, als er am 10. November 1938 auf der Fahrt ins Büro an den noch rauchenden Trümmern der Berliner Synagoge vorbeigekommen sei, vor allem das Element der Unordnung gestört, die verkohlten Balken, die herabgestürzten Fassadenteile und die ausgebrannten Mauern. «Die zerbrochenen Schaufensterscheiben verletzten vor allem meinen bürgerlichen Ordnungssinn.»[18]

Als der Kriegsverlauf 1941 erkennen ließ, daß mit einer zeitnahen Realisierung seiner Bauprojekte nicht zu rechnen war, und er Hitlers Aufmerksamkeit zu verlieren drohte, suchte er nach neuen Aufgaben. Und wiederum erhielt er seine Chance durch einen Todesfall. Als Todt am 8. Februar 1942 bei einem Flugzeugabsturz ums Leben kam, übernahm er zwei Stunden später dessen Aufgaben als Rüstungsminister, so daß seine Laufbahn nach dem Tod von Paul Ludwig Troost nun zum zweitenmal durch das Ableben eines anderen bestimmt wurde. Die neue Aufgabe stellte er in den Erinnerungen als unfreiwillige Unterbrechung seiner Tätigkeit als Architekt auf Kriegszeit dar, denn er habe sich von Hitler zusichern lassen, nach dem Krieg wieder als Architekt für ihn arbeiten zu dürfen.

Doch machtbewußt und brennend ehrgeizig, wie er war, wußte er in der Zwischenzeit die Macht und den Einfluß, die ihm sein neues Amt gaben, durchaus zu schätzen. Er war nun, nach Hitler und Göring, offiziell der dritte Mann im Staat. «Nach neun Jahren als Architekt Hitlers hatte ich mich zu einer bewunderten und unangefochtenen Stellung heraufgearbeitet. Die nächsten drei Jahre sollten mir gänzlich andere Aufgaben stellen, die mich in der Tat zeitweise zum wichtigsten Mann nach Hitler machten.»[19] Und auch diesen Aufgaben hat sich Speer mit größtem Engagement gewidmet; man schätzt, daß seine Effizienz als Rüstungsminister den Krieg um mindestens ein Jahr verlängert hat. So wurde Speer, der ursprünglich seine Seele für die Errichtung großer Bauten verkaufte, letzten Endes zum großen Bautenvernichter, der an entscheidender Stelle an der flächendeckenden Zerstörung europäischer Bau- und Stadtgeschichte mitgewirkt hat.

Die neue
Hauptstadt
Brasilia

1956, gerade zum Präsidenten Brasiliens gewählt, beschloß Juscelino Kubitschek de Oliveira, 1901 in einer Kleinstadt im Landesin-
neren geboren, den schon seit Ende des 19. Jahrhunderts erwoge-
nen Bau einer neuen Hauptstadt im Innern des Landes in Angriff
zu nehmen und den Regierungssitz zu verlegen. Die im Vergleich
zur Küstenregion benachteiligten Hochlandgebiete sollten ge-
stärkt und eine moderne Stadt als sichtbares Zeichen eines modernen Brasiliens geschaffen werden. «In fünf Jahren 50 Jahre über-
springen» war Kubitscheks Losung, die – wohl ein Zug der Zeit –
an Maos «Großen Sprung nach vorn» erinnert. Optimistisch erklärte er in einem Interview: «In zwanzig Jahren wird Brasilia die
Hauptstadt nicht nur des viertgrößten, sondern auch des viert-
mächtigsten Staates der Welt sein.»[1]

Noch im selben Jahr gründete Kubitschek die Stadtentwick-
lungsgesellschaft *Novacap* – Neue Hauptstadt –, die das Land erwerben, baureif machen und weiterverkaufen sowie die öffentlichen Gebäude errichten sollte, und stellte der Gesellschaft ein
Gründungskapital von fünf Millionen Dollar zur Verfügung. Der
Ort der neuen Stadt war schnell gefunden – eine leicht gewellte,
auf 1100 Metern liegende Hochebene im Staat Goiás, 1000 Kilometer von der alten Hauptstadt und der Küste entfernt. Mit der
Planung und dem Bau der neuen Stadt beauftragte Kubitschek
seinen Freund Oscar Niemeyer, den er bereits 1940 als Gouver-
neur des Bundesstaates Minas Gerais kennengelernt und mit

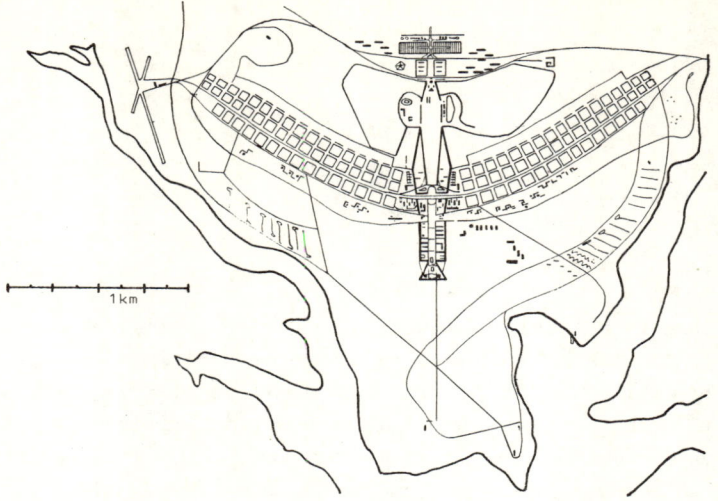

Costas Flächennutzungsplan aus den Wettbewerbsunterlagen von 1956

dem Bau einer neuen Trabantenstadt in Belo Horizonte betraut hatte.

Oscar Niemeyer, 1907 in Rio de Janeiro geboren, war innerhalb und außerhalb Brasiliens kein Unbekannter mehr. Er hatte 1936 unter der Leitung von Le Corbusier am Bau des neuen Ministeriums für Gesundheit und Erziehung in Rio mitgewirkt, 1939 im Team mit Lucio Costa Brasiliens Pavillon für die Weltausstellung in New York gebaut und war 1947 Mitglied des Planungskomitees für das Uno-Hauptquartier in New York. Niemeyer wurde nun Direktor der Architekturabteilung der *Novacap* und schrieb, da er den städtebaulichen Entwicklungsplan nicht selber machen wollte – er zog es vor, sich auf die Planung der Repräsentationsbauten zu konzentrieren –, am 19. September 1956 einen nationalen städtebaulichen Wettbewerb aus.

Von den nur 26 Arbeiten, die eingereicht wurden – erstaunlich wenig für eine so große und bedeutende Aufgabe –, gewann das

Projekt von Lucio Costa den ersten Preis. Lucio Costa, 1902 in Toulon als Sohn brasilianischer Eltern geboren, war in Brasilien ebenfalls kein Unbekannter. Er hatte 1931 ein Jahr lang die Architekturakademie in Rio geleitet und den veralteten Lehrplan völlig neu gestaltet und war der anerkannte Führer der jungen Garde brasilianischer Architekten und Städtebauer. Lucio Costa, Freund und Lehrer von Oscar Niemeyer, war wie dieser mit Juscelino Kubitschek befreundet.

Ursprünglich hatte Costa, wie er in einem Interview erklärte, nicht am Wettbewerb teilnehmen wollen: «Ich wußte davon; es war schon ein Monat nach der Ankündigung, als ich einen guten Einfall hatte.» Diesen guten Einfall teilte er seinen Freunden mit, die ihn drängten, teilzunehmen. «Jeder, der sich für Architektur interessiert hat, sprach damals über Brasilia; und Oscar und Juscelino waren meine Freunde, so daß es selbstverständlich war, daß wir über Brasilia sprachen.»[2] Costas Einfall, von seinen Freunden gutgeheißen, wurde von der Jury – die von Niemeyer vorwiegend mit Freunden und Bekannten besetzt worden war – als beste Wettbewerbsarbeit ausgewählt.

Der Entwurf Costas war den stadtplanerischen Ideen der Charta von Athen und Le Corbusiers verpflichtet, die eine klare Trennung von Wohn-, Arbeits- und Verkehrsbereichen mit viel Licht, Luft und Grün zwischen den einzelnen Bereichen und den Wohnhochhäusern vorsahen, und beeindruckte durch seine Monumentalität und einprägsame Form, seine Weitläufigkeit und Großzügigkeit. Die Struktur der Stadt ähnelte, von oben gesehen, einem Flugzeug oder einem Vogel, und Costa selbst beschrieb die Grundidee seines Plans: «Er ist entstanden aus dem Urimpuls, aus dem heraus jeder Mensch sich einen Flecken Erde wählt und von ihm Besitz ergreift: zwei Achsen, die sich im rechten Winkel schneiden und das Zeichen des Kreuzes bilden. Dieses Zeichen wurde dann der Topographie, der natürlichen Neigung des Bodens und der günstigsten Himmelsrichtung angepaßt; die Enden einer der Achsen wurden gebogen, so daß eine Linie entsteht, die dem gleichseitigen

Dreieck, welches das Stadtgebiet umschließt, eingeschrieben werden kann.»[3]

Die gebogene Achse war als Hauptverkehrsader mit getrennten Spuren für den Fern- und den Lokalverkehr geplant und die Querachse als Monumentalachse mit den Einrichtungen für Regierung und Verwaltung, Kultur und Sport. Seitlich vom Kreuzungspunkt beider Achsen lagen das Banken- und Geschäftsviertel, das Dienstleistungs- und Ladenviertel. Aus dem Gesamtbild hoben sich die Gebäude der drei Staatsgewalten, die an einem dreieckigen Platz – dem «Platz der Drei Gewalten» – lagen, und die davon etwas abseits liegende Kathedrale deutlich ab.

Der Wohnsektor bestand aus einer ununterbrochenen ein- oder doppelreihigen Folge großer Quadrate, den *superquadras*, die von Grüngürteln umgeben waren. Innerhalb dieser 250 auf 250 Meter großen Quadrate konnten individuell und beliebig Wohngebäude angeordnet werden, sofern sie folgende Bedingungen einhielten: maximal sechs Stockwerke, freies Erdgeschoß durch Aufstelzung des Gebäudes, Trennung von Fahr- und Fußgängerverkehr und Errichtung lokaler Versorgungseinrichtungen innerhalb der Quadrate. Zwischen den *superquadras* befanden sich die übergeordneten Versorgungseinrichtungen wie höhere Schulen, Kirchen und Kinos.

Costa und Niemeyer besaßen bei Planung und Bau völlige Handlungsfreiheit, die einzige Bedingung Kubitscheks war: Die neue Stadt sollte in kürzester Zeit errichtet werden. Niemeyer berichtet: «Vom Präsidenten, von Juscelino, gab es absolut keine Einmischung oder Anordnung für die Planung. Das einzige, was er sagte, war, daß die Hauptstadt nach drei Jahren fertig sein müßte.»[4] So wurde Brasilia in wenigen Jahren realisiert und bereits am 21. April 1960 auf Drängen Kubitscheks – der während der ganzen Bauzeit fast wöchentlich zur Baustelle geflogen war, um die Arbeiter anzufeuern – feierlich eingeweiht und den drei Staatsgewalten sowie dem Volk übergeben. Fertig waren immerhin 3200 Wohnungen, mehrere Schulen und Läden, ein Krankenhaus, ein Druckzentrum sowie das übergeordnete Straßennetz.

Da in Brasilien unvollendete Bauvorhaben von den Nachfolgern im Amt selten weitergeführt wurden, war das Drängen des Präsidenten, schnell zu bauen, verständlich. Kubitschek wußte, daß Brasilia niemals entstehen würde, wenn er nicht in kürzester Zeit soviel Geld wie möglich verbauen würde, um seinen Nachfolgern keine andere Wahl zu lassen als die Vollendung. «Mein Nachfolger wird nicht die Freude oder das Mißvergnügen haben, den Bau Brasilias zu stoppen. Er wird Brasilia vorfinden.»[5] So gab Kubitschek ein Tempo vor, das seinen Tribut forderte.

Was gebaut worden war, war nicht für die Ewigkeit gebaut. Nur wenige Jahre später klafften Risse im Asphalt, bröckelte Putz von den Wänden, klemmten Türen und Aufzüge, war vieles bereits sanierungsbedürftig. Kubitschek selbst war den Belastungen nicht gewachsen, er brach 1960 zusammen, und sein Leibarzt wich nicht mehr von seiner Seite. Ende 1960 kandidierte er aus verfassungsrechtlichen Gründen nicht wieder für das Amt des Präsidenten.

Als er sich bei der nächsten Wahl 1964 erneut um das Präsidentenamt bewarb, kam es, um seine Wiederwahl zu verhindern, zu einem Militärputsch, und Kubitschek mußte ins Exil. Politisch kaltgestellt, blieb ihm doch der Ruhm für seine größte Tat, die Gründung der neuen Hauptstadt. Auf einer seiner Büsten steht die Widmung: «Dem Präsidenten Juscelino Kubitschek de Oliveira, der den Sertão urbar machte und der Brasilia mit Kühnheit, Energie und Vertrauen errichtete, und der Huldigung der Pioniere, die ihm bei diesem großen Abenteuer halfen.»[6]

Mit den Pionieren waren wohl Lucio Costa und Oscar Niemeyer gemeint, weniger die Bauarbeiter. Denn als die 80 000 Arbeiter, die Brasilia bauten – meist Arbeitslose aus dem armen Nordosten –, sich nach getaner Arbeit weigerten, wieder wegzuziehen, wie es eigentlich vorgesehen war, ging man gegen die *invasores*, wie man sie nun nannte, und ihre *favelas*, die die Ordnung der neuen Stadt störten, rigoros vor. Erst als es ihnen gelang, sich einer Zwangsumsiedlung zu widersetzen, baute man für sie Trabantensiedlungen weit draußen vor der Stadt.

Oscar Niemeyer, Alvadora-Palast, Brasilia. Fassadenansicht mit Kapelle

Der Planer der Stadt, Lucio Costa, zeigte nach dem gewonnenen Wettbewerb eine erstaunliche Zurückhaltung gegenüber der Umsetzung seiner Planung. «Ich bin nach dem Wettbewerb für einige Monate nach Europa gefahren, und obwohl ich zu dem Beratungsgremium ... gehörte, bin ich nie nach Brasilia gefahren. Die Treffen waren jede Woche, aber ich wollte nichts mehr damit zu tun haben ... Ich habe mir die Stadt als Tourist angesehen, und mir gefällt sie.»[7] Offiziell Angestellter der *Novacap*, wurde er kaum für die Gesellschaft tätig. Er sorgte dafür, daß einer seiner Vertrauten zum Leiter der Städtebauabteilung der *Novacap* ernannt wurde, enthielt sich aber selbst einer persönlichen Teilnahme am weiteren Verfahren. Als die Städtebauabteilung 1960 von Rio nach Brasilia zog, blieb Costa in Rio und erteilte seine Ratschläge zum weiteren Bau der Stadt nun in Leserbriefen und öffentlichen Interviews. Es gibt Stimmen, die behaupten, Costa sei auch nach der Fertigstellung nie in Brasilia gewesen, und andere, die ihm immerhin einen fünfmaligen Besuch zugute halten.

Wichtiger für Brasilia wurde in der Auf- und Ausbauphase Oscar Niemeyer, und sein Einfluß auf das Aussehen der Stadt war groß. Er entwarf für Brasilia zahlreiche Gebäude – ein Museum, eine Kirche, eine Kathedrale, ein Krankenhaus sowie Ministerien, Kasernen, Büro- und Wohngebäude –, und die Gebäude, die er nicht selbst entwarf, mußten von der Architekturabteilung der *Novacap*, die ihm unterstand, genehmigt werden. Er wollte, daß die Gebäude «etwas Neues und anderes sein sollten, das der Routine entkam, in der die gegenwärtige Architektur melancholisch stagniert, so daß die zukünftigen Besucher der neuen Hauptstadt ein Gefühl von Überraschung und Bewegtheit haben sollten».[8] Niemeyer schuf einen Stadtraum wie aus einem Guß, und seine expressiven Gebäudeskulpturen aus Stahlbeton und Glas wurden bald zu weltweit bekannten Ikonen der Architektur – populär vor allem in ihrer Abkehr von der Strenge und dem Purismus der funktionalistischen Moderne.

Obwohl erklärter Kommunist – er war 1945 in die Kommunistische Partei Brasiliens eingetreten –, pflegte Niemeyer einen luxuriösen Lebensstil, baute exklusive Wohnungen für die Reichen mit getrenntem Dienstbotenaufzug und Wohnkasernen für die Armen. Obwohl Atheist, baute er Kirchen und Kathedralen. Das alles war für ihn kein persönlicher, sondern nur ein systemimmanenter Widerspruch, mit dem er leben mußte und konnte. Nach dem Putsch baute Niemeyer auch für die rechten Militärs, beispielsweise Kasernen und das Heereshauptquartier, und erst als ihm der Bau des Flughafens verwehrt wurde – die Militärs wollten statt eines kreisförmigen einen linearen Terminal –, beschwerte er sich

öffentlich darüber und bezeichnete sich als einen von der Militär-
diktatur politisch Verfolgten. Drei Jahre später, 1967, als ihm die
Militärregierung die weitere Berufsausübung in Brasilien unter-
sagte, ging er ins Exil nach Paris, wo er 1972 ein Büro auf den
Champs-Élysées eröffnete.

Die neue Hauptstadt Brasilia verdankt ihre Entstehung drei
Freunden – dem Konservativen Kubitschek, dem Liberalen Costa
und dem Kommunisten Niemeyer –, und die Arbeitsteilung beschreibt Niemeyer kurz und bündig so: «Der Präsident war mein
Freund. Er rief mich, damit ich für ihn arbeite ... Lucio machte den
Stadtplan und bestimmte, wo die Ministerien hinkommen sollten.
Ich habe dann die Gebäude entworfen.»[9] Eine ideale Zusammenarbeit, wie Niemeyer weiter berichtet: «Juscelino war der ideale
Kunde. Er sagte mir, was er wollte, und gab mir völlige künstlerische Freiheit, es auszuführen.»[10] Und alles in allem eine erfolgreiche Zusammenarbeit, denn Brasilia wurde eine Ikone des moder-
nen Städtebaus und bereits 1986 von der Unesco in den Status des
Weltkulturdenkmals erhoben.

Heute leben in Brasilia – ursprünglich für 500 000 Einwohner
geplant – 1,8 Millionen Menschen, und fast jeder zweite Einwohner ist mittlerweile in Brasilia geboren. Die Stadt, die für den Auf-
bruch Brasiliens in die Moderne stand, ist zum Abbild urbaner
Apartheid geworden und damit zum Abbild der brasilianischen
Gesellschaft – wenige Privilegierte und viele von Privilegien und
Wohlstand Ausgeschlossene. Mehr als in jeder anderen Stadt wird
in Brasilia der Status einer Person durch den Ort, an dem sie wohnt,
mitgeteilt. In Brasilia, einer Stadt, die für das Auto konzipiert ist –
dem, wie Costa es nannte, nützlichen und leicht zu beherrschenden
Dienstboten –, staut sich der Verkehr, gibt es für die, die sich kein
Auto leisten können, außer Bussen kein öffentliches Nahverkehrs-
system.

Brasilia wurde, so schreibt Umberto Eco, «als Monument gebaut, dauerhafter noch als Bronze. Es erfährt allmählich das
Schicksal der großen Monumente der Vergangenheit, welche die

Geschichte mit anderen Inhalten füllt und welche von den Ereignissen verändert werden, während doch sie die Ereignisse verändern wollten.»[11] Das neue Brasilia wurde errichtet, doch der moderne Mensch, der diese Stadt bewohnen sollte, entwickelte sich nicht. So zeigt die steingewordene Utopie Brasilia nach Vilem Flusser «nicht nur die schöpferische Gewalt des menschlichen Willens, die Großartigkeit der menschlichen Phantasie, sondern offenbart mehr vielleicht noch als Flüge zum Mond zugleich die prinzipiellen Grenzen des Menschen.»[12]

Mit tiefer Enttäuschung kommentierte auch Oscar Niemeyer die Veränderung Brasilias als Ende des Traums von der geordneten Stadt: «Am Anfang gab es einen Plan, und nun ist die Stadt, wie sie ist. Deswegen bin ich traurig. Lucio Costa schuf die Stadtplanung für Brasilia ... Dann haben Menschen das ganze Gebilde in eine große Unordnung verwandelt.»[13] Gefragt, ob er Brasilia noch einmal so bauen würde, meinte Niemeyer: «Ja. Die Kathedrale, den Platz der Drei Gewalten, ja. Aber die Stadt ist häßlich geworden, es gibt keine Einheit, keine Schönheit in den neuen Außenbezirken. Die Menschen dort sind zu arm, aber das ist keine Frage guter oder schlechter Architektur. Das ist eine Frage der Politik.»[14]

Literaturhinweise

Das alte Ägypten

1 Herodot: Historien, H. W. Haussig (Hrsg.), Stuttgart 1971, 126.
2 Stadelmann, Rainer: Die großen Pyramiden von Giza, Graz 1990, 271.
3 Herodot, 125.
4 Plinius der Ältere: Naturkunde, R. König/J. Hopp (Hrsg.), München 1992, 36, 77.
5 Alberti, Leon Battista: Zehn Bücher über die Baukunst, Max Theuer (Hrsg.), Darmstadt 1975, 295.
6 Ricken, Herbert: Der Architekt. Zwischen Zweck und Schönheit, Leipzig 1990, 105.
7 Cénival, Jean-Louis de: Ägypten. Das Zeitalter der Pharaonen, München 1964, 98.
8 Ricken, 105.
9 Clauss, Manfred: Das alte Ägypten, Berlin 2001, 246.
10 Cénival, 97.
11 Ricken, Herbert: Der Architekt. Geschichte eines Berufs, Berlin 1977, 12.
12 Schlögl, Hermann A.: Ramses II., Reinbek bei Hamburg 1993, 94.
13 Schlögl, 27.
14 Schlögl, 94.
15 Herodot, 121 ff.

Der Turm von Babylon

1 Josephus, Flavius: Jüdische Altertümer, Wiesbaden 2002, I, 4.
2 Josephus, I, 2, 3.
3 Klengel-Brandt, Evelyn: Der Turm von Babylon, Leipzig 1982, 88.
4 Schmökel, Hartmut: Ur, Assur und Babylon, Stuttgart 1955, 148.
5 Klengel-Brandt, 90.
6 Klengel-Brandt, 92.
7 Fischer, Rudolf (Hrsg.): Babylon, Stuttgart 1975, 122.
8 Herodot, I, 181.

9 Strabo: Erdbeschreibung in siebzehn Büchern, Ch. G. Groskurd (Hrsg.), Hildesheim 1988, XVI, 5.

Die kunstfertigen Griechen

1 Alberti, 10 und 187.
2 Herodot, I, 92.
3 Plinius, 36, 95 ff.
4 Plutarch: Große Römer und Griechen, K. Ziegler (Hrsg.), Zürich/ Stuttgart 1960, Alexander, 3.
5 Brodersen, Kai: Die sieben Weltwunder, München, 2001, 72.
6 Elliger, Winfried: Ephesos. Geschichte einer antiken Weltstadt, Stuttgart 1985, 133.
7 Plutarch, Perikles, 11.
8 Plutarch, Perikles, 13.
9 Plutarch, Perikles, 11.
10 Schneider, Lambert A.: Die Akropolis von Athen, Darmstadt 2001, 114.
11 Sallust: Historische Schriften, M. Fuhrmann (Hrsg.), München 1991, Cat. 8.
12 Epiktet: Lehrgespräche, R. Nickel (Hrsg.), München/Zürich 1994, 1, 6.
13 Will, Wolfgang: Perikles, Reinbek bei Hamburg 1995, 98.
14 Vitruv: Zehn Bücher über Architektur, C. Fensterbusch (Hrsg.), Darmstadt 1964, II, 31 ff.
15 Plutarch, Alexander, 26.

Glanz und Elend Roms

1 Plutarch, Lucullus, 93.
2 Sallust, Catilina, 20.
3 Plutarch, Crassus 21.
4 Juvenal: Satiren, H. C. Schnur (Hrsg.), Stuttgart 1969, 3, 224 f..
5 Juvenal, 3, 193–196.
6 Vitruv, II, 8, 17.
7 Juvenal, 3, 193–196.
8 Cicero: Atticus-Briefe, H. Kasten (Hrsg.), München 1959, 14, 9, 1.
9 Cassius Dio: Römische Geschichte, O. Veh (Hrsg.), Zürich/München 1986, 49, 43, 1.
10 Augustus: Res Gestae, Tatenbericht, M. Giebel (Hrsg.), Stuttgart 1975, 20.

248

11 Carcopino, Jérôme: So lebten die Römer während der Kaiserzeit, Stuttgart 1959, 85.
12 Sueton: Cäsarenleben, M. Heineman(Hrsg.), Stuttgart 1957, 28.
13 Sueton, 72.
14 Tacitus: Annalen, W. Sontheimer (Hrsg.), Stuttgart 1967, XV, 42.
15 Sueton, 31, 2.
16 Alberti, 511 und 517.
17 Plinius der Jüngere: Briefe, 10. Buch, M. Giebel (Hrsg.), Stuttgart 1985, 37.
18 Plinius, 41 f.
19 Cassius Dio, 69, 4.

Herodes und der Tempel in Jerusalem

1 Josephus, Altert. III, 5 f.
2 Josephus, Altert. XI, 4, 2.
3 Josephus, Altert. XV, 11, 2.
4 Josephus, Altert. XV, 11, 3.
5 Josephus, Altert. XV, 11, 7.
6 Busink, Theodor A.: Der Tempel von Jerusalem, Leiden 1970 und 1980, 1.

Justinian und die Hagia Sophia

1 Prokop: Bauten, O. Veh (Hrsg.), Darmstadt 1977, 23.
2 Prokop, Bauten, 35.
3 Prokop, Bauten, 27–29.
4 Prokop, Bauten, 33.
5 Kähler, Heinz: Die Hagia Sophia, Berlin 1967, 19.
6 Paulus Silentiarios: Ekphrasis, O. Veh (Hrsg.), Darmstadt 1977, 315.
7 Paulus, 318 f.
8 Prokop: Anekdota, O. Veh (Hrsg.), München 1970, 57.
9 Prokop, Bauten, 31.

Die Zeit des Mittelalters

1 Riché, Pierre: Die Welt der Karolinger, Stuttgart 1999, 323.
2 Riché, 192.
3 Einhard: Kaiser Karls Leben, München 1992, 22 und 30.
4 Einhard, 34.

5 Oehler, Norbert: Reisen im Mittelalter, München 1986, 155.
6 Abt Suger von Saint-Denis, Ausgewählte Schriften, A. Speer/G. Binding (Hrsg.), Darmstadt 2000, 195.
7 Suger, 235.
8 Borst, Arno: Lebensformen im Mittelalter, München 1973, 227.
9 Borst, 227.
10 Duby, Georges: Die Zeit der Kathedralen, Frankfurt am Main 1992, 213.
11 Borst, 224.
12 Suger, 207.

Der Mailänder Dombaustreit

1 Siebenhüner, Herbert: Deutsche Künstler am Mailänder Dom, München 1944, 22.
2 Flesche, Herman; Fünf deutsche Baumeister, Braunschweig 1947, 32.
3 Siebenhüner, 28.
4 Schinkel, Karl Friedrich: Aus Tagebüchern und Briefen, Berlin 1967, 73.

Brunelleschi und der ewige Wettstreit

1 Vasari, Giorgio: Leben der ausgezeichnetsten Maler, Bildhauer und Baumeister, L. Schorn/E. Förster/J. Kliemann (Hrsg.), Stuttgart/Tübingen (1837) 1983, 166.
2 Vasari, 179.
3 Vasari, 189.
4 Vasari, 191.
5 Braunfels, Wolfgang: Der Dom von Florenz, Olten 1964, 242.
6 Vasari, 201 f.
7 King, Ross: Das Wunder von Florenz, München 2001, 147.
8 Vasari, 223.

Michelangelos Strategie

1 Vasari, 356.
2 Vasari, 357.
3 Vasari, 388.
4 Michelangelo: Lebensberichte, Briefe, Gedichte, H. Hinderberger (Hrsg.), Zürich 1947, 276.

5 Vasari, 414.
6 Vasari, 418.

Der Ruhm des Sonnenkönigs

1 Petzet, Michael: Claude Perrault und die Architektur des Sonnen-
 königs, München/Berlin 2000, 475.
2 Sitwell, Sacheverell: Berühmte Schlösser und Paläste, Frankfurt am
 Main 1964, 53.
3 Saint-Simon, Louis de Rouvroy de: Memoiren, S. Massenbach (Hrsg.),
 Frankfurt am Main 1977, 290.
4 Schwesig, Bernd-Rüdiger: Ludwig XIV. mit Selbstzeugnissen und Bild-
 dokumenten, Reinbek bei Hamburg 1986, 78.
5 Hauser, Arnold: Sozialgeschichte der Kunst und Literatur, München
 1978, 479.
6 Saint-Simon, 267.
7 Schwesig, 69.
8 Malettke, Klaus: Jean Baptiste Colbert, Göttingen u. a. 1977, 107.
9 Saint-Simon, 265 f.
10 Saint-Simon, 120.
11 Sévigné, Madame de: Briefe, v. d. Mühll (Hrsg.), Frankfurt am Main
 1979, 368.
12 Saint-Simon, 278.
13 Saint-Simon, 137 f.
14 Saint-Simon, 295.
15 Ludwig XIV.: Memoiren, J. Lognon (Hrsg.), Basel u. a. 1931, 35.

Der «Bauwurm» der Familie Schönborn

1 Alle Briefe aus: Quellen zur Geschichte des Barocks in Franken unter
 dem Einfluß des Hauses Schönborn, H. Hantsch (Hrsg.), Augsburg
 1931, M. v. Freeden, Würzburg 1995, J. Hotz, Neustadt 1993, Brief
 704–1106.

Friedrich der Große – königlicher «Selbsterfinder und Vorzeichner»

1 Manger, Heinrich Ludwig: Baugeschichte von Potsdam, Berlin/Stettin
 1789/90, Reprint 1987, 542.
2 Giersberg, Hans-Joachim: Friedrich als Bauherr, Berlin 1986, 32.
3 Giersberg, 79.

4 Giersberg, 34.

5 Die Werke Friedrichs des Großen, G. B. Volz (Hrsg.), Berlin 1913/14, 8, 226.

6 Friedrich, 8, 219.

7 Manger, 618.

8 Manger, 619.

9 Manger, 545–547.

10 Manger, 562.

11 Manger, 584.

12 Manger, 592.

13 Giersberg, 27.

14 Giersberg, 75.

Leo von Klenze – der Fürstendiener

1 Alle Klenzezitate aus: Klenze, Leo von: Schriften und Briefe, in: Leo von Klenze – Architekt zwischen Kunst und Hof 1784–1864, W. Nerdinger (Hrsg.), München u. a. 2000.

2 Ricken, 1990, 146.

3 Buttlar, Adrian von: Leo von Klenze, München 1990, 143.

4 Nerdinger, 254.

5 Nerdinger, 71.

Maskenball der Baukunst

1 Posener, Julius: Vorlesungen zur Geschichte der Neuen Architektur, Arch+ 69/70, 1983, 22.

2 Pevsner, Nikolaus: Europäische Architektur, München 1963, 418.

3 Summerson, John: The life and work of John Nash, Cambridge/Mass. 1980, 109.

4 Schinkel, Karl Friedrich: Reise nach England, Schottland und Paris im Jahre 1826, G. Riemann (Hrsg.), München 1986, 164–166.

5 Strobel, Otto (Hrsg.): König Ludwig II. und Richard Wagner, Briefwechsel, Karlsruhe 1936–1939, 224 f.

6 Ludwig II. von Bayern in Augenzeugenberichten, R. Hacker (Hrsg.), Düsseldorf 1966, 270.

7 Petzet, Michael: Die Welt des bayrischen Märchenkönigs. Ludwig II. und seine Schlösser, München 1980, 89.

8 Hacker, 14.

9 Hacker, 20.

10 Hacker, 271.

11 Holzschuh,Robert: Das verlorene Paradies Ludwigs II., Frankfurt am Main 2001, 85.

12 Hacker, 315.

13 Hacker, 319.

14 Petzet, 184.

15 Holzschuh, 80.

16 Hacker, 323.

Haussmann und das neue Paris

1 Jordan, David P.: Die Neuerschaffung von Paris. Baron Haussmann und seine Stadt, Frankfurt am Main 1996, 382.

2 Jordan, 357.

3 Lameyre, Gérard-Noêl: Haussmann. Préfet de Paris. Paris 1958, 289.

4 Lameyre, 290.

5 Gerken, Rosemarie: Transformation und Embellissement von Paris in der Karikatur, Hildesheim/Zürich/New York 1997, 45.

6 Benevolo, Leonardo: Geschichte der Architektur des 19. und 20. Jahrhunderts, München 1978, 112.

7 Benevolo, Leonardo: Die Stadt in der europäischen Geschichte, München 1999, 199.

8 Jordan, 202.

9 Lameyre, 294.

10 Lameyre, 296.

11 Gerken, 48, 54.

12 Jordan, 281.

13 Jordan, 313.

14 Jordan, 25.

15 Jordan, 27.

Wallot und das Reichstagsgebäude

1 Cullen, Michael S.: Der Reichstag, Berlin-Brandenburg 1983, 158.

2 Cullen, 161.

3 Deutsche Bauzeitung, Berlin 1883, 221.

4 Deutsche Bauzeitung, 263 f.

5 Deutsche Bauzeitung, 287.

6 Cullen, 174.

7 Cullen, 204.

8 Röhl, John C. G.: Wilhelm II. Der Aufbau der Persönlichen Monarchie 1888–1906, München 2001, 1004 f.
9 Röhl, 781.
10 Cullen, 231.

Leopold II. von Belgien – der Inhaber des Kongo und seine Bauten

1 Hochschild, Adam: Schatten über dem Kongo, Reinbek bei Hamburg 2002, 109.
2 Hochschild, 182.
3 Hochschild, 63.
4 Emerson, Barbara: Léopold II. Le royaume et l'empire, Paris 1980, 267.
5 Hochschild, 393.
6 Hochschild, 266.
7 Hochschild, 422.

Die Nutzlosigkeit des Eiffelturms

1 Benevolo, 1978, 165.
2 Maupassant, Guy de: Die Irrfahrten des Herrn Maupassant (La vie errante), Stuttgart 1967, 31 f.
3 Burckhardt, Jacob: Briefe an einen Architekten 1870–1889, München 1912, 257.
4 Goncourt, Edmont de: Journal, Paris, VIII, 25.
5 Benevolo, 1978, 166.
6 Schliemann, Heinrich: Briefe, E. Meyer (Hrsg.), Berlin/Leipzig 1936, 64.
7 Barthes, Roland: Der Eiffelturm, München 2000, 28.
8 Vriesen, Gustav: Robert Delauney Köln 1992, 58 ff.

Tradition contra Moderne – die Weißenhofsiedlung

1 Cramer, Johannes/Gutschow, Niels: Bauausstellungen. Eine Architekturgeschichte des 20. Jahrhunderts, Stuttgart u. a. 1984, 120.
2 Kirsch, Karin: Briefe zur Weißenhofsiedlung, Stuttgart 1997, 74.
3 Kirsch, 78.
4 Kirsch, 85.
5 Kirsch, 94.
6 Cramer/Gutschow, 128.

Friede und Eintracht – Le Corbusier und das Völkerbundprojekt

1 Le Corbusier & Pierre Jeanneret, Das Wettbewerbsprojekt für den Völkerbundpalast in Genf 1927, W. Oechslin (Hrsg.), Zürich 1988, 60.
2 Oechslin, 63.
3 Le Corbusier: Une maison – un palais, Paris (1928) 1989, 206.
4 Roth, Alfred: Begegnung mit Pionieren, Basel/Stuttgart 1973, 28 f.
5 Le Corbusier, 195 f.
6 Le Corbusier, 214.
7 Oechslin, 68 f.
8 Benevolo, 1978, 112.

Albert Speers Bauten für die Ewigkeit

1 Speer, Albert: Erinnerungen, Frankfurt am Main u. a. 1979, 44.
2 Speer, Erinnerungen, 68.
3 Speer, Erinnerungen, 88.
4 Speer, Erinnerungen, 92.
5 Speer, Erinnerungen, 167 f.
6 Speer, Erinnerungen, 82.
7 Speer, Albert: Spandauer Tagebücher, Frankfurt am Main u. a. 1978, 31.
8 Speer, Erinnerungen, 162.
9 Speer, Erinnerungen, 171.
10 Speer, Erinnerungen, 173.
11 Speer, Spandauer Tagebücher, 166.
12 Speer, Spandauer Tagebücher, 230.
13 Speer, Spandauer Tagebücher, 216.
14 Speer, Spandauer Tagebücher, 217.
15 Speer, Erinnerungen, 174.
16 Speer, Spandauer Tagebücher, 218 f.
17 Speer, Erinnerungen, 45.
18 Speer, Erinnerungen, 125.
19 Speer, Erinnerungen, 201.

Die neue Hauptstadt Brasilia

1 Spiegel 18/1960, 52.
2 Fils, Alexander: Brasilia, Düsseldorf 1998, 131.
3 Benevolo, 1978, 467.

4 Fils, 134.

5 Spiegel 18/1960, 64.

6 Fils, 20.

7 Fils, 134.

8 Fils, 83.

9 Fils, 140 f.

10 Spiegel 18/1960, 59.

11 Eco, Umberto: Einführung in die Semiotik, München 1972, 356.

12 Flusser, Vilem: Vom Stand der Dinge, Göttingen 1993, 89.

13 Oscar Niemeyer, Eine Legende der Moderne, P. Andreas/I. Flagge (Hrsg.), Basel 2003, 41.

14 Oscar Niemeyer, 23.

Abbildungsnachweis

Register